U0015806

# 塞爾登先生的中國地圖

## 香料貿易、佚失的海圖與南中國海

卜正民 — 著　黃中憲 — 譯

MR. SELDEN'S MAP OF CHINA

*The Spice Trade, a Lost Chart and the South China Sea*

Timothy Brook

本書是為我不凡的讀者Fay Sims而寫。

本書也為紀念永遠快我一步的研究同僚Neil Burton。

我將製作於該地（中國），質精且上色的一幅中國地圖遺贈給前述的（牛津）校長、教授和學生，並附上一件由他們製成並具有其刻度的航海羅盤。地圖及羅盤皆為一英格蘭指揮官自一位不肯讓渡兩物的人身上所沒收，後者甚至願為此付贖金賄賂指揮官。

約翰・塞爾登遺囑附件

1653年6月11日

# 目 次

# 插圖一覽表

13. 塞爾登地圖上的航線。

14. 英格蘭與局部蘇格蘭地圖，塞爾登《海的管轄或擁有》（1652），頁366，說明英王在不列顛島沿海水域的管轄區。

15. 大不列顛與其周邊海域圖，塞爾登《海的管轄或擁有》（1652），頁185。

16. 塞爾登地圖中諸航路的起點：漳州、泉州、台灣海峽。

17. 塞爾登地圖中的古里說明框。

18. 撒繆爾·珀柯斯像，出現在他自己著作《續珀柯斯的遠行》（1625）的書名頁上。（©National Portrait Gallery, London）

19. 洪迪烏斯的地圖，撒繆爾·珀柯斯的《續珀柯斯的遠行》（1625）卷3頁360。（British Library: The British Library Board）

20. 薩里斯地圖，撒繆爾·珀柯斯的《續珀柯斯的遠行》（1625）卷3頁401。（British Library: The British Library Board）

21. 〈輿地山海全圖〉，章潢《圖書編》（1613），卷29頁43b-44a。

22. 約翰·史畢德，〈亞洲與其周邊島嶼〉，1626，台灣商務印書館惠允使用。

23. 〈四海華夷總圖〉，章潢《圖書編》（1613），卷29頁50b-51a。

24. 〈二十八宿分野皇明各省地輿總圖〉，余象斗《萬用正宗》（1599），卷2頁2b-3a。

25. 輿地總圖，羅洪先《廣輿圖》（1555）。

26. 以地理參照技術處理過的塞爾登地圖。

27. 吉奧洛王子，1692。

28. 默雷繪，威廉·丹皮爾肖像畫，1698。（©National Portrait Gallery, London）

# 出場人物表

吉奧洛（Giolo，約 1661-1692）：太平洋島民，1680 年代落入穆斯林奴隸販子之手，後來被賣到民答那峨工作；1692 年死於牛津。

李旦（1560 年代生；1625 年歿）：日本的「中國甲必丹」，亦即日本平戶的華僑領袖；英國東印度公司平戶商館的房東；理察·考克斯的生意夥伴；鄭芝龍的恩師（鄭芝龍之子鄭成功在台灣創立東寧王國）。

沈福宗（英文名麥可·沈〔Michael Shen〕，約 1658-1691）：南京醫生之子，耶穌會傳教士柏應理的弟子；1683 至 1691 年旅歐；與湯瑪斯·海德合注了塞爾登地圖。

威廉·勞德（William Laud，1573-1645）：1628 年出任倫敦主教，1630 年選上牛津大學校長，1633 年出任坎特伯里大主教；1645 年被國會處死。

威爾·亞當斯（Will Adams，1564-1620）：英格蘭籍領航員，1600年在荷蘭船上工作時在日本遭遇船難；1614 至 1618 年間為英國東印度公司率船在日本與東南亞間航行了數趟。

約翰·史畢德（John Speed，1542-1629）：英格蘭的雕刻師、地圖繪製員、歷史學家；1627 年出版了英格蘭首部世界地圖冊。

約翰・塞爾登（John Selden，1584-1654）：律師、東方學學者、法學史家、議員、憲法理論家、《閉鎖海洋論》作者。

約翰・薩里斯（John Saris，1579/1580-1643）：1605至1609年英國東印度公司在萬丹的員工；該公司第八次遠航（1611-1614）的指揮官。

班・瓊森（Ben Jonson，1572-1637）：詹姆斯一世宮廷的詩人、諷刺作家、劇作家、專業演員，約翰・塞爾登的知交和欣賞者。

張燮（1574-1640）：福建漳州月港人，1594年中舉；《東西洋考》作者。

理察・考克斯（Richard Cocks，1566-1624）：英格蘭貿易商暨1613至1623年間英國東印度公司日本商館館長。

章潢（1527-1608）：江西人，科考不順，後主講白鹿洞書院；編纂了大型百科全書《圖書編》。

湯瑪斯・海德（Thomas Hyde，1636-1703）：東方學學者，1659年出任博德利圖書館的助理館長，1665年任館長，1701年才卸任；1691年任勞德阿拉伯語教授，1697年任皇家希伯來語教授；塞爾登地圖的注解者。

撒繆爾・珀柯斯（Samuel Purchas，1577前-1626）：原為助理牧師，後改行編書，出版了一系列暢銷的旅人故事集，第一部是1613年出版的《珀柯斯的遠行》，最後一部是1625年出版的《續珀柯斯的遠行》；曾是約翰・塞爾登的朋友，與約翰・薩里斯相識。

# 地點一覽表

巴達維亞（Batavia，今雅加達）：西爪哇的港市，1619年遭荷蘭人占領，闢為荷蘭東印度公司的營運基地。

平戶：日本九州島上的港鎮，位於長崎附近；1609年時是日本境內允許中國和歐洲商人居住的少數港口之一；李旦和理察・考克斯都曾在此住過一段時間。

西沙群島（英文Paracel Islands，越南稱黃沙群島）：散布在南海西北海域的一些小島，中國和越南都聲稱為其所有。

南沙群島（英文Spratly Islands）：散布於南海婆羅洲西北邊的一些小島，中國、越南、汶萊、馬來西亞、台灣、菲律賓均聲稱為其所有。

海南島：中國廣東省南岸外的大島，明朝時稱瓊州府。

特爾納特（Ternate）：摩鹿加群島（即香料群島）的一個小島，17世紀香料貿易中心；1512年由葡萄牙人首次「發現」；1580年法蘭西斯・德雷克和1613年約翰・薩里斯來過此島；1607至1663年被西班牙、荷蘭共同占領。

琉球群島：日本、台灣間的一串島嶼，沖繩為其中最大島；曾是向

中國明朝納貢的獨立王國，但16世紀起受日本支配；1895年被日本正式併吞。

萬丹（Bantam，又拼作Bantan, Bantem）：爪哇島西端的城邦國家；抵達南海之歐洲人的第一個貿易港，1604至1609年約翰・薩里斯的僑居地；1619年後因巴達維亞崛起而沒落。

聖殿區（The Temple）：倫敦市弗利特街與泰晤士河之間的區域，曾是聖殿騎士團的總部所在，後來成為內殿律師學院、中殿律師學院的院區。在英格蘭，凡是大律師，都是四個律師學院的其中一個學院的會員，而上述兩個學院即是這四個學院裡的其中兩個；約翰・塞爾登在內殿律師學院的辦公室和他在聖殿教堂的墓，都位在聖殿區。

# 大事紀

1600　東印度公司在倫敦創立；威爾‧亞當斯遇海難登上日本海岸。

1602　荷蘭東印度公司在阿姆斯特丹創立；湯瑪斯‧博德利在牛津
　　　創立博德利圖書館；約翰‧塞爾登離開牛津大學，入倫敦的
　　　律師學院。

1603　雅各布‧范海姆斯凱爾克在柔佛奪占葡萄牙船聖卡塔莉娜號。

1604　約翰‧薩里斯以英國東印度公司職員身分來到萬丹。

1607　荷蘭東印度公司在特爾納特設立基地。

1608　尤多庫斯‧洪迪烏斯在阿姆斯特丹出版其地圖冊《世界地
　　　圖》。

1609　章潢歿。

　　　許赫‧德赫羅特出版《自由海洋論》。

　　　約翰‧薩里斯從萬丹回到倫敦。

　　　德川幕府併吞琉球。

1611　約翰‧薩里斯率船隊從倫敦啟航，展開英國東印度公司第八
　　　次遠航亞洲。

1612　威廉‧莎士比亞為詹姆斯一世演出《暴風雨》。

　　　約翰‧塞爾登被告上法庭。

1613　約翰‧薩里斯抵達日本，指派理察‧考克斯為英國東印度公

司平戶商館館長。

撒繆爾・珀柯斯出版《珀柯斯的遠行》，約翰・塞爾登為該書題了獻詞。

章潢的百科全書《圖書編》出版。

1614　明朝廷削減海軍巡邏經費。

約翰・薩里斯回英格蘭。

1617　張燮完成他的《東西洋考》。

1618　詹姆斯一世就約翰・塞爾登的《什一稅史》向塞爾登提問。

1619　荷蘭東印度公司控制雅加達，將該地改名為巴達維亞。

1620　明萬曆帝歿。

班・瓊森為詹姆斯一世演出《從月球上所發現的新世界傳來的消息》。

1621　約翰・塞爾登遭詹姆斯一世以「他本人所知道的國家理由」拘禁。

1624　理察・考克斯死於返航英格蘭途中。

李旦的貿易網瓦解。

1625　撒繆爾・珀柯斯出版《續珀柯斯的遠行》，內有兩張中國地圖。

1627　約翰・史畢德出版其地圖冊《世上最著名地區全覽》。

1628　明朝重施海禁，禁止船隻出洋。

1629　約翰・塞爾登遭查理一世下令入獄。

1630　威廉・勞德選上牛津大學校長。

1635　約翰・塞爾登出版《閉鎖海洋論》。

1644　滿人入主中原。

1652　馬夏蒙・尼德姆（Marchamont Nedham）出版未經授權的《閉鎖海洋論》英文本。

1654　約翰・塞爾登死於倫敦。

1659　塞爾登的藏書送至博德利圖書館。
　　　湯瑪斯・海德出任博德利圖書館助理館長。

1661　鄭成功把荷蘭東印度公司趕出台灣，建立東寧王國。

1665　湯瑪斯・海德出任博德利圖書館館長。

1683　清朝滅東寧王國，併台灣。
　　　伊萊亞斯・阿什莫爾在牛津創辦阿什莫爾博物館。

1687　沈福宗赴牛津拜訪湯瑪斯・海德，為中文書籍編目分類。

1691　沈福宗於返華途中死於莫三比克外海。

1692　吉奧洛抵達倫敦，死於牛津。

# 序

歷來罕有古地圖登上頭條新聞，但2003年美國國會圖書館購得馬丁·瓦爾德澤米勒（Martin Waldseemüller）於1507年製作的世界地圖時，就出現這樣的罕事。瓦爾德澤米勒地圖被稱作亞美利加（America）的出生證明，美國花了1000萬美元才到手。它是用十二塊木刻印版印成的美麗地圖，印版刻工精細，致使1901年重新發現此地圖的耶穌會教會學校老師約瑟夫·費舍（Joseph Fischer）誤認為那些印版出自大藝術家阿爾布雷希特·杜勒（Albrecht Dürer）之手。事實並非如此，但這倒不失為一樁美麗的錯誤。用這些木刻印版印成的世界大地圖可能多達數千幅，但如今碩果僅存的只有擺在國會圖書館門廳展示的這一幅。

這幅地圖要價這麼高，乃是因為其中一個小細部。這是最早有亞美利加之名的地圖。馬丁·瓦爾德澤米勒把此名刻在南美洲的某個空白處，約略位在後來巴拉圭的所在位置。在地圖左側，有個幻影般的地塊從南極地區蜿蜒伸向北極地區，而瓦爾德澤米勒究竟用亞美利加一詞來指稱這個地塊的多大區域，已不得而知，但美國國會一致認為它所涵蓋的地區面積足夠滿足他們所需。如大家所知，亞美利加成為一塊新大陸的新名

字，而這一地名的由來，全拜瓦爾德澤米勒是探險家暨地理學家亞美利戈・維斯普奇（Amerigo Vespucci）的超級粉絲之賜。當初他所崇拜的對象若是克里斯多福・哥倫布（Christopher Columbus），可能會把這塊新大陸稱作哥倫比亞（Columbia）。但歷史未這樣走，因為在瓦爾德澤米勒心目中，新世界的發現者是維斯普奇。

這幅地圖出版九年後，瓦爾德澤米勒揚棄他創新的世界模型，改採大不相同的設計，1507年的原版世界地圖於是淪為多餘之物，變成沒有未來的一張地圖。僅存的這幅地圖能夠存世，完全因為名叫約翰內斯・申納（Johannes Schöner）的數學家在1547年去世前不久買下它，予以妥善保存。申納原是具有自由精神的神父，後來改行研究數學。買下此地圖後，他把它放進皮面裝幀的文件夾裡，文件夾最後落腳於德國南部的沃爾費格堡（Wolfegg Castle），直到1901年此圖才重見天日。那一年，該城堡的檔案保管員赫爾曼・哈夫納（Hermann Hafner），聽說隔著國界不遠的奧地利境內，有位老師對歷史文獻有興趣，於是邀他到該城堡博物館走走。那位老師，名叫約瑟夫・費舍，對維京人很有興趣，熱中於搜尋古斯堪的納維亞人早期遠航活動的資料。沒有這種種偶然的機緣，這幅地圖可能無緣跨過五百年時空來到我們面前。在這段歷史中最接近其起始點的人物——約翰內斯・申納，擔心可讓人據以探究過去的東西遭到冷落。「你知道世道如何，」他在1533年抱怨道。藝術和科學「如此沉默，受到如此的冷落，讓人擔心它們會被白癡清除掉」。

　　各位即將閱讀的此書，則以名叫塞爾登地圖的另一幅地圖為中心鋪陳。這幅地圖於1654年由名叫約翰‧塞爾登（John Selden）的英格蘭律師遺贈給牛津的博德利圖書館（Bodleian Library），因此得名。它是最近七百年裡中國人所製作的最重要地圖，描繪當時中國人所知道的世界，即西起印度洋，東至香料群島，南起爪哇，北至日本的那個世界。多虧落入約翰‧塞爾登之手，它才能存世至今。塞爾登和約翰內斯‧申納一樣熱中於保存知識，而且不只限於英格蘭人的知識，還包括世上所有知識，乃至中國人的知識，儘管他看不懂中文。所幸有他保存，因為塞爾登地圖，不同於印製了數千幅的瓦爾德澤米勒地圖，它是手工描畫、上色，世上僅此一件。

　　這是幅大地圖，長160公分，寬96.5公分，大小雖只有瓦爾德澤米勒地圖的一半（約155平方公分 vs. 316平方公分），但肯定仍稱得上是當時當地最大的壁掛圖。當時的中國和歐洲都未曾造出那麼大的紙張，製作如此大小的壁掛圖需要別具匠心才辦得到。塞爾登地圖的繪製者所能取得的最大張紙是65×128公分。他找來兩張紙，把一張紙從短邊的中心點往下將紙裁成兩半，將其中一半黏在另一張紙的側邊，把另一半的長度修剪過後，黏在那一張紙的底部。瓦爾德澤米勒用的是較小張的紙（42×77公分）。他未把幾張這樣的紙黏在一塊，而是將他的地圖分成十二個區塊，用十二塊木刻印版印出各區塊的地圖，讓買家自行將它們組成一張地圖。後來，他更改地圖設計，眾多原版地圖的買家把手上的十二分區圖都丟掉，只有一名買家還留著。申納的整組十二分區圖能存世，全拜它消失

於圖書館之賜，而塞爾登地圖的遭遇與它正如出一轍。兩幅地圖都重見天日，並受到世人矚目，瓦爾德澤米勒的地圖於一個世紀前重現於世，塞爾登地圖則是數年前。

　　兩幅地圖都非常重要，只是重要之處不同。瓦爾德澤米勒的地圖繪製於「新世界」漸漸為歐洲人所知的時候。歐洲與這個世界的奇遇，使既有的地圖繪製模式愈來愈難符合現實需要，於是在九年後他揚棄該模式，改採更能將整個地球涵攝在內的新幾何學。塞爾登地圖也受到中國與上述世界相遇的衝擊，呈現從地球另一端所看到的該世界。該地圖的繪製者承襲了繪製中國地圖方面久遠的傳統，但也跨出該傳統，以此前中國的地圖繪製者未曾採用的方式，繪製了中國之外的陸地。當時，關於中國之外海洋、陸地在地表的分布情況，有眾多新資料問世，於是，與瓦爾德澤米勒並無二致的，他重新設計世界的模樣，以因應這些新資料的衝擊。他也創造出一樣極優美的東西──儘管那優美得用心觀察才體會得到──替東亞陸塊添上高山、樹和有花植物，以及偶爾隨意加上的細部。在戈壁荒漠裡翩翩飛舞的那兩隻遊蝶最叫我喜歡。

　　標注了「亞美利加」一名的那幅地圖，漂泊了一世紀才在美國國會圖書館覓得新家。它與頌揚美國光榮歷史的建國文獻擺在一塊，被許多人認為得其所哉。塞爾登地圖會有同樣的遭遇嗎？在2011年，經過千辛萬苦（且所費不貲）的修復後，如今它被擺在博德利圖書館公開展示。它的故事到此就是結局了嗎？如果有人斷定這張地圖在頌揚中國的國家認同方面扮演了奠基性的角色，它的未來可能變得複雜。但塞爾登地圖不是

中國的出生證明。這張地圖上沒有中國的中文名，也沒有當時統治中國的明朝之名，但中國已存世如此之久，因此即使有這兩個名字，在中國歷史已走到如此晚期的階段，它們也不具有重大意義。

　　既不是出生證明，那麼，有可能是收養證明嗎？為了東海、南海上數千個島嶼的主權歸屬問題，中國如今與東亞每個聲稱其中某些島嶼為其所有的濱海國家有所爭執。最為人所熟知的島嶼是台灣東北方的釣魚台和南海的西沙群島、南沙群島，而它們之所以最為人知，乃是因為爭執時吵得最大聲。塞爾登地圖是19世紀以前中國人對這些水域唯一詳細描繪且具體標示地理特徵的文獻，因此有人寄望這幅湮沒已久的地圖能成為中國與其鄰國在外交戰裡制勝的王牌。本書中我會指出我在這點上的疑問，說明塞爾登地圖在這類主題上毫無置喙之處。但愛國情緒和國家利益足以阻止真相的探明，所以誰又敢打包票呢？塞爾登地圖為了投保而估的價值為瓦爾德澤米勒地圖價值的五分之三，然而這是對已將近四百年未上市販售的一樣東西所做的隨意性估價。如果它再度成為待價而沽之物，出價肯定會高上許多。

　　我用一整本書談一幅地圖，不是為了像骨董鑑價節目上的專家那樣發出讓人發噱的妙語，而是要以這幅地圖為切入點，探討它問世的那個時代。那是個有著旺盛創造力和顯著改變的時代。新視野日益開啟，舊見識逐漸瓦解，原來信持的真理讓位給引發爭議的新看法。數十萬平民百姓在漂泊之中尋找工作、生存、冒險的機會。數萬艘船從歐洲、亞洲的每個港口出

海。某一大陸上所生產的大宗商品，正重新塑造另一大陸上經濟體的面貌。在這樣的時代背景下，威廉・莎士比亞（William Shakespeare）首度公演《暴風雨》（*The Tempest*）、班・瓊森（Ben Jonson）發明歌舞喜劇，以取悅英王詹姆斯一世（King James I），約翰・多恩（John Donne）受迫於詹姆斯一世要他放棄寫情詩改寫布道文的壓力，最終成為這兩種創作體裁的能手。約翰・塞爾登廁身於這群人之中，在倫敦過著非常充實的生活，在該攻讀法律的時候，不負期望地寫了許多詩。這些詩顯然算不上一流：還年輕的他尚未找到自己該走的路。日後他會在東方學和憲法上取得不朽成就，但他也確實會像上述那些較出名的作家那樣，改變英格蘭的社會結構。而隨著他在這些方面闖出名堂，這幅後來以他名字命名的地圖將會落入他手裡。

　　我未以這幅地圖作為此書的開頭，因為談塞爾登地圖之前，還有許多東西需要思考。我們得先探索其他領域，因為基本上沒有文獻資料可供我們從旁瞭解這幅地圖。這幅地圖橫渡半個地球，落腳在對它的看法迥異於繪製者本身意圖的新環境裡，從而使它的身世變得複雜，令它可供講述的故事增加了一倍。它遠不只是對它所處時代的被動說明，還是一份精心製作的文獻，將大大揭露它被繪製、觀看、塗鴉時所處的時空。比起這幅地圖的繪製者，我們所知更多也更少，因而得經過一番發掘，才有辦法解讀它。

　　或許有人覺得奇怪，但單單一本書不足以打開藏在這幅地圖細節裡的各扇門，更別提走遍這些門後的所有長廊，也別提

進入這些長廊邊的所有房間。到目前為止，我已想辦法進入其中某些房間，從而見識到我初次審視這幅地圖時所完全意想不到的紛然多樣的人事物。在倫敦燒掉的日本春宮畫、萬曆皇帝的貿易政策、中國羅盤的設計、撒繆爾・泰勒・柯爾律治（Samuel Taylor Coleridge）刻意拼錯元朝上都的英文拼音、人體遺骸捐贈博德利圖書館、聖殿騎士團的祖堂，都只是其中一小部分。在這些人事物裡，我只預料到一樣，那就是羅盤；其他全叫我嘖嘖稱奇。但如果希望讓完全罩在五里霧中的塞爾登地圖擁有它應得的歷史，就得把所有人事物都納入考慮。

　　最後，本書其實不是在談一幅地圖，而是在談因它而生命交錯的一些人。如果我能闡明這個時代富裕、複雜、網絡全球化的程度，我的目標就算達成了。這幅地圖提醒我們，甚至警示我們，如果對先人那些把我們帶到今日僵局的富強作為始終懵懂無知，我們對現時的理解會變得很膚淺。17世紀的人當然不可能預見在南海周邊發生的小型交易和衝突會是後來之帝國時代的先兆，或我們所置身之國家—企業聯手時代的先兆。在塞爾登地圖所描繪的那塊地表上遊走的貿易商和海員，純粹是為了賺錢而來到該地，對那塊地區沒有別的想法。如此平凡無奇的一個欲念竟能改造世界，著實令人好奇。但我們有什麼資格認為我們的時代異於他們的時代？誠如約翰內斯・申納所直言不諱的，「你知道世道如何」。

一、
這張地圖
哪裡不對勁？

1976年夏，我取道友誼關離開中國。火車緩緩經過友誼關南邊的圓頂小山駛入越南北部時，我凝視下方縱橫交錯的陡峻小溪谷。在某些較深的小溪谷裡，靠泉水挹注的潺潺小溪，暢行在它們的天然水道裡。在其他小溪谷裡，溪床則已被拓寬為稻田，稻穗仍是綠的，還不能收割。一部蒸汽火車頭翻覆在其中一條小溪谷裡，其燒焦的殘骸四腳朝天躺著，像一頭倒地不起的侏羅紀時期野獸。越戰結束才一年，大地上仍到處可見戰爭的傷痕，偶爾令人怵目驚心——每座鐵路大橋底下，都有它原來橋梁的主梁——但大都並不起眼。這時，這場戰爭已漸遭遺忘。就連大地本身似乎也已準備將它遺忘。望著下面的火車頭，我能想像小溪谷裡的亞熱帶植物在這台破敗的機器旁恣意生長，在復原人員抵達之前將它慢慢湮沒。

友誼關是為連接老大哥中國和小老弟越南的鐵路聯軌站取的名字，一個充滿極權社會氣息的名字。它被譽為兩國友誼的象徵地，如今卻也是橫亙在兩國之間一道散發敵意的壁壘，雙方隔著它以猜疑的心態緊盯對方，偶爾還越過它展開徒勞無功的入侵。1979年換成中國入侵越南，但那是我通過友誼關那個平靜美麗的夏天三年後的事。那時，我結束在中國兩年的交換學生生涯離開中國，選擇繞一大圈返家，途中將經過寮國、緬甸、印度、阿富汗。

我們從北邊接近友誼關。中國火車在劇烈顫動中停住，每個人都得下車進入火車站接受邊境檢查，然後改搭較窄軌的越南火車。凡是非中國人或越南人的乘客——只有我們兩人——都被叫出來特別處理。輪到我時，粗魯的海關官員要我打開背

包檢查。他在找東西，而且很快就找到了。

離開上海前一個月，我去了海關辦事處，以便在搭火車經越南返鄉之前，將我的書和少許個人物品運回加拿大。海關官員要查核外國人運出中國的物品，因此我得打開箱子，把每樣東西都拿出來給他檢查。那位官員是個已步入職業生涯中期的男子，身穿海關機關制服，人很和氣，但也一絲不苟。仔細翻查過我的書和文件後，他留下兩樣東西，說不能運出國。兩樣都是地圖。一樣是一本全國地圖冊，另一樣則是一張壁掛中國地圖。這是我在南京路的新華書店分店買的，新華書店是中國的國營書店——幾乎可說是中國唯一的書店——而且我還有收據可證明購自那裡。外國人不准購買的書籍，通常會在內頁裡印有「內部發行」的字樣，但這兩樣東西並未印上那四個字。我們外國人只能買到「公開發行」的出版品，這是文革思惟可笑的地方之一：國家尊嚴不准中國人知道外國人已知道的事，但也不准中國境內的外國人知道外國人明知中國人已知道的那些事。文革期間充斥著自相矛盾的事物，這是其中之一。

我不死心，向上海這位海關官員追問為何不能持有，他冷淡回道，我當然能持有它們，但就是不能把它們送出國。我繼續逼問，他告訴我地圖攸關國家安全，然後就此打住。在當年，中國官員若要限制外國學生接近中國社會，國家安全是最有效的法寶，如今大概也是如此。但到底攸關什麼國家安全，沒人說得出。我獲准保有的地圖，就只是開放觀光的那些城市的核准出版觀光地圖。這些地圖在距離上刻意失實，以為敵人空軍若根據這些地圖轟炸中國，敵機飛行員會因此糊塗，炸不

中目標（我知道這聽來可笑，但當年就是個可笑的時代）。我拿著那本地圖冊和那張地圖回到宿舍，思索著該怎麼處置它們。地圖冊是本厚重的精裝書，根本無法放在隨身背包裡陪我一起橫越亞洲，於是我把它送給一名中國友人，對方很高興收到這東西。

　　對於那張地圖，我則不想這麼處理。我想留住它。它十分輕薄，可摺成小小的方形。何不放進我背包裡帶出境？此外，海關檢查反倒使我更感好奇。我打開那張地圖，再次端詳了一番。海關官員這麼費心檢查，所為何來？這張地圖哪裡不對勁？

　　乍看之下，沒什麼特別。接著我漸漸意識到，這幅地圖會引來麻煩之處，不在於中國境內，而是中國周邊與多個鄰國的接壤處。我知道中國和蘇聯、印度因邊界糾紛打過仗，可能還和其他國家因同樣的糾紛打過仗。這幅地圖所宣稱的中國領土，是否超出它有權占有的領土範圍？於是我瞄了一下南海。中國南方這片遼闊且相對較淺的海域，在另外三個邊上與越南、馬來西亞婆羅洲、汶萊、菲律賓相接。中國宣稱整個南海為其所有，不顧國際法所允許每個沿海國家可擁有12海里（22.2公里）領海的規定，這是中國最駭人聽聞的片面性邊界主張。在我的這幅地圖上，它從中國大陸本土往下斷斷續續延伸的九段線標示出中國在南海的領土範圍，整個南海都在九段線劃出的範圍內。

　　越南人稱這片海域為東海。他們特別關注的區域，乃是歐洲人稱之為帕拉塞爾群島（Paracels）的約三十多座小島（帕拉

塞爾一詞係葡萄牙人從巴西南部帶來，為該地土著對提供漁民保護之近海礁石的稱呼）。越南人把它們叫作黃沙群島，中國人則稱作西沙群島。西沙群島之名，緣於東南邊700海里處，婆羅洲西北岸外，有分布更廣的另一群島嶼。中國人將這群島嶼稱作南沙群島，國際上則稱之為斯普拉特利群島（Spratly Islands），因1843年航經這些島嶼並在倫敦發表其遠航記錄的英格蘭船長理察・斯普拉特利（Richard Spratly）而得名。群集在這些區域的小島為數達數千，視漲潮時沒入水裡的那些露頭，有多少個稱得上島嶼一名而定。它們向來無人居住，若沒有來自其他地方的支援，也不適於居住。

中國的領土主張使其與東南亞所有鄰國陷入長達數十年的僵局。最嚴重的衝突爆發於1974年1月，當時中國與南越打了兩天的西沙群島海戰（越南落敗）。對中越雙方來說，這場海戰有利於官方透過宣傳轉移人民注意力，卻苦了當時在中國的交換學生。這場跟我們八竿子打不著的小衝突催生出許多誇大的愛國詩歌，成為老師逼迫我們閱讀的教材。

現在，言歸正傳，回到1976年夏天我在背包裡放了一張禁帶出境的中國全國地圖前往越南一事。不苟言笑的邊境衛兵看著我走過去。他打開背包，翻看了裡面的東西，抽出那張地圖。他問我明明已被警告不准帶出境，為何還要將那張地圖帶出中國，神情中幾乎隱藏不住他身為國家機器不可或缺之小螺絲釘角色的喜悅。我這才明白，他對上海海關檢查之事一清二楚。我的官方安全檔案裡記載了那件事，而且他看過那檔案（那是厚厚的一疊文件，要是我哪天有機會一讀，肯定會看得

樂不可支，儘管那一天永遠不會到來）。這讓我大吃一驚。切記那時是1976年。安全檔案尚未電腦化，影印機還很罕見，而且安全事務官員的首要行事準則，就是絕不可讓情資不受自己掌控。但我是外國人，理所當然是高風險人物。我去到哪裡，我的檔案都會如影隨形跟著過去。我的出境許可證上寫著我要經友誼關離開，所以我的檔案會在那裡等我。

不管我怎麼回答，都只會加深我的不法情節，正中他下懷。我根本無法向他解釋，中國對地圖的超級敏感乃是建立在一己對物的執迷上，而非現實上。這張地圖的真實性就和印著這地圖的那張紙一樣薄，它是能被人隨意更改或否認的短暫陳述。對我來說，它只是個有用的東西，是回我家鄉後難以找到東西取代的事物，而且肯定無法用我在中國所付的價錢買到。邊境衛兵則從截然不同的角度看它。地圖不只代表中國的主權：地圖本身**就是**主權。對他來說，這張地圖存在的真實度高於現實世界。這張紙即是國家本身。

對地圖執迷，並非中國獨有的現象。我們每個人都對東西賦予某種意義，而其實，若非我們，那些東西本身根本不具那樣的意義。在君主制時代，君主的聖體被當成具有超自然力之物來崇拜，是神聖性的體現，凡是冒犯它者都犯了叛國罪。如今，君主制時代已逝去，這一原始氛圍已被昇華、轉移到國家的聖體上。國王丟掉一小塊領土──而且國王在兒女成親時經常這麼做──沒人會說那犯了瀆聖罪。但若拿把袖珍摺刀刺國王一下，即犯下最嚴重的叛國罪。現代國家不怕挨袖珍摺刀，但怕鄰國奪走它的領土，即使只是一小塊領土。只要丟掉一吋

國土，國家的整個正當性就受到威脅。在地圖上移動國界，國家即受到同樣嚴重的侮辱。只要全國地圖代表神聖國家，在某些方面比國家本身還要真實，生怕失去正當性的政權就禁不起讓全國地圖處於自己視線之外。我別無選擇，只能把那張地圖留在邊境站上，然後繼續往南，進入同走國家社會主義路線但沒這麼極端的另一個國家。

二十五年後，中國再度申明其主權，這一次冒的風險大上許多。2001年4月1日，兩架中國海軍殲8戰機攔截在中國沿海朝沖繩方向飛行的一架美國海軍偵察機。據美方的說法，PR32的任務是「例行的偵察任務」。當時，這架四螺旋槳的EP3-E Aries II型偵察機已橫越這片海域，在直直返回基地途中遭攔截。在貓捉老鼠般的空中偵察世界裡，這種事稀鬆平常。國家一察覺外國軍機進入自己領空，總是立即命令軍機緊急起飛攔截。那天早上被派去攔截的兩名軍機飛行員，先前就曾以威脅姿態高速逼近過美國飛機，因此對偵察機上的二十三名機組員來說，已非新鮮事。這種事其實屢見不鮮。

這兩架單座殲8戰機從後方逼近EP3-E偵察機，打算盡可能逼近對方，試試對方的膽量，然後飛離，用噴氣流晃動對方機身。長機飛行員、飛行中隊隊長王偉，先前攔截過美機。美國方面的指揮官，謝恩‧奧斯本（Shane Osborn）中尉，在南海上空的機動經驗也很豐富。兩人都知道自己在做什麼，都知道這場遊戲的規則。

王偉駕著他的殲8升空，飛到速度較慢的EP3-E偵察機旁

邊，在其左側巡航，距美機左翼只有3公尺。在180節的航速下，這舉動很危險：在這樣的速度下，只有技術非常高超的飛行員才有辦法在如此貼近另一架飛機的情況下機動。在左翼近處滯留片刻後，王偉飛離這架螺旋槳飛機，繞一圈，再從後面飛過來。接下來所發生的事，信不信就由你了。後來，另一架中國戰機的飛行員指控奧斯本「大角度轉向」王偉的飛機，撞上該機。奧斯本則堅稱，他始終讓偵察機保持飛向沖繩的固定方向，未改變航道。問題出在王偉第二次飛過時逼近得太快。抵達偵察機側翼時，他想急速拉升以放慢速度，結果誤判他的速度或距離。戰機往上陡升，撞到偵察機外引擎的螺旋槳葉片。螺旋槳將殲8戰機劃為兩半。殲8機鼻往前翻轉，撞上美機前部，座艙和機身撞擊偵察機底部，然後在右翼下方往一邊疾飛出去，差點撞到螺旋槳。有些美國機員深信看到王偉彈出座艙，但他就此失蹤。

偵察機受此撞擊而側滾，以上下顛倒的姿勢急墜約4200公尺後，奧斯本才重新掌控飛機。他估算距目的地沖繩還有二十六分鐘，認為飛機可能飛不了那麼遠，於是開始尋找降落地點。航程內的機場只有海南島的陵水軍用機場，兩架攔截的中國軍機就從那座機場起飛。機員循標準作業程序，銷毀美國海軍所不想讓他國知道的資料和設備。有位機員把一壺熱咖啡倒進硬碟機和主機板，以加速銷毀作業。

另一架中國軍機的飛行員發無線電給陵水機場，請求允許擊落美國偵察機。請求遭駁回，飛行員接到返回基地的命令。美國偵察機也用無線電向該機場發出求救信號，該機場基於國

際行為準則必須有所回應。美國人重複發送求救信號十五次，均未收到回應。後來，中國即抓住這點，主張美機非法降落，因為降落未得批准。奧斯本決定，不管有沒有降落許可，他都得嘗試降落。他的飛機回不了母基地。降落海南島其實也不易，因為這架美國飛機已沒有儀器輔助飛行，也無法控制左翼的襟翼，裝載燃料過重。它以170節的航速在陵水機場跑道上著陸，在跑道盡頭前停住。

偵察機一停住，武裝軍人即衝過來圍住，持槍要機員下來。美國人被扣留了十一天，在中美雙方為此折衝期間，受到非法訊問。直到美國發出一封有所保留的信，表達對此次意外與飛行中隊隊長王偉之死的遺憾，美國人才獲釋。中國甚至在仔細察看過這架飛機後，才把飛機還給他們。洛克希德馬丁公司（Lockheed Martin）的工程師獲准到場拆解偵察機，但零件得用俄羅斯貨機運回沖繩。後來，這架飛機在喬治亞州重建，如今已重新服役。美國頒予奧斯本中尉傑出飛行十字勳章。中國則遵循長久以來將軍中英雄奉為護國者的傳統，授予王偉「海空衛士」榮銜。

這件事發生於將近7000公尺高處的空中，但促使它發生的因素卻是下方的海洋。規範航空器可在何處飛越水域的規則，尚未完全法典化。那些規則大部分源自仍在演變中的一套海事協議，那套海事協議則合稱海洋法。這些協議規範哪片水域屬於誰，什麼船可穿過那些水域。它們也提供規範領空的同樣規則。一如船隻未取得明確的進入許可不得擅自進入另一國領海，航空器不得擅自進入另一國領海上方的領空。只有對海

洋法有所瞭解，才能理解PR32任務所碰上的事。

　　領海被認定為沿著沿海國海岸而行的窄細水域。這塊安全區的寬度，過去向來以船炮射程為基準來訂定，1982年才正式明訂為12海里。沿海國家對領海內水域可擁有完全的管轄權。但自第二次世界大戰起，有些國家開始把管轄範圍往外擴展，以限制外國人取用沿海漁業資源和海底礦物資源。最後，確立了新的管轄範圍，即距岸200海里（370公里）。沿海國家可將該區域列為其專屬經濟區，但沿海國家並不因此有權禁止外國船隻，乃至戰艦，進入200海里範圍內，只要外國船隻不進入12海里範圍內即可。這條規定進一步確立了「無害通過」這項沿襲已久的權利，根據該權利，任何國籍的船隻只要直接且急速通過，都可通過別國的近海水域。

　　凡是適用在水上船隻的規定，同樣適用於水域上方的航空器。飛行員進入領空時應請求口頭許可，但飛越的規則並非不可更易。中美軍機接觸時，EP3-E偵察機飛在海南島東南邊約110公里（60海里）處，也就是12海里界限外極遠處。美國方面認為，這架飛機當時正無害通過南海的中國大陸棚上空。中國有權監控那次通過，但無權阻止它通過或做出危害該機安全或機員生命的機動行為。這樣的攔截是騷擾。相對的，中方認為這架偵察機當時正飛越其領海。進入中國領空等於侵犯中國主權，中國理所當然可以驅逐該機。

　　令人好奇的，或者說或許很明智的，中國從未在法律上主張其對整個南海的管轄權。中國這一主張是單方面的，且根據發現權表達其享有該區域主權的歷史權利。這一主張表示，中

國海員最早發現南海島嶼，因此南海所有島嶼和包圍那些島嶼的整片海洋是中國的。拉丁文法學用語把這種領土主張稱作 terra nullius（「無主之地」），亦即「這塊土地不屬於任何人，而我最早發現，因此它是我的」。1492 年起，歐洲人即在全球各地祭出這樣的主張，以合理化其征服行為。歐洲人抵達這類土地時，大部分絕非無主之地，但歐洲法逕自將當地既有的住民宣告為野蠻人，從而斷定當地沒有能行使主權的國家。當地或許有住民，但土地不屬於他們。

儘管地球上已幾乎沒有土地可讓人祭出這一主張，「無主之地」如今仍是法律用詞。中國若想在國際仲裁時提出這一主張，會碰上一些麻煩。這些芝麻綠豆大的土地的確曾是無主之地，但這一主張也需要占領才站得住腳，而直到中國於其中某些島嶼相鄰的海域建立簡便機場，這些島嶼才被中國占領。14 世紀的中文史料的確指出中國人知道南海有一些小島，但這就是發現的證據，還是只是對該地區人人已知之事的記載而已？

問題癥結在於自認受辱之國家的尊嚴。但更大的癥結在於海底可能蘊藏石油。沒人在意那些島，他們在意的是島下面的東西。王偉就這樣葬送了性命。

七年後，我在新博德利圖書館地下室仔細研究一樣我怎麼也料想不到其存在的東西。它攤開在我面前，橫陳在併成一塊的兩張桌子上：中國人製作的一張紙質古地圖，呈現亞洲東端的地理。它尺幅甚大，寬超過 1 公尺，長將近 2 公尺。地圖底部的軸，表明它曾掛在牆上。它以黑墨手工繪成，描繪中國沿

海地區和東南亞的島嶼。地圖本身呈現一幅極為特別的全景。
陸地以淡沙色呈現，飾以淺藍和褐色繪成的山巒，樹用黑墨畫
出，如中國山水畫中的樹。整個地圖上植物遍生，有蕨類和竹
叢、松樹和榆樹、鳶尾屬植物和蜘蛛抱蛋屬植物，乃至一些蘭
花。海洋呈現色澤不均的淡綠色（銅顏料氧化前大概是藍
色），以雲紋代表海浪。地圖上密密麻麻的城市和港口，以漢
字標出，漢字則用黑墨水圈出，鑲上黃邊。港口與港口間的線
條，如窗花格般縱橫交錯於海洋上，表示船隻航行過的路
線——史上第一幅以如此規模製作的地圖。我熟悉亞洲地圖，
但此前未見過像它這樣的地圖。它美麗且獨一無二：一份歷史
文獻、一件藝術品、一幅呈現某人腦海中之亞洲世界面貌的心
象（mindscape，借用地圖史家余定國的精闢術語）。它絕不只
是對地形細節的生硬重現，而是使那整個世界生機盎然。它完
美無比。

　　那天我有幸一睹這張地圖，緣於那天早上更早時大衛・赫
利威爾（David Helliwell）發了信息給我，建議我盡快過去圖
書館一趟。大衛執掌博德利圖書館中國文物部門的時間和我研
究中國史的時間一樣久，因此我知道凡是令他振奮或驚奇的東
西都值得前去瞧瞧。有個意義重大的東西被他找到。一結束早
上的授課，我立即趕過去，在大衛辦公室裡找到他。他帶我來
到外人不得進入的地下室，那張地圖就放在那裡。

　　博德利是牛津大學的圖書館，館名取自湯瑪斯・博德利
（Thomas Bodley）之名。博德利建請牛津大學像歐陸所有一流
大學那樣成立一座圖書館，且表示他要以存放在牛津神學院上

方某房間裡剩下的手抄本收藏為基礎建立該館。1602年圖書館正式創立，兩年後該館把他的第一本中文書登記入冊。當時英格蘭境內沒人搞得清楚中文書的頭尾：中國由左往右的翻書習慣，不同於歐洲由右往左的翻書習慣，使歐洲人搞不清楚中文書哪邊是封底，哪邊是封面，更別提弄懂哪邊是上，哪邊是下。但有機會入手中文書時，博德利未因不懂中文就不收藏中文書。不管是用哪種他看不懂的文字寫的書，他都納入收藏之列。他毫不在意他的圖書館收些沒人看的書，並且深信總有一天會有人看得懂它們，其中一定會有什麼有用的書遇到伯樂而大放異采。不必急。那些書可靜靜擺在書架上或箱子裡，直到某天派上用場。博德利收書著眼於長遠之圖。

　　大衛已查過檔案，因而得以告訴我，這張地圖在1659年進入博德利圖書館，屬於律師約翰・塞爾登死後遺贈的大批書籍、手抄本之一，至於塞爾登此人，我當時是第一次聽到。對於這張地圖，大衛所知僅止於此。此外，他唯一能補充的，乃是他因為研究大英帝國歷史的美國學者羅伯特・貝秋勒（Robert Batchelor）之故，才注意到這張地圖。貝秋勒注意到一份古目錄裡記載了一張中國地圖，於是請該圖書館找出該地圖供他查閱。大衛進到地下室書庫，找出一只狹長箱子，拿出已擺在箱裡無人聞問將近百年的那張地圖，然後通知我過去瞧瞧。拜羅伯特之賜，它攤在我們面前，距它被收進這座圖書館已三百五十年，且據我們推測，距它描畫、上色成圖已約四百年。

　　愈是檢視這張地圖，我愈是覺得納悶。它和我所見過明朝

（1368-1644）時期中國人所繪的地圖完全不同。處處不對勁。
首先，它所涵蓋的中國以外地域，比任何明朝地圖通常所呈現
的都要廣。這張地圖不只呈現明朝人所認知的本國領土，還呈
現他們國境外的廣大周邊地區，從右上角的日本到左下角的蘇
門答臘。菲律賓和婆羅洲的位置，正如今人所想的，孤懸海
中。地圖上也呈現了今人所熟悉的越南海岸線輪廓，以及馬來
半島和今日印尼那些更大的島。中國人繪製地圖時，對於如何
描繪這些地方，有其一貫作法，通常將它們擠在一塊，以扁平
化的形狀擺在中國主體周邊。明末時，那些傳統作法的確已開
始改變，但沒有哪張晚明地圖像這張地圖。地圖史研究的第一
則心得，就是地圖都抄襲別的地圖。但這張地圖看不出抄襲自
我所知的哪張地圖。

　　從地圖中諸地的主從關係角度來看，這張地圖也顯得不對
勁。經驗告訴我，明朝時的地圖，不管是區域圖，還是世界地
圖，都以中國為中心，但此圖的中心不是中國，而是南海，即
今日主權爭執非常激烈的區域。當時，南海不只是東亞各港口、
各國家共有的貿易場域，由於16、17世紀之交時歐洲瘋狂投入
香料貿易，南海也是臥亞（Goa）、阿卡普爾科（Acapulco）、
阿姆斯特丹這類遙遠港口和國家共有的貿易場域。對這位地圖
繪製者來說，以一片廣大海域為中心來布局，乃是至為奇怪之
事，這不只是因為這有悖於傳統作法，還因為那裡幾乎空無一
物：地圖中央一個空洞洞的地方。這位地圖繪製者未讓陸塊主
宰他所畫出的心象，而是將陸塊推到邊陲，要我們把目光擺在
那片海域。

　　最後，且最令人苦惱的，就是這張地圖讓今人覺得非常熟悉。今人眼中的東亞地圖面貌，以及今人如何認出陸地、水域的形狀，都是後來歷史演變的產物。今人對這個區域的視覺認知，必然不同於這張明朝地圖所呈現的。這並非因為今人弄清楚真相而當時人搞錯。當時人的看法和我們的看法源於兩種不同的觀看方式，源於將地理現實轉錄在紙面上的兩套不同方法。照理這兩種方式不該產生同樣的圖像，但眼前卻有一張中國人於四百年前繪製的地圖，把時間與風格上的差異減至最少，從而使這張地圖出乎預料的讓人不覺那麼陌生。它根本太完美了。不只如此，它對海上航路的關注也非常符合今日中國的角色——中國成為世上最大的商品供應國，產品行銷全世界。這張地圖畫出此前任何東、西方地圖都未畫出的貿易世界。它完全合理，但也說不通。

　　那天，我得知它叫塞爾登地圖，地圖本身卻沒有標題。我此前未聽過約翰・塞爾登這人，因此，對於此圖與捐贈者之間的關係，最初我無意深究。如今我已不這麼認為。這張地圖原本可能落入任何人之手，但，如我後來所知，它落入一位寫了國際海洋法著作的人之手，而那人正是主張國家可將海洋納入管轄範圍的第一人——如今中國就對南海提出這樣的主張。

　　國家管轄區問題是在哥倫布首次航渡大西洋幾年後，首度出現在法律裡。1494 年，羅馬教皇使節把西班牙、葡萄牙這兩個新興的歐洲海上國家拉到西班牙小鎮托爾德西里亞斯（Tordesillas）開會，以解決歐洲以外新領土的歸屬問題。凡是「無主之地」，都要以非洲西北岸外佛得角群島（Cape Verde

Islands）西邊370里格（1200海里）處畫出的子午線為基準，由這兩個國家瓜分。此線以東的土地「將屬於（葡萄牙），由（葡萄牙）一直持有，永遠歸屬（葡萄牙）」。於是，葡萄牙取得亞洲，還有巴西的大塊地區（此條約的談判人可能知道巴西的東端突出到此線之東，也可能不知道）。此線以西的地方，即美洲和太平洋，則「將屬於（西班牙），由（西班牙）一直持有，永遠歸屬（西班牙）」。托爾德西里亞斯條約也授予西葡兩國在對方海域無害通過的權利。

這個條約被視為邊界條約，用以解決兩個相比鄰國家的衝突，為兩國的共存和防範未來衝突提供基礎架構。但它涉及水域而非陸地，因此它的影響不可能只限於這兩個國家。它的條款影響到其他每個派船遠航的國家，從而最終影響到歐洲絕大部分地方。因此，國際法是透過對托爾德西里亞斯條約的一連串反對慢慢成形。

海洋法的創立者，乃至更廣義來說，國際法的創立者，通常被認為是17世紀初期荷蘭的傑出學者許赫‧德赫羅特（Huig de Groot），也就是以拉丁語名更為人知的格羅提烏斯（譯按：此為他拉丁語名Grotius的中文譯名，若按英語發音，則譯為格老秀斯）。但在我看來，這一殊榮應由約翰‧塞爾登與德赫羅特合得。誠如下一章會提到的，塞爾登接下德赫羅特所提出的法學挑戰，從而為可行的海洋法奠下基礎。德赫羅特認為海洋不能納入主權管轄範圍，約翰‧塞爾登則認為可以。塞爾登未主張南海由哪個國家管轄，事實上在當時他大概會主張南海不受哪個國家管轄，但他的確認為海洋可像陸地那樣為國家所

有。而這正是中國今日的主張。

　　約翰·塞爾登對南海抱持何種看法，永遠不得而知，但他的確思考過海洋法問題，而海洋無疑是他所取得的這張地圖上非常鮮明可見的一個地理特徵。他對海洋的關注，乃是當時每個人異曲同工的心態體現，因為當時海洋是全世界關注的對象。只消看一下某歐洲史家的估計，就能瞭解海洋受關注的程度。據該史家的估計，1660年，也就是博德利圖書館收入塞爾登地圖的一年後，有多達一萬艘歐洲船在海上尋找大宗商品和市場。那些船的確並非全要航往亞洲，但有許多船是。投入同樣活動的亞洲船隻數目無從得知，但肯定高過一萬。因為這是個歐洲人能環航地球、在諸地區性經濟體之間通商的時代，而歐洲人能做到這點，則是因為非歐洲人的水手已打造了日後全球貿易所倚賴的地區性貿易網。17世紀，在以亞洲人為主角的舞台上，歐洲海員是配角。當時相對於亞洲同業，他們所擁有的技術優勢並不多。一如旅華的耶穌會傳教士李明（Louis Lecomte）所證實，中國人能「像葡萄牙人那樣安穩的」航行於無邊無際的大海。他的說法應該可信，因為他曾搭中國船和葡萄牙船遠行。透過航海活動，整個世界正漸漸重新合為一體。

　　約翰·塞爾登比大部分人清楚，他所置身的時代正走上重大改變：新哲學和新憲法、新貿易路線和新式財富、關於個人與個人周遭所有事物之間正確關係的新觀念。那些原生活在神所指派之君主統治下的人，有一部分的人這時認為他們的統治者只是凡人。原以擁有大片土地代表龐大財富的地方，這時把

擁有大批船貨當成有錢的指標。這些改變發生的同時，在歐洲長久以來所倚賴卻已過時的中世紀基礎上，以令人咋舌的速度冒出前所未見的安身立命方式。需要一全新的法律結構，才能撐住這個新秩序。塞爾登就是做這事的律師。

　　但約翰・塞爾登的所作所為，不只在於力求兼顧法律和先例。他能預見到未來，乃是因為他比同時代的其他法學家都更徹底蒐集過去的記錄——就他來說，他所蒐集的過去記錄最終包括一張中國人繪製的地圖。他從這些記錄中得到的，不只是海洋法的先例，還有更革命性的事物基礎，即以下這個觀念：法律的目的不在確保統治者掌權，而在確保人民擁有自由。他的座右銘是「自由第一」（peri pantos ten eleutherian）。這或許讓人覺得是陳腔濫調——一個不可一世的年輕人裝模作樣的宣示——但就塞爾登的情況來說，它是反抗當時暴政的誓言。日後，被接連兩任國王關入獄中時，他更對暴政有了親身體驗。這一誓言促使他先是投入法律，然後從政，最後投身於亞洲語言（包括希伯來語）的學習，以便看懂可能使他得以將自由重建為人間基本要件的文獻。

　　塞爾登未在這張地圖上寫下「自由第一」。未能在這上面看到他親筆寫下這則箴言，不免遺憾，但地圖沒有封面，塞爾登無意在地圖上塗寫，毀損其原貌。除了在遺囑裡提及它，他未留下對它的評注或看法。但誠如後面會提到的，他是它的歷史裡極密切的一部分。

　　對於17世紀歷史並不特別感興趣的人來說，博德利圖書館

裡的一張中國人繪製的古地圖有什麼值得一看之處？從這份文獻，我們可學到什麼？它又為何重要？就讓本書娓娓道來。

首先得請讀者想像在塞爾登地圖的正中心處插上一根大頭針，然後在腦海裡以那一點為中心畫個圓，圓半徑為2.54公分。你會發現這個圓位在南海北端。圓的頂端，中國的南緣，坐落著像是一座長島、島中央有條山脈的東西。它的位置表明這應該是海南島，即美國EP3-E偵察機迫降的地方。但標示的地名不是海南島，而是廉州。廉州是明朝在海南島北邊大陸上設的府，不是個島。這個區域唯一真正的大島是海南，明朝時稱瓊州府，不是廉州府。如果在這張地圖上找瓊州，可以找到，但位在大陸上，而非這座島上。這座被標上廉州的島，還有兩個標記，兩者都與海南有密切關係。一個是獨豬（今稱烏豬）。獨豬是海南島上最高山，海員用它來判定自己正航經此島。另一個標記是七州，指的是海南島東北隅岸外的一個小列島，明朝時走沿海路線的船在此停靠取水和木頭。所以，位於這個圓頂端的島終究還是海南島？不是。關於這個，我們後面會談。

接著往這個虛擬的圓裡瞧。你會發現那裡有個斜的平行四邊形，四邊形裡有兩行漢字：「萬里長沙似船帆樣」。在這兩行字下方是三個漢字「嶼紅色」，再下面出現另一批小島，標示為「萬里石塘」。一華里約等於半公里。「萬里」只是形容「甚長」的慣用詞（例如「萬里長城」）。這些標記標出西沙群島。第一個「萬里」對應今人所謂的宣德環礁，第二個「萬里」對應今人所謂的永樂環礁。兩者合計長不到250公里，與

中國「萬里」之說所宣稱的距離相去甚遠，但被風吹到這遍布小島與水下礁石的地方而無法脫困的明朝海員，想必覺得自己被困在長達萬里的可怕境地裡。當時沒人想宣稱西沙群島為其所有。它們除了危險，沒別的東西；厲害的航海者對它們敬而遠之。

　　我已請你把這個圓畫成某種連接過去與現在的門。我們瞭解現在。我們就生活於現在。現今的世界裡，國家與企業不僅利用它們的公民與大自然，還兩者聯手，想方設法追求更富更強，而飛行員就在追逐富強中枉死於南海，國家的尊嚴凌駕個人的尊嚴之上。過去或許讓人覺得較抽象、較難捉摸，但這就是我為何選擇將塞爾登地圖擺在此書中心的原因。此舉意味著我們往前走時，一路都有17世紀在我們正前方。塞爾登地圖的中心正好也是飛行中隊隊長王偉喪命之處，純粹是巧合。但如果我們願意把歷史看成我們所置身的空間，而非已死去之物，或許會發現過去與現在彼此密切相關：在海域裡和海域上空圍繞著中國發生的事，與近代民族國家的形成、全球經濟的公司化、國際法的出現，大有關係，而塞爾登地圖問世那一刻，正是這三者開始之時。

　　如今，我們經過中國周邊的空域，多於航行過中國周邊的海域，但我們還是經過，而每次我們經過時，都在重複其他許多人已做過的事。我們的先民貿易與旅行、遷徙與偷竊、援助與恐嚇，與任何掌控大局者聯手合作，於是我們之中只有極少數人變得無比有錢，其他人只能謀求一日溫飽。經過這四百年，世界已大大改變，但我們的改變沒那麼大。如果說相對於

我們的先民，我們有個小小的優勢，那就是我們能回顧過去，能想像原本可能會是如何，能理解歷史沒那樣走和為何沒那樣走。

用一整本書來談單單一張17世紀的地圖，使我們不只有機會瞭解一張地圖，還有機會瞭解那張地圖問世時的世界。這張地圖作者不詳，使我無法以平鋪直敘的方式描述它的歷史。我想弄清楚它的出身，但能讓我據以作為起點的地方，乃是它最後落腳的地方。我要從那裡往中國前進，回到17世紀初期，以解開這張獨特地圖何時、何地、為何及如何製成的祕密。我們的第一趟考察，帶我們來到斯圖亞特（Stuart）王朝（1603-1714）治下的英格蘭。就在這個時期，律師約翰‧塞爾登收藏了這張地圖，圖書館館長湯瑪斯‧海德（Thomas Hyde）則替這張地圖做注解。第二趟考察帶我們來到明朝（1368-1644）中國附近海域。明朝時，中國與歐洲的海員正在建造貿易網，把這個地區織入某一海上航路體系裡。第三趟考察會帶我們到塞爾登地圖所必然屬於的那段更為特別的歷史，這張地圖問世前那段海圖、地圖史。從時間上來看，我們是在一路往回走，先拜訪那些讀了這張地圖的人，再拜訪取得這張地圖的人，最後拜訪製作這張地圖的人。每一次的考察，都會讓我們更接近解開塞爾登地圖某些祕密的時刻；只是某些祕密，不是所有祕密。有些祕密，這張地圖本身不願向外透露。

站在邊境檢查站時，我的確開始思索偷偷夾帶地圖出境會給自己帶來什麼大麻煩。要帶這張地圖離開中國，顯然想都別

想。但沒有它，離開就不成問題。想想這倒也是件幸事，幸運之處不在我可以離開，而在於我保有了比一張印了東西的紙能保存更久的東西，那就是回憶。原本那可能是我人生無數日子裡平凡無奇的一天，但沒收地圖使那一天在我腦海裡留下深刻的印記。一張回憶的地圖，倒也不壞。

　　自三十多年前那天之後，我走過許多地方，常常搬家。我猜，如果當初我能保住那張地圖，如今大概也老早就把它送人或丟掉。人能掌握的東西就這麼多。即使仍在我手裡，如今大概也湮沒在我學術生涯所積累的許多檔案夾和箱子裡，就此束諸高閣。但誰曉得後來會如何？在我死了許久之後，說不定哪個人打開那個箱子，抽出這張地圖，然後心裡想著，這是什麼？

二、
閉鎖海洋

　　關於塞爾登地圖，我們唯一確知的事，乃是它於1659年9月收入博德利圖書館。其實，也談不上確知。透過約翰・塞爾登的大批藏書送到牛津的時間，我們才得以推斷出它的入館日。藏書送抵之事，由安東尼・伍德（Anthony Wood）記載下來。伍德是個極愛讀書的年輕人，照他自己的說法，他的「天賦」迫使他把人生耗在博德利圖書館閱讀古手抄本上。伍德未對這張地圖另眼相看。數百個箱子從泰晤士河運到博德利圖書館後，伍德主動幫忙館長湯瑪斯・巴洛（Thomas Barlow）拆箱、分類整理，而存放此地圖的狹長箱子，可能就是其中之一。塞爾登生前住在倫敦白修士區（Whitefriars）的房子時，就用固定於牆上的書櫃（當時視之為新奇的藏書方式），井然有序的擺置他的書本和手抄本。裝箱者曾努力保留它們原來擺設時的順序，因為塞爾登死後，這批收藏就按照那順序分門別類，但在牛津拆箱時，很可能把次序打亂了。書本得一一鑑別，再搬到圖書館西端閱讀室周邊的長廊（這部分的藏書區後來稱作塞爾登端〔Selden End〕），在那裡按類別擺放。後來，較有價值的藏品用鏈條拴住，以免塞爾登死後他部分藏書從白修士區消失的憾事重演。

　　這是博德利圖書館成立以來收到的最大一批書籍、手抄本捐贈。從今日的標準來說，那是一筆所費不貲的交易：鏈條耗費超過25英鎊，運費達34英鎊。據說，巴洛不堪這一浩大工程的壓力，辭去館長之職。拆箱取出手抄本的過程中，伍德發現這位偉大人物常忘了拿走他用來當書籤的東西，因為他在紙頁之間找到數副卡在其中的眼鏡。他把這些被主人遺忘的書籤

交給巴洛，巴洛將其中一副送給伍德作為酬謝。伍德認為塞爾登是當世最偉大的學者，此後餘生一直善加保存這件遺物作為紀念，因為這件東西代表了他與塞爾登的偉大之處的邂逅。

塞爾登於1653年6月11日立下遺囑，並加注附件，說明如何處理他的學術性收藏（圖2）。在這份文件中，他特別提及他的「中國地圖」。這是他唯一一次提及這張地圖。它之所以引人注目，還因為它是他收藏裡唯一有他命名的物件。他提到其他收藏時，都只以某一類書或手抄本籠統帶過。他點出他收藏裡「以希伯來語、古敘利亞語、阿拉伯語、波斯語、土耳其語或其他通常被認定為東方語的語言寫成」的書，即他所收藏以亞洲語言寫成的手抄本，但未說出其中哪本書的名字。他也提到收藏中以希臘語寫成的手抄本，以及「目前圖書館裡未收藏的塔木德經研究著作和猶太拉比著作（如果我有收藏這類著作的話）」，亦即他包羅廣泛的希伯來語手抄本。遺囑附件表示，這些東西應送到牛津，但遺囑本身並未如此交代。至於他的「中國地圖」如何處理，他在後面數行處提到。他說它要交給「前述的（大學）校長教授和學生」（the said Chancelor Masters and Schollars）。「前述的」一詞，間接表示他已指名由這些學界人士構成的那所大學。但其實不然。中間漏掉了什麼。

習慣了遺囑驗證法院（Prerogative Court）裡抄寫這份遺囑（現存唯一的遺囑副本）的文書人員潦草的筆跡後，就很容易看出錯在哪裡。錯出現在這段文字的第四行，從該行最左邊往右為：

… understood by the name of oriental or in greek to as also
with them …

　　幾番搔首苦思後，我斷定to這個字後面漏掉了東西。這行
字應寫成：

… understood by the name of oriental or in greek to the
Chancelor, Masters and Schollars of Oxford University, as also
with them …

換句話說，遺囑附件裡漏寫了捐贈品的收受者。這一疏漏既非
塞爾登的本意，也非他的疏失。這位文書人員就著原件抄寫
時，大概就在1655年2月這份遺囑上呈法院驗證時，似乎漏抄
了一行。

　　漏掉的這一行字並未困擾他的諸位遺囑執行人，可能是因
為他們手裡有正確的副本。那一年更晚時，他們讓第一批手抄
本運到牛津，就是在遺囑附件裡提到的那幾類手抄本：以希臘
語、希伯來語和數種亞洲語言寫成的手抄本。從遺囑看，約
翰・塞爾登讓遺囑執行人全權處理他的其他收藏。他們可「自
行瓜分掉書籍，或把它們，或它們之中最上等的部分，移供公
眾使用」，但不得把書拿去「販售」。他還提議他們可把那些
書送給「附近的公共圖書館或大學某學院的圖書館」。直到
1659年9月，他絕大部分藏書才抵達牛津。

　　四年的延擱激起惡意的傳言。當時社會上普遍認為，塞爾

登死時沒有繼承人，或至少沒有他認定的繼承人，因此他的藏
書注定要落腳牛津。但這些書卻在白修士區擱了四年，毫無動
靜。有人猜塞爾登生前瞧不起牛津，據說是因為塞爾登生前最
後一年請求博德利圖書館出借一些手抄本，卻遭湯瑪斯‧巴洛
拒絕。巴洛的確不喜歡讓手抄本離館，因為有許多手抄本一去
不復返，於是向校方寫了份報告表示此反對意見。但牛津大學
在克倫威爾（Oliver Cromwell）掌政那幾年的黑暗期能保住命
脈，得部分歸功於塞爾登的出手相助，校方最終駁回巴洛的反
對意見：塞爾登想借多少就可借多少，前提是一次最多只能借
三件，押金100英鎊（很大一筆數目），一年內得歸還。塞爾登
去世九天後，巴洛去倫敦察看他的遺產。但書籍未立即送來牛
津後，開始有流言傳出。這一延擱其實肇因於將他法律、醫學
書籍方面的另幾筆捐贈送到其他機構之事出現問題。那些書整
理妥當之後，他的其他藏書即可送到牛津，且的確送到牛津了。

　　塞爾登絕大部分藏書該落腳何處，其實始終不成問題，塞
爾登地圖該如何處置，也從無疑問。我們所弄不清楚的，乃是
這張地圖是跟著1655年第一批手抄本入館，還是跟著1659年
第二批手抄本入館。這個疑問其實無關宏旨。我提及此點，只
為凸顯一事，即我們的疑問無法從這件東西本身輕鬆找到解
答。

　　1618年12月，約翰‧塞爾登奉召晉見詹姆斯一世。那個月
16日──正好星期四──塞爾登三十四歲。他在生日前或生日
後一星期內晉見國王。塞爾登於七十歲生日前兩天入土，因

此，1618年12月時，他處於人生中點的前一年。他初出社會時的肖像畫，呈現的是個把許多時間花在思考上，與他所處的世界疏離的形象（圖3）。未來他會成為憲法律師、國會議員、法學家，寫出精彩的人生篇章，他的法學著作會為近代英格蘭法律立下根本規則。未來他也會與聰明的伊莉莎白‧塔爾博特（Elizabeth Talbot）私結連理。伊莉莎白是肯特（Kent）公爵夫人，肯特公爵則是塞爾登的贊助人。公爵死後，塞爾登與伊莉莎白同住一屋簷下。未有教堂檔案記載這段婚姻，但以他的一貫作風，不赴教堂辦婚禮倒也不令人意外。他認為婚姻是民間契約，不是聖事，不關上帝或教會的事。甚至，塞爾登一度以諷刺口吻論道，對世上任何人來說，「人一生的種種作為裡，婚姻最與他人無關，但我們一生的種種作為裡，就屬婚姻最受到他人干預。」伊莉莎白在白修士區的住所，位在塞爾登內殿律師學院（Inner Temple）裡的法律事務所東邊兩個街區處，相隔不遠，兩人同居後，這棟房子就成為他的。從塞爾登的平凡家世和學者性格，絕對料想不到他會有這樣的人生際遇──若非詹姆斯一世把他叫去責問，這些事大概都不會發生。

　　如果塞爾登想品味都鐸王朝時代的盛世氣象，倫敦能讓他如願以償。伊莉莎白一世時代的倫敦，匯聚了許多出身平凡的傑出之士（神學家、律師、詩人、劇作家），而約翰‧塞爾登很快就和他們打成一片。他的朋友包括詩人約翰‧多恩、諷刺作家班‧瓊森、劇作家法蘭西斯‧博蒙（Francis Beaumont）。沒有史料顯示他見過莎士比亞，但以塞爾登活動的範圍來看──例如莎士比亞的《錯中錯》（*Comedy of Errors*）和《第十二

夜》（*Twelfth Night*）都是在旁邊的律師學院首度公演——兩人
要想不碰面大概很難。塞爾登日後會大放異采，取得多項成
就，但無法在詩壇闖出名號。伊莉莎白一世時期的倫敦，凡是
有心出人頭地的年輕人都要寫詩，二十多歲的塞爾登順隨潮流
投入此類創作，但詩裡充斥著隱晦的典故，讀詩不像是讀詩，
倒比較像是在解字謎。關於他的文學成就，詩壇同好所能給予
他的最好評價，乃是稱他為「扎實的塞爾登」：這樣的讚美之詞
不免有點含糊。日後他會嚴正表示，「對小孩來說，學寫（詩）
是件好事」。資質平庸的詩人可能寫詩「自娛，但公開發表它
們，就愚不可及」。回想起更年輕時的自己，他大概心懷悔恨。

　　塞爾登在文壇上交情最好的朋友是班·瓊森（圖4），是
當時最偉大的兩位或三位詩人之一。塞爾登憶道，詹姆斯一世
要塞爾登入宮問事時，就是瓊森陪他一起去晉見。瓊森也是憑
自身才智出人頭地，他父親是個破產的傳道士，在瓊森出生前
就去世，瓊森由一名砌磚工人養大。塞爾登的父親則靠著不算
大的土地勉強養活一家，瓊森與塞爾登兩人小時候的家境，相
差不大。一如塞爾登，瓊森會被國王下獄，而牢獄之災並非緣
於他的思想，而是因為他大膽寫下的東西。瓊森比塞爾登年長
十二歲，但塞爾登在倫敦的第一年，兩人就發現彼此意氣相
投。瓊森這人挑剔，不易討好；塞爾登受得了他的挑剔，很不
簡單。1605年瓊森出獄，辦了酒席慶祝重獲自由，塞爾登是座
上嘉賓之一。瓊森以「極愛自己、極愛自我標榜；目中無人、
鄙視他人；寧可失去朋友也要好好開個玩笑」而著稱，且這樣
的形象完全名副其實，但他也是個「只對自己或某些友人和同

胞之言論或作為深入思考」的人。塞爾登就是那些友人之一。
兩人的性格天差地別，瓊森「極為親切又易怒」，塞爾登有學
者氣質而冷靜。瓊森是諷刺當道的1590年代的產物；塞爾登
是享樂當道且較為兩極對立的1600年代的產物。但相契的情
誼使兩人成為好友。塞爾登喜歡瓊森尖刻的幽默，瓊森知道塞
爾登是他交友圈裡最聰明之人。塞爾登將始終是瓊森交情最好
的友人之一，也是「班幫」（the Tribe of Ben）的一員。

　　找瓊森一同前去拜見挑剔成性的國王，再理想不過了。
1607年國王詹姆斯和王后安妮（Anne）遷入新居時，受命撰
寫假面劇本以歡迎他們遷居者，就是瓊森，自那之後竭盡所能
讓王室成員開心者也是他。第一場表演是十足拉斯維加斯式。
劇本裡充斥著似乎是對「最美王后」和「最偉大國王」屈膝奉
承之詞，把國王的統治稱作「永不會落下」的「光輝太陽」。
這齣假面劇的主角是屋精（genius）。屋精想到他掌管的房子
就要易主，心情十分低落。在其沮喪的開場獨白中，屋精以如
下台詞作結：「而我，不清楚自己將有的遭遇，／因為命運未
卜，前途茫茫。」塞爾登和瓊森一同前去面見國王時，心情可
能差不多一樣低落。瓊森熟悉宮廷，但那是塞爾登從走踏足過
的世界。他交遊的對象是詩人和律師，而非王公。他是無名小
卒；禍福難料。

　　塞爾登在蘇塞克斯郡（Sussex）的農村長大，距英吉利海
峽約1.5公里。他的父親也叫約翰・塞爾登，外號「豪門藝人」
（the Minstrel，以說唱、說故事或滑稽表演取悅封建主的表演
者），是個小農，靠在教堂禮拜儀式和宴席上表演貼補家用。

他的母親瑪格麗特‧貝克（Margaret Baker），出身較好，聲稱
與西辛赫斯特的貝克家族（Bakers of Sissnighurst，鄰郡肯特郡
的鄉紳家族）有親戚關係。這一可疑的說法並沒有證據支持，
但已足以讓她兒子日後據以理直氣壯的申請使用該家族三鵝盾
形紋章的權利，並如願以償。塞爾登求學時展現過人天賦，深
獲老師賞識，在各級老師的提拔下，一路念到牛津大學。在牛
津讀了四年後，塞爾登離開牛津轉往倫敦攻讀法律。1604年，
他成為四律師學院（Inns of Court）之一的內殿律師學院一
員，而四律師學院是有心取得大律師資格的年輕人受訓之處。
1612年他取得律師資格，而在那之前三年，內殿律師學院通過
一條新規定，「只有出身、行為良好者可成為此院一員」。如
果晚個六年申請進入此學院，「豪門藝人」約翰‧塞爾登之子
恐怕會因這條規定被拒於門外。而今，1618年時，這位「豪門
藝人」之子奉詔晉見國王。

　　塞爾登之所以受到國王注意，全拜他新近的著作《什一稅
史》（*The Historie of Tithes*）之賜。此書抓住受過教育的讀者
目光，出版頭一年就數刷：就一個沒沒無聞的年輕學者來說，
是很了不起的成就。今人或許難以想像一本談教會什一稅的五
百頁書籍怎會引發沸沸揚揚的議論，但這本書就是如此。它主
張教會向堂區居民課稅的權利並非神所頒定。什一稅的繳納，
乃是建立在教會與人民的契約關係上，上帝並未下令如此做。
神職人員大為驚駭，認為塞爾登拉開布幕，讓他們看到操縱
桿，好似上帝與他們所宣稱具有的權利毫無瓜葛。有些神職人
員希望塞爾登人頭落地。

　　勁爆之處不只這個。該書中的未爆彈，乃是他主張從主教
到國王，世上沒有哪種人具有神授的權利。詹姆斯一世不是樂
見這項修正觀點的那種國王。詹姆斯自認是文藝復興時代人，
寫了談政治問題與道德問題的著名文章，且認為那些文章寫得
很好，他的子民都該用心細讀。他最滿意的著作是《自由君主
制的真法》（*The True Law of Free Monarchies*），在他仍是蘇格
蘭的詹姆斯六世時於愛丁堡出版，成為英格蘭的詹姆斯一世後
在倫敦再版了兩次，一次是 1603 年他即位後不久，一次是
1616年。詹姆斯生性頑固死板，闡明子民服從專制國王為何天
經地義時思路凌亂，讓人讀了徒增困惑，但基本意思表達得很
清楚。首先，國王以上帝代理人的身分統治萬民：上帝指派國
王代祂治理世間。第二，用詹姆斯一世的話說，國王是「法律
的倡議者和制定者，而非法律是國王的倡議者和制定者」。塞
爾登是道地的憲法律師，不可能沒讀過這篇文章；事實上蘇格
蘭版和英格蘭版他大概都讀過。他想必知道詹姆斯支持君權神
授說。他應該也意識到，如果《什一稅史》受到這位國王注
意，不會是好事。另一方面，他大概從沒料到這位國王會是這
本書的讀者。

　　在國王面前，塞爾登以第一流歷史學家的說詞替自己辯
解。他只是把史料所告訴他的全盤托出，以糾正毫無事實根據
或法律依據的錯誤觀點。他認為，「凡是正派的基督徒都會樂
於知道」他已發現的事實，如果放任錯誤的觀點流行，不予糾
正，那些觀點最終會傷害教會什一稅真正的法律地位，使教會
失去稅收。他認為釐清真相是他的本分。他的用意不在使教會

變窮，而在駁斥神學主張，把什一稅建立在完全合法而穩固的基礎上。他向詹姆斯一世解釋道，「我百分之百確信那會得到神職人員的接受，不管他們如何反對，決意如何，我打定主意要揚棄徵收什一稅為神授權利的觀點。」他主張，他的用意在「使自己完全忠於史實」。

事情沒那麼簡單，塞爾登也清楚這點。他用英文而非拉丁文發表他的專題論著一事，清楚表明他希望此書的讀者不限於窄小的學術界，且預見到會引發爭議。對他那個時代的人來說，他離經叛道之處，在於要他們把法律看成是完全為人所制定的一套規則。誠如他後來所說的，「每個法律都是國王與人民之間的契約」。國王或許代表教會立了法，從而要教民向教會繳納什一稅，但教會無法代表自己立法，也無法期望上帝替自己立法。「沒有所謂的教會管轄權之事，」他嚴正表示。「一切都是世俗的；教會的權利和市長大人的權利是一樣的東西。」塞爾登未反對教會徵收什一稅的法定權利，而是批駁教會將它視為神授權利的說法。

令人遺憾的，四百年後的我們無從知悉他們的交談內容，因為未有記錄記載他們兩次會面談什一稅時兩人的談話。據塞爾登的說法，他盡可能不卑不亢的堅持他的觀點，表明上帝並未賦予主教向人民徵稅的權利。對於諸位主教苦惱於他這一說法，他表達了適切的遺憾，但暗示那是主教的問題，不是他的問題。他只是想糾正錯誤的看法。令塞爾登慶幸的，詹姆斯被帶進這場討論中，對他的主教所不滿的事失去了興趣。他似乎未察覺到塞爾登觀點中對他自己的神授徵稅權所暗含的挑戰。

照理他該有所察覺，因為抨擊主教的神授權利，就幾乎無異於在抨擊國王的神授權利。

　　詹姆斯對塞爾登從輕發落，只禁止此書流通，不准塞爾登再談什一稅。但這位年輕律師本來的下場可能會慘上許多。與詹姆斯最寵愛的表演者有交情，可能幫了大忙。總而言之，他未鋃鐺入獄，至少這次沒有。

　　若非《什一稅史》是正進行中的政治觀念大改變的一部分，這本書大概會無人聞問。一方是生怕失去自己權力的君主政體，一方是愈來愈大膽索求自己權利的公民。把塞爾登與他尚未擁有的這張地圖連在一塊的那條線，是以他和國王的這場會面為開端，而且這來得頗為偶然。陪同詹姆斯接見塞爾登者是時為白金漢（Buckingham）侯爵（後來為白金漢公爵）的喬治・維勒茲（George Villiers）。維勒茲深得詹姆斯一世寵愛，肆無忌憚地利用他與國王的關係在朝中取得權位，包括出任海軍大臣。塞爾登在那天第一次見到他。如果塞爾登在一年後寫給英格蘭駐法大使的信中那番過度好心的說法可信，則顯然維勒茲待他甚好。塞爾登在信中提到這位侯爵「以無比和氣的行為和極仁慈的態度對我（而我與他素昧平生，完全不慣於宮廷事務，更別提我根本不配受到這樣的對待）」。但羔羊談起野狼，還能有別的說詞嗎？

　　維勒茲與他主子都對塞爾登感興趣，但兩人感興趣的地方截然不同。塞爾登不是那種謙沖自抑不露鋒芒的人，想必此前就向某些人誇耀過自己在寫的東西。維勒茲早已耳聞塞爾登寫

了本書，批駁晚近某荷蘭人的著作，維勒茲想入手一讀。那本荷蘭人著作是英國成為海上強權的絆腳石，已於九年前，即1609年出版。書名頁上未登出作者姓名，但出自許赫・德赫羅特之手，已是公開的祕密。這位荷蘭神童，以拉丁語名格羅提烏斯更為人所知，在該書出版時才二十六歲，已在文壇和政治界闖蕩多年。他十六歲就出版個人第一部著作（談大學文科），同年獲任命為海牙的律師，十八歲成為荷蘭邦的官方撰史人。他是他那一代人裡熠熠耀眼的知識界新星，終其一生都將頭角崢嶸，且最終在政治流亡生涯裡度過大半人生（圖5）。

令維勒茲不安的這本書，名叫《自由海洋論》（*Mare Liberum*）。德赫羅特在此書中主張，沒有哪個國家能對海洋行使獨占性的管轄權，任何國家的船隻可自由航行於其為了貿易而選擇的任何海域。把此書取名為《自由貿易論》或許更為貼切。德赫羅特所費心探討的法律問題，乃是1494年教皇讓葡萄牙人與西班牙人瓜分世界之後，葡萄牙人的以下主張：荷蘭東印度公司無權派船進入東印度群島的海域。本書的問世有其特殊的時代環境，且為特定的利益而發聲。它是向葡萄牙人發出的挑戰，但火力四射，因而也打擊到有意阻止荷蘭進入全球貿易領域的任何國家，且因其言之有理的法律論點，成為後來稱之為國際法的法律開端。

引發這場爭端的事件，發生於1603年2月25日，地點是馬來半島的南端，即今日所謂的新加坡海峽。荷蘭東印度公司船長雅各布・范海姆斯凱爾克（Jacob van Heemskerck），在南海南緣海域搜尋香料一年，只小有收穫。對當時初抵東南亞的

荷蘭、英格蘭貿易商來說，第一個停靠港是萬丹（Bantam）。萬丹是個獨立小王國，爪哇島西端的貿易港。范海姆斯凱爾克已於去年春天在萬丹弄到五船香料，將它們運回尼德蘭，但他這次東航的主要目的，是打破葡萄牙人對爪哇島東邊摩鹿加群島（香料群島）香料生產者的掌控。

　　葡萄牙極力阻止來自北歐的新闖入者進入它的貿易區，處死擄獲的荷蘭人，以表明其阻止競爭者進入這市場分一杯羹的決心。范海姆斯凱爾克在香料群島毫無所獲，轉而西航前往北大年（Pattani），即馬來半島東部的國際港。在那裡，他與柔佛（Johor）蘇丹的兄弟羅闍‧蓬蘇（Raja Bongsu）搭上關係。柔佛是小型地區性強權，占據馬來半島最南端，因不滿葡萄牙人在該地區的專橫作為，已向葡萄牙人宣戰。范海姆斯凱爾克不想這次遠航空手而回，柔佛則很想擺脫葡萄牙人掌控，於是雙方一拍即合，合謀奪取航經新加坡海峽的下一艘葡萄牙貨船。如果范海姆斯凱爾克無法透過購買取得香料，則可用奪占的手段如願。荷蘭人攻擊時，「聖卡塔莉娜號」（Santa Catarina）正從澳門航往麻六甲途中，船上載了黃金、商品、八百多名船員和乘客。荷蘭人炮轟時極為小心，力求只讓該船失去動力而不把該船炸沉。經過一日的炮轟，葡萄牙人別無選擇只有投降。荷蘭人把船上所有人毫髮無傷地送到麻六甲，但把船和船貨帶回阿姆斯特丹。這次奪船獲利驚人。

　　葡萄牙要求歸還船貨，於是聖卡塔莉娜號遭奪占事件成為阿姆斯特丹海事法庭受理案件。不出任何人所料，1604年9月，該法庭裁決原告，亦即范海姆斯凱爾克和荷蘭東印度公司

勝訴。該公司主張，此船是在對葡萄牙發動的正義之戰中取得的合法戰利品。根據萬國公法，尼德蘭和柔佛都有權自行締結貿易關係，不必受制於第三方的意向。根據所謂的「自然法」，范海姆斯凱爾克之類的海船船長有權在正義無法有效伸張的情況下懲罰違法者。荷蘭東印度公司心知自己打贏這場官司乃是建立在薄弱的法律邏輯下，於是決定在法庭判決之後，立即取得合乎己意的法律意見書。該公司某董事的弟弟是德赫羅特的大學室友，因為這層關係，荷蘭東印度公司委請德赫羅特代表該公司提出訴訟案情摘要。德赫羅特利用荷蘭東印度公司所提供他使用的大量文獻資料，超乎他所受託之工作的要求，寫成一部大部頭的法學手抄本，取名《論捕獲物或戰利品的法律》（*On the Law of Prize or Booty*）。這部手抄本的第十二章談海洋是否可自由航行的問題，從而談到荷蘭用武力對付試圖削弱荷蘭船隻行動自由、禁止荷蘭人與土著統治者貿易的第三方是否有理的問題。隨著與英格蘭在貿易上的競爭更為激烈，那一章以《自由海洋論》之名出版。

該書一在英格蘭出現即遭詹姆斯一世查禁，但他禁不了這個人入境。四年後的1613年，荷蘭人派一官方代表團前來倫敦協商貿易爭端，德赫羅特是代表團一員，從而讓詹姆斯一睹這位荷蘭年輕人的風采。德赫羅特的聰明才智、流利的拉丁語、在與他意見不同者面前展現的從容自信——如此年紀輕輕就有如此台風，令英格蘭人大為不快——使他成為協商的開幕會議和閉幕會議時荷蘭代表團之正式發言人的不二人選。詹姆斯出席這些會議有其特殊理由：他是蘇格蘭人。荷蘭漁民到蘇

格蘭東岸近海捕撈鯡魚已數十年，一直未有哪個英格蘭國王出手干預。詹姆斯的表姑婆伊莉莎白一世認為海洋是自由開放之地，從未想過她有職責要荷蘭人退出北海。無論如何，即使這麼做也徒勞。荷蘭人的裝備較精良，利於在一望無際的大海上作業，且荷蘭人以鯡魚場作為他們當時才剛開始打造之全球帝國的基礎。詹姆斯的看法不同。荷蘭人所捕撈的鯡魚本該屬於蘇格蘭漁民所有，如果蘇格蘭漁民不捕撈，荷蘭人該付費給他，以取得在該海域捕魚的權利。如今他不只是蘇格蘭王，還是英格蘭王，他能把此事列為政府首要的待辦事項。

　　1613年4月6日的會議上，德赫羅特在詹姆斯一世面前做開場致詞時，只談到荷蘭在東印度群島的地位。他不厭其煩地解釋荷蘭東印度公司幾次被迫出手援助亞洲地區與他們有優先貿易關係的統治者，使他們免遭葡萄牙人「迫在眉睫的毀滅」。他指出打入香料貿易所需要的龐大開銷，建議英格蘭人和荷蘭人不應把對方當成對手，而應結成「公平的夥伴關係」。這位滔滔不絕的年輕演說家舉出一個又一個例子，不停鼓動他的如簧之舌，致使在場某些人認為他已在單調乏味上臻於無人能及的最上乘境界。但這是外交場合，每個人都得表現應有的禮貌。德赫羅特在詹姆斯一世面前長篇大論，全程未談到鯡魚場之事。他認為那完全不在他的職責範圍。他來倫敦是為了促進他雇主荷蘭東印度公司在亞洲的利益。該公司欲在東印度群島站穩腳跟轉虧為盈，但眼前還在辛苦努力當中，因此不希望英格蘭的東印度公司在那些海域與他們競爭。德赫羅特無法主張荷蘭人與葡萄牙人爭奪的海域如今屬荷蘭人所有，但他能指出

在地球另一端貿易所需的高昂成本。

　　德赫羅特於六個星期後重返講台，代表荷蘭代表團發表告別演說。這一次他體恤與會者，致詞比第一場簡短，認知到雙方未達成正式協議。但他也未承認失敗，而是提出兩個切實可行的暫行辦法：在雙方都已站穩腳跟的地方，不該彼此為敵，「在東印度群島的其他地方，兩國應盡可能互示善意，應按照自己的意向自由經商。」

　　詹姆斯對亞洲貿易有興趣，但更想找出辦法讓荷蘭人為鯡魚場支付使用費。雙方各有所圖，因而不管在這次協商期間，還是在兩年後英格蘭人回訪尼德蘭重啟協商期間，均毫無所成。但這一爭端引起塞爾登的注意。塞爾登就如同英格蘭版的德赫羅特，只是年紀較輕一些。這時塞爾登還不像德赫羅特那麼有名，才剛開始走上會使這兩人成為全歐洲的目光焦點並讓兩人注意到對方的學術道路。但他大概有同樣的抱負，也就是要用他博大的法學知識引導世人的走向。客觀形勢使他們在這場新開闢的國際法爭議領域分處兩陣營，但兩人後來英雄惜英雄，都極為欣賞對方。德赫羅特於1613年後未再踏上英格蘭土地，塞爾登則從未離開大不列顛島，因而兩人從未見面。兩人如果見面，大概會是當世絕頂天才的世紀之會。

　　塞爾登還是個在為友人的出版物寫寫應景詩的初級大律師時，想必聽過年輕的德赫羅特在國王詹姆斯面前大顯身手的事。什麼因素使塞爾登起意駁斥《自由海洋論》，將永遠不得而知，但他拿到這本書，並決定寫書批駁──當然是用拉丁文寫成。於是而有《閉鎖海洋論》（*Mare Clausum*）問世。不過

此書1652年的英文版卻取了拙劣的書名《海的管轄或擁有》（*Of the Dominion, or, Ownership, of the Sea*）。維勒茲想在鯡魚場所有權爭議上找到他想要的論點，而塞爾登這本法學專著正合他所需。

　　塞爾登未於1618年立即將《閉鎖海洋論》的原稿給維勒茲，因為他想把此作發展成皇皇巨著。《什一稅史》厚達五百頁，等到塞爾登完成《閉鎖海洋論》，也會有同樣的分量。待他擴增了原稿內容之後，他於次年夏天把一份手抄副本呈給詹姆斯一世。這份副本從詹姆斯轉給維勒茲，再轉給海事法庭，最後回到國王手上。它問世的時機實在不好。塞爾登主張，聯合王國的主權涵蓋整個北海，直抵丹麥海岸──與中國現今將整個南海視為己有的主張差別不大。但現實政治讓聯合王國無法遂行塞爾登這一主張。詹姆斯欠了他的小舅子一大筆錢，而那個小舅子貴為丹麥國王。要他告訴小舅子說他的子民無權在北海捕魚，他實在說不出口。因此，塞爾登乖乖從手抄本裡移除這項主張，然後重新呈上該著作，但《閉鎖海洋論》慘遭政府最高層束諸高閣，可能沒人讀過，肯定未出版。《閉鎖海洋論》寫成的消息傳到歐陸，巴黎有位同行因此在1622年寫信給它的作者，詢問是否已出版。在這同時，國王關注的事物已轉到別處。

　　塞爾登亦然。他發現，受到國王注意所帶來的後果之一，乃是他也受到其他每個人注意。1620年代那十年，塞爾登投入學術研究的時間少了許多，投入政治的時間則多了許多，因為有權有勢之人就憲法問題徵詢他的意見，把他漸漸拉進公共事

務領域。他未在1621年的短命國會中占有席位，但上下議院都聘他為法律顧問。當時流傳上議院議員找塞爾登瞭解自己的特權，下議院議員也找他瞭解自己的權利。上議院如願以償拿回其失去已久的一項權力——彈劾被控不法官員的權力——把塞爾登捲進政治爭議中心，使他受到民眾注意（1998年上議院審議將智利獨裁者奧古斯都・皮諾契特〔Augusto Pinochet〕引渡到西班牙一事，有一部分就建立在上議院靠1621年塞爾登的意見所重拾的權力上）。

　　英王詹姆斯不高興。國會休會十二天後，他下令「出於他本人所知道的國家的特殊原因和理由」逮捕三人。約翰・塞爾登就是其中之一。他遭到羈押，但五個星期後無罪獲釋。班・瓊森大概立即就知道逮捕之事。但這位桂冠詩人無法割捨他藉由取悅國王獲得的好處，特別是在塞爾登入獄那個月他必須把他的政府津貼簽字轉讓給債權人。塞爾登需要搭救，但瓊森需要錢。維勒茲適時伸出援手，預付瓊森100英鎊，要他寫一齣假面劇，以便詹姆斯蒞臨他的新鄉間別墅時演出。瓊森花了不到一個月時間迅速寫成《變形吉普賽人》（*The Gypsies Metamorphosed*）。這是他最長的假面劇，由維勒茲擔任主角「吉普賽船長」。此舉頗為大膽。在斯圖亞特王朝時期的戲劇裡，吉普賽人的形象是我行我素，把一般人遵守的道德束縛拋諸腦後。要維勒茲演吉普賽人，等於在暗示他身為國王寵臣的卑賤身分。有些瓊森劇作的讀者甚至表示，瓊森在影射維勒茲身為詹姆斯愛人。

　　但如果把約翰・塞爾登納入考量，情況就不一樣了。在吉

普賽船長／維勒茲對國王說的第一段話中，他稱讚詹姆斯採行的外交政策，無需透過戰爭即解決了歐洲大陸上天主教徒與新教徒之間的衝突：

　　因此，放眼天下，你會被
　　封為「正義者詹姆斯」（JAMES THE JUST）。

　　大寫字母是原稿如此。正義者詹姆斯？塞爾登──那一年被瓊森譽之為「英格蘭法官的法律書」的友人──如今身在獄中。瓊森透過其戲台上角色所表達的諷刺之意，肯定有人心領神會。

　　在後面某一幕中，瓊森則近乎直言不諱。在那一幕中，第三位吉普賽人描述一隊喝醉的軍人嚴正表示他們有權偷取食物，

　　誠如大憲章所告訴我們的
　　凡是買來的食物都不益健康。

　　大憲章是備受敬重的文獻，是用來檢驗子民的權利是否受到國王侵犯的標準。它擬定於1215年，是古憲法的骨幹，主張「只有本地法律有權將自由民關押入獄」。塞爾登擁有十一份大憲章的手抄副本，常在其著作中引述其內容。瓊森對此大概都知之甚明。所以，真正拿法律開玩笑者是誰？對瓊森來說，慶幸的是假詩句之形式發表的政治言詞，詹姆斯聽不出其弦外之

音。這齣假面劇他看得非常開心，未察覺到其中的譏刺之意。

　　但這齣假面劇演出之時，塞爾登已出獄。危機解除；心情可以回復輕鬆。

　　這次被捕，對塞爾登是個警告，但他不為所動。這場短暫的牢獄之災未讓他得到教訓，反倒激勵他站在國王的對立面，凡是國王「「出於……國家的特殊原因和理由」想做傷害公民權利的事，他一律反對。此後三十年間他會一再反制欲運用法外手段迫人順服的這類作為，不管那作為出自國王或出自國會之手皆然。

　　在下一屆國會（1624）中，塞爾登不只向下議院提供意見，還成了下議院議員。眼看詹姆斯就要因為爭議使國會也激烈與他對抗，結果，瓊森口中的「四海之主、大小島嶼的國王」，蒙主寵召，消弭了這場衝突。他的兒子登基，是為查理一世（Charles I）。新王的傲慢和野心，使他從即位之初就與國會水火不容，塞爾登無可逃避，被拉進這衝突中。已成為白金漢公爵的維勒茲，身為詹姆斯的寵臣，詹姆斯兒子繼位後，依然得寵。詹姆斯當政時，他已不討人喜歡，查理當政時，他更受人厭惡，於是國會著手扳倒他。1626年，下議院一委員會擬定彈劾維勒茲的罪狀文，而塞爾登是該委員會一員。查理令國會休會，以保護維勒茲。1628年國會重開時，塞爾登再度參與彈劾文的草擬。草擬作業還沒有大幅進展，一名心懷不滿的軍人在酒吧裡暗殺了這位公爵，從而使彈劾變得沒有必要。

　　1629年國會最後一個會期在吵鬧中結束，吵鬧的根由是查

理要求徵收「桶稅和鎊稅」（tonnage and poundage），遭下議院駁回。這是對進口大宗商品（tonnage）或出口大宗商品（poundage）的商船課徵的稅。按照憲法，國王未經國會同意不得課稅。國會一直不願同意此要求，但在查理同意承認「權利請願書」（Petition of Right）後，即改變立場。這是國會所祭出的法律措施，藉此使國王無權在臣民未遭控告下任意監禁臣民，或無權以「他本人所知道的國家的特殊原因和理由」監禁臣民，使塞爾登第一次被捕之事不致重演。塞爾登是這份請願書的起草人之一。

　　再度關閉國會之後，查理一世的作為和他先父如出一轍。他命人逮捕與他作對的議員。這一次有九名議員被捕，塞爾登再度名列其中。在歐陸，他的學術聲望正在上漲，從許赫・德赫羅特到畫家彼得・保羅・魯本斯（Peter Paul Rubens），多位關注此事者都對他被捕表示憤慨。他們未遭起訴，因為檢察總長所提出的任何罪名都遭法官駁回。偽司法的輪子移動緩慢，八個月後才召開這九人的保釋法庭。主持這次審訊的法官向他們保證，只要他們同意簽字保證循規蹈矩，國王就會讓他們都保釋。塞爾登認為這一獲釋條件不合法，予以拒絕。他說，「我們要求照應有的程序交保」，不要把交保當成國王法外施恩。他們隨即遭還押。最後塞爾登從倫敦塔移監到環境較舒適的馬修西獄（Marshalsea Prison），在較近似軟禁的情況下度過他第二年的大半時光。未有罪名扣在他頭上。1631年5月，他才獲得保釋，但仍得受察看四年。他人生後期那幅肖像畫（圖6），大概繪於他獲釋時。前一幅肖像畫中年輕學者的臉孔已

逝，取而代之的是已瞭解自己長才所在，並認識到投身政治所
要付出之代價的神態。

　　他能於1635年解除察看處境，要歸功於《閉鎖海洋論》，
他此前獲釋出獄可能也是。塞爾登在社會上銷聲匿跡那段期
間，查理一世大張旗鼓申明他對他所能聲索的任何東西的主
權，而北海再度名列其中。荷蘭人已在實質上獨占鯡魚場，查
理想把他們趕走。這需要更強大的海軍才能辦到，於是查理一
世一如他的父王，要求課徵新稅以建造海軍船艦，稅名「造船
費」（ship money）。他也需要法律依據。早在1632年，他就尋
求「某種官方著作」以申明他的海洋權利。新任命的坎特伯里
（Canterbury）大主教威廉・勞德（William Laud），始終樂於為
他的國王排憂解難，而似乎就是透過勞德的居中奔走，塞爾登
有了交易獲釋的機會。只要出版他的《閉鎖海洋論》，他就能
回復自由之身。為封住海洋發聲，他就能脫離牢封。他接受這
交易。

　　1620年代後半，塞爾登一直斷斷續續在撰寫他的專著，
1635年2月他的保釋身分遭撤銷時，此著作已差不多完成。它
即將出版的消息很快傳到各地。德赫羅特於5月聽到消息，教
皇則是6月。8月，查理一世已拿到定稿。11月問世，書籍包
裝之華美為塞爾登諸多書籍之冠。這或許是一筆與魔鬼的交
易，而官方檔案（State Papers）裡僅存的一份撤銷他保釋身分
的法院指令，由他親筆寫成，正暗示這筆交易有多見不得人。
但敲定這筆交易之前，塞爾登就極力要求獲釋。他認為早該獲
釋。無論如何，塞爾登一方面堅持自由、正義原則，一方面也

認為該兼顧原則與實踐。誠如他在另一段文字裡所說的，「身處亂邦，行事得如壞天氣時置身泰晤士河上一般，別想強行直接穿越，以免船很快進滿水」——塞爾登在世時，泰晤士河上只有一座橋，因此大部分人不得不搭渡船過河，渡船是尖頭方尾平底的小划艇——「而應隨著波浪上下起伏，盡可能順應處境。」

　　他想讓人相信，他未為了買得自由，而出賣自己的法律學識，但不管是朋友還是敵人都不信。但在亂邦之中，堅守原則並不容易。伊莉莎白一世時代的英國，靠固定不變的道德觀和強有力的國家監控團結為一體，處處充滿確定性，但這時，這些確定性已消失，取而代之的是懷疑、紛亂和它們所帶來的惡劣後果：在宗教和政治領域都瀰漫革命熱情。塞爾登偏愛緩緩修正，不喜突然的改變。強行改變「很危險，因為不知道會改變到什麼程度；那就像擺在樓梯最上一級的磨石，搬動不易，但一旦把它推下樓梯，就會滾到最下面一級才停住」。對於正好待在它滾落途中的人來說，那可不是好事。

　　1635年版的《閉鎖海洋論》是本出色之作，由兩大部分組成，每個部分各闡明塞爾登在自序裡所提出之兩大論點的其中一個：「論點之一，根據自然法或萬國公法，海並非所有人共享，而是可像陸地那樣納為私人領地或私人財產；另一個論點為大不列顛王是大不列顛島周邊海域之主，此海是大不列顛帝國不可分割且永遠存在的附屬物。」他表示他所主張的就只有這兩點，然後用五百頁的篇幅詳細闡明為何英國周邊的海域在理論上和實際上都該受英國管轄。這本書是不盡客觀的史書。

誠如研究塞爾登的權威傑拉德‧圖默（Gerald Toomer）以尖刻口吻表示的，《閉鎖海洋論》「是律師的案情摘要，而非歷史專論，儘管它令人驚嘆的展露了對原始資料和現代著作的熟悉。或許有人會希望塞爾登探討英國周邊海域所有權歸屬的歷史時，抱持著和他探討什一稅史時一樣的態度（若真有人如此希望，那就不免要失望了）」。圖默覺得塞爾登的某些主張「很明顯站不住腳或荒謬，恐怕連他自己都不相信」。他引述德赫羅特的說法，為他的評判作結：「利用自己高超的法學素養來取悅當權者的法學家，通常為人所欺或自欺。」但德赫羅特稱讚塞爾登是「仁慈的學者」，「以仁慈且學者的風範對待我」，塞爾登則推崇德赫羅特是「博學之人，在宗教和人文上都有過人的瞭解，其名字為各地之人所頻頻提及」。這不像是死對頭會講的話。事實上，他們也不是死對頭。兩人都把自由視為人的自然狀態，兩人都主張若要限制自由，只能靠同意，絕不能靠單方面的強制：這意味著兩人都反對國家專制，都理解法律是專制的工具。

　　《自由海洋論》或許和《閉鎖海洋論》一樣受到自身立場的拖累。畢竟兩者都是律師為客戶寫的案情摘要：前者的客戶是荷蘭東印度公司，後者的客戶是查理一世。他們的差異大部分和它們所要滿足的利益有關，而與各自所欲支持的法則無關：純粹是程度上的差異，而非主旨上的歧異。它們的讀者偏愛將自己的立場極端化，荷蘭人和英格蘭人各自宣稱自己的陣營打贏了這場書籍戰役，但其實沒有一方完勝。今日的國際海洋法為何兼具這兩者的精神，既承認移動自由，也承認合理的

管轄權，原因在此。這兩人聯手創造了海洋法。下一代人清楚認識到這點，故而兼讀兩人的著作絕不偏廢。*

　　如果當年塞爾登地圖最終落入德赫羅特手裡，就不會有人需要去猜為什麼。荷蘭東印度公司因為那樁奪占葡國船隻的事，起意聘雇德赫羅特，而那樁事的發生地──新加坡海峽，就位在此地圖的前景處。他根據兩個論點主張葡萄牙人沒理由將荷蘭人拒於亞洲海域之外，而當年他手中的地圖，若是塞爾登地圖，而非公司借給他的那兩張歐洲人所繪地圖，他大概就能利用它來支持他的這兩個論點。首先，該地區不是無主之地。他寫道，「這些東印度國家不是葡萄牙人的動產，而是自由人且有自主權」，亦即受他們自己的律法管轄。葡萄牙在該地區沒資格以主權國自居。第二，德赫羅特能用該地圖強調他的以下觀點：「阿拉伯人、中國人兩者與東印度群島居民通商數百年，迄今未斷。」葡萄牙人進入亞洲海域，只是與已在該地的亞洲人一起從事貿易。這兩個事實表明葡萄牙人沒理由將

---

* 身為海軍委員會（Navy Board）首長，從而關注這類事物的撒繆爾・佩皮斯（Samuel Pepys），1661至1662年那個冬天，花了數個晚上，把這兩本書都讀完。他讀的塞爾登著作是1652年馬夏蒙・尼德姆（Marchamont Nedham）的英譯本，原版中寫給查理一世的獻詞，在此版本中被寫給國會之「海洋主權」的讚歌取代。1663年4月17日，由於英國回歸君主統治，佩皮斯把他手上這本書重新裝訂上印有給國王獻詞的新書名頁，「因為我不願讓有寫給英倫三島共和國之獻詞的另一版本給國王看」。四天後，他在日記裡寫道，「早早起床，來到辦公室之後，我做的第一件事，是用紅墨水在我的英文版《閉鎖海洋論》上畫出令人激賞的句子。這些畫出的句子，加上新的正統書名，使它如今非常漂亮。」

荷蘭人拒於該地區之外。

　　塞爾登有可能曾用這張地圖證明相反的觀點成立，亦即證明葡萄牙對這些水域有管轄權嗎？這問題可說不值得一問，因為這不是《閉鎖海洋論》探究的重點。該書從遠為更普遍的層次主張，在某些條件下海洋能被納入國家管轄。那一管轄並不反對無害通過，但的確否定海洋是自由空間的論點。塞爾登可能曾用這張地圖說明海上貿易路線如何集中於港市節點，藉此闡明這觀點，但只是闡明這觀點，而非主張這觀點，因為這張地圖基本上不看重令塞爾登和德赫羅特激動的那些法律問題。誠如後面會提到的，那不是塞爾登地圖的繪製者所關心的。

　　塞爾登若曾在著述裡將他的中國地圖與海洋主權問題綁在一塊，我們就容易說明他為何想擁有它。但他未這麼做。所以，或許我們該考慮另一種可能情況。不管他對於海洋法的看法得自這張地圖什麼樣的啟發，他之擁有這張地圖出於別的動機。透露出該動機的證據，就存在於《閉鎖海洋論》裡。匆匆瀏覽過這本書，你會注意到書中大量引用了以希伯來語字母和阿拉伯語字母寫成的文獻，尤以第一卷的歷史部分為然。塞爾登不只譯出它們的意思或用歐洲字母譯出它們的音，還用原來的字母把它們排字印出。《閉鎖海洋論》的特色之一，在於它是用金屬活字印出阿拉伯文的第一本英文書。塞爾登特別針對這一出書計畫設計、鑄造活字，為此花費不貲。研究印刷史的學者稱它們是「塞爾登活字」。

　　此書照原文引用中東語文獻一事，點出約翰‧塞爾登身上

我們所幾乎未曾考慮到的一面。他是那個時代最重要的法學史
家和憲法理論家，但他也是那個時代最了不起的東方學學者。
東方學是人文主義者最新且最具挑戰性的研究領域。文藝復興
的人文主義植根於拉丁語、希臘語知識。為將希臘以東的諸語
言納入學者的研究領域，於是誕生了東方學。第一個要克服的
東方語言是希伯來語。塞爾登並不是能看懂希伯來文的唯一英
格蘭學者。在希伯來語方面，他的第一位老師是他的人生導師
暨傑出友人，日後會出任愛爾蘭阿瑪（Armagh）大主教的詹
姆斯·烏雪（James Ussher）。烏雪最為今人所知的事蹟，乃是
把天地誕生日精確斷定為西元前4004年10月23日星期日的前
一晚，他並宣稱在希伯來文的原始資料裡找到此一說法的佐
證。學者看得懂希伯來文，但有許多人看不懂。伊莉莎白女王
的冒險家沃爾特·羅利（Walter Raleigh）在其1614年的《世
界史》（*History of the World*）中引用了希伯來文句子，他自己
其實不懂這語文，為此受到極大壓力，不得不向讀者道歉。他
在此書的某段逗趣文字裡表示，他有「十一年的空閒時間」寫
這本書，有鑑於此，他坦承他這次的表現很差勁。詹姆斯一世
於1603年上台後不久將羅利關入倫敦塔，此書出版時，羅利
仍在該獄中受苦（等塞爾登被關入同一監獄時他已死）。*

---

* 羅利於自序中如此道歉之後，以一段同樣逗趣的文字，說明為何此書所談的
歷史未涵蓋當世：「對此，我的答覆是，凡是撰寫現代史者，都跟著真相的
腳跟太緊，可能被真相打掉牙齒。沒有哪個女主人或嚮導能像真相那樣讓追
隨者和僕人蒙受那麼慘的不幸。」羅利於1616年獲釋，但因未能挽回自己在
詹姆斯眼中的壞形象，還是在1618年慘遭處死。羅利那個放浪形骸的兒子

　　塞爾登能輕鬆讀寫希伯來文，但他與大部分同時代人不同之處，在於他也能看懂其他數種中東語文。在遺囑中他除了提到波斯語和土耳其語，還提到古敘利亞語和阿拉伯語（他是在烏雪大主教門下開始學習這兩種語言）。他能精通數種語言，源於他歷史學家的歷練。欲解開爭議，特別是欲解開始終被不通的邏輯和更不通的說法纏身的宗教爭議，最佳辦法就是從最接近所探討之那段歷史時期的原始資料下手。誠如他在《什一稅史》開頭的獻辭所寫道，有些人可能認為這種研究「乃是對空洞、乏味的古代太過認真的追求」，最終似乎「只是過度忙碌於無意義之事」，因而不值一為。但其實，這樣的研究攸關爭議的解決。有些文獻來自與聖經的傳統同時代的東方傳統，能利用這些文獻並能看懂以原文呈現的這些文獻，使學者有了解開古謎團的新工具。學者若只從自己的角度，而非從自己之外的角度探索這些謎團，將永遠解不開它們。

　　「忙碌」（busy）一語暗指《巴托洛梅交易會》（*Bartholomew Fayre*）中名叫比吉（Busy）的人物。班・瓊森這齣寫於四年前的劇作，以每年8月在小聖巴托洛梅（St Bartholomew the Less）堂區舉辦的惡名昭彰布業交易會為場景。據某位興奮的宣傳小冊作家所述，這場交易會吸引了「來自城鎮鄉村貴賤貧富的各種人；吸引了天主教徒、無神論、再洗禮派、布朗派（Brownists）的各種教派；引來好壞、正邪的各種狀況，無賴

---

瓦特（Wat）1612年壯遊歐陸時，班・瓊森是他的私人教師，而據說瓊森表現得一塌糊塗，因為大多數時候爛醉如泥。

與蠢漢、被人戴綠帽者和戴人綠帽者、鴇母和妓女、皮條客和妓院老闆、流氓和惡棍、惹事生非的小鬼和風趣的蕩婦」。

　　瓊森若想用那些不會假道學之人較機智的言語打敗自以為是的無知之徒，並藉此把後一類人好好嘲弄一番，這是絕佳的場合。在此戲較後頭的某一幕中，有個新近才成為清教徒的該教派狂熱分子，名叫本地熱心・比吉拉比（Rabbi Zeal-of-the Land Busy），痛斥木頭傀儡戴奧尼索斯（Dionysius）是偶像；天主教徒是偶像崇拜者，好的新教徒不崇拜偶像。雙方為偶像是否是個瀆神的職業展開激烈爭議。然後比吉轉移話題，以這個男孩傀儡可根據所扮的角色裝扮成男性或女性一事，斥責這個傀儡令人憎惡。這番斥責提到清教徒族群裡流傳的一個沒有根據的說法：聖經〈申命記〉第二十二章第五節譴責穿異性服裝的行為。戴奧尼索斯將此視為對戲台上男演員反串女人之舉的「老掉牙」批評，不值一顧，「但對傀儡來說，這批評不適用，因為我們既不是男的，也不是女的。不然你來瞧瞧。」然後，在戲中，這個傀儡掀起他的外衣，露出他空蕩蕩的下體。比吉開人玩笑，結果反遭戲弄。

　　塞爾登很喜歡比吉反遭戲弄這一段，兩年後為瓊森寫了一部學術性質極濃的專論作為答謝。這部專論以清教徒愛拿來抨擊戲劇的〈申命記〉中那一段為主題，專論本身既充分說明他上古知識素養的深厚，也毫不留情地諷刺了清教徒理性思辨能力的貧弱。他硬拉著瓊森閱讀令人眼花撩亂的拉丁文、希臘文、希伯來文文獻，而他所詳盡闡述的觀點，乃是那段文字毫無清教徒所認定的意思。〈申命記〉提到希伯來人上帝譴責為

維納斯（Venus）、巴爾（Baal）之類兩性神舉行的儀式（儀式中女人披男人盔甲，男人穿女人袍服），但清教徒將這段文字抽離其歷史背景，以證明上帝的確譴責穿異性服裝的行為。塞爾登闡明那是背離史實的解讀，儘管他在此專論的末尾幽默宣稱「我不想蹚渾水」，藉此從宗教爭議中抽身。但他已蹚了渾水，他所要表達的意思再清楚不過。未能回歸原始資料的神學家，不該用經文騷擾他們不喜歡的人。研究古代的學者只是在盡他們的本分，「過度忙碌於無意義之事」者是清教徒。

在此，我所要表達的，乃是精通希伯來語和其他古中東語是歷史研究的新方法。精通這些語言，已是促成欽定版聖經問世的那套新方法的一部分，但在塞爾登之類學者的手裡，它會成為發現欽定版聖經文本中缺陷的工具。由於東方學改變了歷史研究、法學研究等所有領域的學術規則，看懂亞洲語言的能力成為在人文學科創造新學問的利器。塞爾登最後一個重大的學術計畫，以古猶太人政治體制的早期歷史為題，不細看的話，可能讓人覺得那只是追求「空洞、乏味的古代」又一個例子而已，但那不是他想做的。他深究這一失落的傳統，有其明確的目的，即揭開可加固英格蘭國會體制的那些基本原則。在斯圖亞特王朝時代的英格蘭，聰明人正努力看懂古東方語言。此時愈來愈多歐洲人湧入當時的東方，使這一課程更富吸引力。

因此，塞爾登之所以想取得一張中國人繪製的大地圖，或許不只是因為海洋法。他認定凡是含有東方知識之密碼的手抄本，都有可能披露具備改變世界之力的知識，因此該予以收

集、保存，即使當下還無人看得懂亦然。詩人約翰・米爾頓
（John Milton）稱塞爾登是「此地公認的學界龍頭」，人氣甚高
的威爾斯作家詹姆斯・豪爾（James Howell）於1650年說，
「只要是塞爾登不懂的，都沒人懂」（Quod Seldenus nescit,
nemo scit），而就連約翰・塞爾登都看不懂中文。但他不需要
看得懂中文，就能理解這張地圖的地理。對他來說，要找出，
例如1603年范海姆斯凱爾克在馬來半島南端奪占聖卡塔莉娜
號的地點，大概不難。他大概看不懂中文稱之為柔佛的那個地
名，但應該看得懂以柔佛的港口為起訖點，把該地與連接暹羅
灣、麻六甲的那條主航路相連的那些線。

　　仔細瞧瞧這張地圖的這個小局部，會發現就在近海處，海
路轉進海港之處，表面磨損的程度超過此地圖上其他任何地
方。柔佛的標記文字仍然清楚，但那些航路已幾乎磨損見底露
出紙質。這一損傷單純是無意間的磨損？還是個足以透露內情
的痕跡，表明這是此地圖主人最感興趣的地方，其主人喜歡向
友人指出此處？這是塞爾登——例如無意間用他的眼鏡——在
其地圖上擺上的記號？

　　至於看不看得懂中文，塞爾登並不在意。那無關緊要。眼
下，重要的是收集手抄本，為英格蘭的知識寶庫增添不拘哪種
語言的材料，以便後代發掘出當前這一代人還看不懂的意涵。
總有一天會有人看得懂它們，解開其中的祕密。那才是重點。
這張地圖落腳牛津二十八年後，才有看得懂中文的人來到該
地。

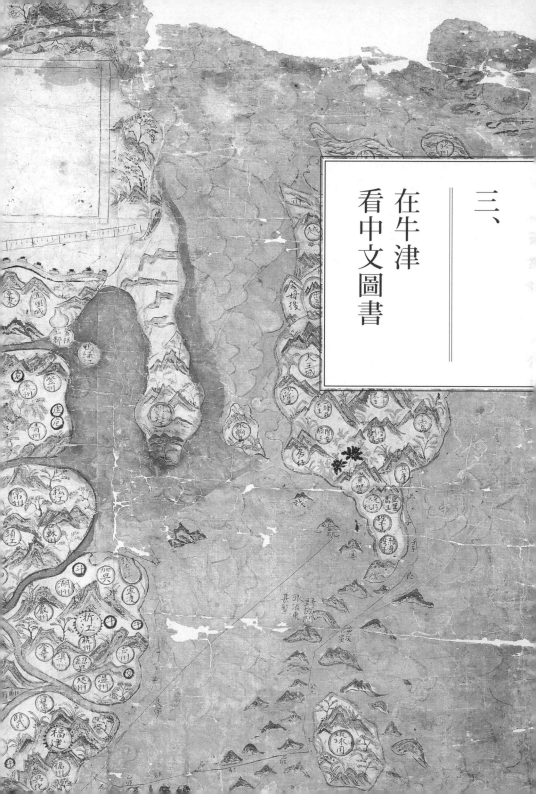

三、
在牛津
看中文圖書

　　1687年9月5日凌晨，外貌有所毀損的男女老少從牛津郡各地走進這座城市，欲前往基督堂大教堂（Christ Church Cathedral）。因腫塊和開放性傷口，使得他們的脖子醜陋不堪。今人把這病稱作淋巴結結核，但由於抗生素的運用，這種病如今已很罕見，對我們而言可說是絕跡了，因此我是在查過資料之後才瞭解淋巴結結核是種什麼樣的病（攻擊頸部淋巴結的一種結核病）。當時的人則把這種病稱作「國王之惡」。他們還知道只有一種治法，即受國王碰觸才能治癒。不管歐洲的君主有何過錯（而他們犯了許多錯），他們極看重自己在這方面的職責。查理一世曾用碰觸方式替罹患「國王之惡」的病人治病（他的下台，約翰・塞爾登是功臣之一）。他的法國內姪路易十四（Louis XIV）、他的長子查理二世（Charles II）和他的次子詹姆斯二世（James II）也做過這樣的事。

　　傳言，詹姆斯二世為了逼莫德林學院（Magdalen College）的董事接受他所中意的候選人出任該學院新院長，那個週末他要來牛津。學院董事不接受他中意的人已五個月，詹姆斯不得不親自出馬，來牛津護送他的人過關——但詹姆斯離開之後，董事還是成功挫敗國王的意圖。他的政治手腕太差。本是個展現國王權威的大好機會，反倒使他本就搖搖欲墜的形象變得更灰頭土臉，使他的處境更為不利（反君主制人士所謂的光榮革命，會於隔年把他逼下台，進而流亡國外）。那個下著雨的星期一早上，湧進基督堂大教堂的那些外貌毀損的「國王之惡」病人，對高層政治鬥爭不感興趣。他們只希望詹姆斯現身禮拜儀式，透過碰觸他們造福世間。請國王做這事，當然不會太過

分。於是，那天早上八點到將近十點，他碰觸了一個又一個病人。

在博德利圖書館，校方備置了早餐等他過來享用。或許為了平息他對莫德林學院抗命的不滿，校方安排了符合國王身分的大餐，共一百一十一道菜，花了 160 英鎊。即使是今日，吃頓早餐都不可能花上那麼多錢。早餐擺在「塞爾登端」裡的一張大桌上。「塞爾登端」是該圖書館的西區，塞爾登收藏的大批書籍和手抄本就擺放在那裡的開放式書架上。只有最尊貴的訪客，牛津大學才會安排在「塞爾登端」用餐：詹姆斯的哥哥查理二世於 1663 年蒞臨牛津時，也是在觸治「國王之惡」後，受到同樣的禮遇（圖 8）。

詹姆斯從東側進入圖書館，在兩顆大球體（一顆是地球儀，另一顆是天球儀）之間停下腳步，在圖書館的那一端，接受拉丁語的歡迎演說，讓人吻他的手——國王受人觸碰而非觸碰人。然後他轉向地球儀，向一位廷臣指出「亞美利加與中國的後部之間有船隻航行的那條航道」。這則報導來自安東尼·伍德，即是在塞爾登的藏書中找到塞爾登眼鏡的那位愛讀書的年輕人。三十年後他仍常上博德利圖書館。國王所指出的那條航道，乃是西班牙的大帆船將白銀從阿卡普爾科往西越過太平洋送到菲律賓群島的聖貝納迪諾海峽（San Bernardino Strait）所走的著名路線，船隻穿過該海峽後，抵達西班牙人在馬尼拉的基地。返程循著較北邊的航線，把奇貨可居的中國製品往東送回到新西班牙，完成堪稱是 17 世紀世界經濟之傳動軸的環航。詹姆斯要人注意到對華貿易，是為了展現他對全世界的瞭

解，還是要指出更為特別的東西？他未交代其用意，即走到
「塞爾登端」，在大位上坐下。

他面前的大桌上擺了種種美食。他坐下來，品嘗了佳餚，
一群「下等人」（伍德對國王周邊眾人的蔑稱）以嫉羨的眼神
看著他吃。吃喝了三刻鐘後——他對葡萄酒特別讚賞——國王
起身離開餐桌。那些隨侍在側的人立即衝向餐桌，能搶多少就
搶多少。學者手腳比廷臣快。第一個搶到食物者是來自莫德林
學院的一位醫生。伍德在日記裡寫道，他「以搶奪者之名著稱
於此地」，「十分惡名昭彰」，因而其他想分食的學者「把東西
往他臉上砸」。接下來所發生的，就是不折不扣的食物爭奪
戰，許多女人的連身裙因此滿是甜點污漬。

詹姆斯衝不出這亂烘烘的人群，索性停下來看了這場混戰
好幾分鐘。這時，人群才往後退，空出一條路讓他前往出口。
就要離開圖書館時，他注意到前一天在基督堂大教堂布道的那
位牧師，於是向副校長和學界耆宿稱讚起他。國王憶道，他布
道的主題是七宗罪之一的傲慢：那是他們該謹記在心的道理。
詹姆斯警告道，「你們之中有一種人是披著羊皮的狼」，「提防
他們，別上了他們的當，別讓他們腐化你們。」詹姆斯要他們
留心新教極端主義的危險之後，最後一次走出圖書館。十五個
月後，這位信仰天主教的國王潛逃出國，投奔他的法國內姪路
易十四，從此未再回到牛津，也未再踏上英格蘭土地。狼得逞
了。

若非這場食物搶奪戰，安東尼・伍德大概不會費心記錄下
詹姆斯訪問博德利圖書館的詳細經過，或他吃完早餐後、起身

離席之前所發生的下面這段有趣交談。詹姆斯坐在餐桌旁時，轉向副校長，詢問此圖書館是否有晚近耶穌會士所翻譯的一部孔子著作。博德利圖書館館長就在場，於是副校長表示由湯瑪斯·海德來回答更為合適。

「嗯，海德博士，那個中國人在這裡？」

「是的，陛下，」海德答道，「而且我從他身上學到許多事。」

「他是個愛眨眼睛的矮小傢伙，對不對？」對於他所不習慣的那種有著內眥贅皮的臉孔，可能是他生平見到的第一張這類臉孔，這似乎是他所能想出的最好形容。

「是的，陛下。」然後海德主動解釋道，「所有中國人、韃靼人和那整個地區的人，眼睛都很細。」

「我在臥室隔壁的房間裡掛了他很逼真的肖像畫。」談到國王掛在牆上的這件藝術品，海德無法說上什麼，聽了之後保持沉默。於是詹姆斯回頭談起他向副校長提到的那本書。

「那是本耶穌會士從中文翻譯過來的孔子著作，編號四，」他向海德解釋道。「在這圖書館裡嗎？」

「是的，」海德告訴國王。「它談哲學，但不是歐洲那種哲學。」

「中國人信神嗎？」國王問道。

「信，」海德答道，「但那是偶像崇拜，他們都是異教徒。不過他們拜偶像的廟裡有代表三位一體的雕像，還有一些圖片顯示古基督教曾流行於他們之間。」海德這段話間接提到耶穌會士對早期中國史的看法：古代中國人對上帝有粗略的理解，

只是缺乏基督教的啟示。這是具爭議性的看法，對新教徒來說尤其如此，但似乎切合詹姆斯的想法，因而得到詹姆斯點頭稱許。國王與一同用餐者的談話就此打住，但國王往上瞧了一眼附近書架高處的手抄本時，海德斗膽告訴國王，那些手抄本是已故大主教勞德所捐贈（在後面某章勞德會出來與我們照面）。不久後國王起身，食物搶奪戰於焉開始。

　　在國王與圖書館館長交談中提及的那位「愛眨眼睛的矮小傢伙」是沈福宗。海德寫到他時，稱他是 Michael Shin Fo-Çung，把他的教名擺在他姓的左側，把他的中文名擺在姓的右側。詹姆斯不可能特別記住這人，難怪提到他時稱他是那個「愛眨眼睛的矮小傢伙」。對於國王，我們不能指望他把什麼都記在腦子裡。海德跟沈福宗講話時叫他麥可，但沈福宗意識到兩人年紀的差異（海德遇見沈福宗時是五十歲，沈則不到三十歲），因此稱呼較年長的海德時，以他的姓稱之，而不叫他湯瑪斯。


　　沈福宗出現在詹姆斯二世宮廷一事，得擺在一段更長的故事中談論，才能瞭解其來龍去脈。多年前，耶穌會傳教士去中國傳教，欲使當地人和中國皇帝皈依基督教。在某些人看來，此事勇氣可嘉，在其他人看來則失之魯莽。從第一位耶穌會士進入中國到沈福宗於 1687 年抵達牛津，耶穌會欲使中國人放棄本土信仰改信基督教的大業已進行了一百年。沈福宗是透過名叫柏應理（Philippe Couplet）的佛蘭芒籍（Flemish）耶穌會士與耶穌會搭上關係。經過艱苦的海陸跋涉，柏應理於 1659

年抵達中國。在這趟艱辛旅程中，他所屬團隊的領袖，具有地圖繪製本事的資深耶穌會士卜彌格（Michael Boym），死於東京（越南）和中國交界上。安然抵達中國後，柏應理奉派赴長江流域傳教。接下來二十年，除開1660年代後半（這期間中國境內所有耶穌會士被驅逐到華南的廣州），他走過該地區許多地方。可能在1671年解除此禁令之後，柏應理在南京遇到一位沈姓大夫。柏應理鼓舞這位大夫的兒子研習基督教，替他取了教名，把他帶到歐洲，從而改變這男孩的人生進程。

把沈福宗從中國帶到牛津的環球之旅，是於1681年12月4日從澳門啟程。他們在澳門搭上一艘駛往臥亞的葡萄牙船，臥亞是葡萄牙在亞洲貿易、傳教的中樞。柏應理當時五十八歲，沈福宗約二十三歲。原本包含沈福宗在內，應該有五名中國籍侍僧要隨柏應理前往歐洲，最後只有沈福宗和另一名中國人巴西留斯・湯瑪斯（Basilius Thomas）上船。三星期後，在爪哇島西端外海時，風停了，船長別無選擇，只能進入萬丹港停靠。在萬丹待了一個月後，迫於荷蘭人分而治之的策略在該城引發的政治動盪，柏應理和他的兩名中國人不得不逃到附近的雅加達港（荷蘭人稱之為巴達維亞〔Batavia〕）避難。在那裡，他們什麼都做不了，只能枯等隔年的航行季節到來。1683年2月27日，柏應理和沈福宗搭上荷蘭船「爪哇號」前往歐洲。乘客名單中有巴西留斯的名字，但這位想家的男人可能根本未上該船。另一份原始資料寫道，他遇見欲前往中國的另一位耶穌會神父，決意與他一同返國。一年又一星期後，柏應理、沈福宗已身在安特衛普（Antwerp）。

　　此後四年期間，兩人因客觀需要而離不開對方。兩師徒走訪一個又一個耶穌會所時，沈福宗需要柏應理的帶路、保護、支持。柏應理對「這位中國籍皈依者」的需要程度也差不多。沈福宗讓歐洲人覺得很新奇，此前歐洲人不曾見過中國人。他來自那個只有耶穌會士得以進出的遙遠國度，充滿異國風味，是那個國度的活標本，而他的高知名度使他們得以輕易打入歐洲各地的宮廷和政治圈。隨著他的拉丁語、義大利語、葡萄牙語日益精進，他進入上述領域更為容易。所有大門均向沈福宗敞開；而它們敞開時，也對帶著他四處走闖的柏應理敞開。沈福宗沉穩、禮貌、學習能力夠，能輕鬆遊走於中國、歐洲的文學界和文化圈之間，為耶穌會傳教活動的良好成果提供了活生生的明證。耶穌會士已使這位完美的中國人皈依基督教。若有足夠的金援，他們不就能讓每個中國人都成為基督徒？未來發展無限寬廣。於是，身著青絲藍緞紋龍織錦的沈福宗，被柏應理帶著趕赴歐洲諸國宮廷展示。沈福宗於1684年拜見路易十四時，令路易大為著迷，於是路易邀他隔天再來作客，只為看他使用筷子。

　　然後，羅馬教皇也見了他。若沒有沈福宗同行，柏應理還能博得教皇亞歷山大七世（Alexander VII）的注意嗎？柏應理有其特殊理由要晉見教皇，因為他回歐的主要目的，就是要請求教皇允許在中國以中國話而非拉丁語舉行彌撒。而這位教皇是個什麼樣的人呢？他的神學成就包括站在伽利略（Galileo）的對立面，再度確認地球為宇宙中心的地心說，以及宣布聖母馬利亞不只未經男人授精懷了耶穌，而且是無垢懷胎。詹姆斯

一世於1605年前來博德利圖書館時揶揄了後一觀點，表示希望這類令人不快的觀點「能被徹底廓除，而非任其腐化人們的心智和行為」。事實表明柏應理的擔心非杞人憂天。亞歷山大七世無意讓福音轉譯為任何語言，中文當然也在其中。

　　柏應理也有些具體工作需要沈福宗參與。1660年代後半期被侷限在廣州活動的耶穌會士，眼見傳教無法施展，乾脆利用此空檔在歐洲宣傳他們的在華傳教工作。計畫之一是透過將中文作品譯成拉丁文，完成對中國的浩大「歷史性描述」。柏應理寫信給若昂‧布勞（Joan Blaeu），想說服他接下此計畫。若昂‧布勞是威廉‧布勞（Willem Blaeu）之子，布勞家族在地圖繪製界與尤多庫斯‧洪迪烏斯（Jodocus Hondius）齊名，後來更擠掉後者，成為阿姆斯特丹最大的地圖出版商，詹姆斯二世在博德利圖書館用手指觸碰的那兩個地球儀、天球儀，就出自這家族之手。布勞遲疑不前。他不願接下如此高成本的出版工作，而且那些出版品若問世，必然會與他先前出版的前一代耶穌會士的心血結晶《中國地圖冊》（Atlas Sinensis）爭奪市場。柏應理帶來一本1555年羅洪先繪製的中國地圖冊，以便替這一百科全書繪製地圖插圖時輔助之用，但這一出書計畫未能實現。

　　受困廣州期間他們所展開的另一項計畫，乃是翻譯儒家的四書：《大學》、《中庸》、《論語》、《孟子》。只有前三部完成，但那已足以讓柏應理帶回歐洲，在歐洲出版《中國賢哲孔子》（Confucius Sinarum Philosophus）。誠如詹姆斯二世所指出的，書名頁上列了四位作者的名字，但這本書主要出自柏應理

之手。

　　耶穌會士在那個世紀以中國為題所編著的學術著作，以這本書最為雄心勃勃。它不只是又一部以正面語調描繪中國之作，還丟出歐洲、中國兩地文化源自同一上帝信仰的觀點。柏應理在此書的精簡通俗版中解釋道，「從他們民族發跡到孔子的時代，中國人都只崇拜造物主。」他們不知God之名，稱祂為上帝，但他們知道祂存在，甚至建廟供奉祂。耶穌會士主張應尊敬孔子，因為若沒有孔子，中國人會走上多神教之路，永遠無緣結識他們的原始基督教。基督教不是得強迫中國人接受的舶來品，而只是有待旁人提醒、帶回去給他們的東西。傳教士該走的路是調和，而非征服。

　　《孔子》一書於1687年5月問世時頗為轟動。柏應理在其導言中提醒讀者，出版此書不只是為了滿足一時的好奇心，但此書所引起的轟動，一如沈福宗所引起的轟動，肯定不是無心插柳。耶穌會士很看重這本書，因此獻了一本給詹姆斯二世，海德也看重此書，因此一問世就替博德利圖書館買了一本。*

　　這本書一進入製程，沈福宗即被派去倫敦和當地的耶穌會士會合，以便時機適合時派他出馬，用他的風采討英王歡心。此一策略奏效。英王的確很喜歡他，甚至叫御用畫師高夫里‧內勒（Godfrey Kneller）畫了沈福宗的肖像畫（圖9）。這件畫

* 詹姆斯二世蒞臨博德利圖書館時所指出的那本《中國賢哲孔子》，後來被當成複製品賣掉。目前館內這本書係1825年在巴黎一書籍拍賣會上購得。我要感謝博德利圖書館的大衛‧赫利威爾和莎拉‧維爾（Sarah Wheale）找出這樁有意思的小故事。

作很出色。內勒本可以草草畫個沒什麼特色的中國人臉孔,有幅法國人製作的沈福宗肖像版畫就是如此。但這位畫家以細膩手法讓臉部明亮示人,以傳達沈福宗本人身分和信仰的獨特之處。畫名《中國籍皈依者》(*The Chinese Convert*),取得中規中矩,但無疑傳達了畫者的上述用意。沈福宗左手舉著有耶穌釘死其上的大十字架,右手指向那十字架,藉此宣告他的虔誠。他把頭撇向右邊,往上瞧向天。他左後方有張鋪了東方毯子的桌子,毯子上擺著一本精裝書,書本上有一捆手抄本。歷來認為這本書是聖經,亦即是新皈依者的明燈。但我認為在內勒畫作中看到的這本精裝書不是聖經,而是《中國賢哲孔子》。如果我的看法沒錯,它出現在那裡,意在無聲提醒觀者,調和派的以下立場:在不逼中國人放棄自己文化的條件下把他們帶進基督教世界。沈福宗站在它旁邊,正是這一論點的活證據。

　　但如果讓沈福宗對進入他肖像畫中的道具有表示意見的機會,此畫中或許還有別的意思。《中國賢哲孔子》一書寫成不易,需要對中國語言、哲學、文化有徹底瞭解才辦得到。柏應理才華洋溢,嫻熟中國語,但要完成資料核實、填補缺漏的細節、對照中文原文檢查拉丁譯文的工作,他需要一名知識淵博的中國人協助。柏應理要把中國文化譯介到歐洲,而沈福宗是他與中國文化之間唯一的活橋梁。柏應理需要他,而在社交巡迴活動結束之後,想必要他投入這一出書計畫。柏應理於該年更晚時出版了另一本書,《徐太夫人傳略》。徐太夫人是上海的基督徒,教名甘第大(Candida),其祖父是同樣皈依基督教的明朝大學士徐光啟。此書中未列出沈福宗之名,但他想必參

與了此書的出版。線索就在某份手抄本文件夾中。1753年，漢斯‧史隆（Hans Sloane）把大批檔案材料遺贈給國家，以創立大英博物館，這份文件夾就是其中的一部分。文件夾被標記為「Sloane 853a」，內有湯瑪斯‧海德談論中國事物的筆記。在這份文件夾中，有張小紙條，沈福宗在小紙條上用拉丁文和中文寫了甘第大的名字和祖先。我們或許不能據此百分之百確定他曾幫柏應理編著此書，但它間接表示他的角色不只是個替耶穌會士博取社會注意、吸引金主贊助的裝飾品。如果我的直覺沒錯，內勒畫作中的精裝書的確是《中國賢哲孔子》，那麼讓它出現於畫中可能是沈福宗本人的主意：含蓄提醒世人，這本了不起的書也是他的作品。

　　沈福宗拜見詹姆斯二世，讓內勒為他畫肖像時，湯瑪斯‧海德在牛津等他。他們兩人自1686年底沈福宗仍在巴黎與柏應理共事時，就開始有書信往來。沈福宗如果來牛津，能幫身為博德利圖書館館長的海德解決一件麻煩事。要瞭解他怎麼會有這麻煩，得把時間撥回到1659年，即塞爾登的遺贈物送抵博德利圖書館那年，也是海德出任助理館長那年（六年後他會取代湯瑪斯‧巴洛出任館長）。17世紀時社會普遍認定，圖書館有目錄才算好圖書館，因此，海德從上任之初，就被寄予為博德利圖書館編份目錄的期望。海德對此興趣缺缺。他最想做的事，乃是破解以晦澀的東方語言寫成的手抄本這件枯燥的難事，但編目錄這件枯燥事，他並不適任。目錄最終編成，但過程中惹得年輕同事怨聲載道，讓他費了不少工夫好言相勸。安東尼‧伍德是其中之一，為了此事對他心生反感。

　　我們對海德任職圖書館期間的瞭解，大部分取自伍德的日記，而伍德在該館並不得志——儘管，持平的說，幾乎沒有人得志。兩人從一開始就不對盤。伍德請求大學副校長讓他自由使用博德利圖書館裡的手抄本，他則願幫海德處理館內借閱事宜，為讀者取來要借閱的書籍和手抄本，作為回報。結果，海德趁機占伍德的便宜，背著伍德找上副校長，談定伍德得幫館長編定手抄本目錄，才可自由使用館藏。伍德在日記裡論道，「海德先生行事有失紳士風範」。兩人最終達成某種和解，因為1687年詹姆斯二世前來享用早餐時，伍德仍在那裡。但伍德還是在那年的日記裡寫道，海德的老婆是婊子、天主教徒，「如今是瘋女人」。伍德的日記並非全然可靠，但不管海德的老婆是什麼樣的人，她於那年更晚時去世。

　　海德在旁人眼中比伍德出色，得歸功於他宣稱精通數種東方語言，若沒有他宣稱的這個本事，他大概幹不上博德利圖書館的這個職位。這是因為此圖書館收集材料上的習慣所致。從一開始這座圖書館就立下一項工作原則，即應把所有語文的材料盡收入館，而該館的確收集到這類材料，其中有許多是買入，有一些來自捐贈，有許多是具學術價值的著名文本，有些是珍本。海德於1657年來到牛津時，館內的東方語言書籍和手抄本正日益增多。他當初其實是受聘來教希伯來語，但教學工作令他無比失望。誠如他在宣布退休的信中所坦承的，聽他課的人「很少，用心學習的更少」。不久他就轉換跑道，進入博德利圖書館，而這時，該館正非常需要他的技能（不只希伯來語，還有阿拉伯語和波斯語方面的技能）。海德是這份職務

的理想人選，而且他就在當地，可立即就任。

　　在當時，懂東方語言的人並不多，但拜約翰・塞爾登之類學者的推波助瀾，某些機構需要這一知識性技能。在17世紀中葉的歐洲，需要此知識才能順利推展的最大工程，乃是製作合參本聖經（Polyglot Bibles），也就是多種古語並陳對照的聖經。法國人第一個出版合參本聖經（1645），精裝十卷，笨重而不易使用但令人嘆服。博德利圖書館於1649年買進一套。英格蘭人不甘落於人後，也出版一套合參本聖經，但過程頗為曲折。基督教神學家布萊恩・沃爾頓（Brian Walton）之所以展開此出版計畫，乃是因為他找不到別的工作。1641年被其堂區居民告發為保王派之後，他逃到牛津，即當時國王查理對抗國會軍隊的據點。1646年保王派陣營垮台之後，沃爾頓失業回到倫敦，住在他岳父家。因政治因素失去影響力，加上失業，他決定編合參本聖經。1657年此書出版，書中將權威性的拉丁語經文與希伯來語、希臘語、古敘利亞語、迦勒底語（Chaldean，今稱阿拉姆語〔Aramaic〕）、撒馬利亞語（Samaritan）、阿拉伯語的同樣經文並陳於左右頁，並為各個非拉丁語的經文附上拉丁語解釋。此計畫的主要提倡者不是別人，正是約翰・塞爾登和教他阿拉伯語的大主教詹姆斯・烏雪。他們聯名寫了一份文件給可能有意投資者，籲請他們出資，文中稱讚沃爾頓「用以理解數種語言的方法和條理」，嚴正表示這個版本「會大大有助於神的榮耀和我國的聲譽」。

　　湯瑪斯・海德就在這時登場。1653年海德在劍橋大學的阿拉伯語教授去世，留下許多工作（此教授唯一一次欲在阿拉伯

語上取得學術成就，乃是撰文批駁可蘭經，但未得到肯定）。
沃爾頓決定找這位教授的學生填補空缺，海德於是成為參與這
部合參本聖經出版工程的最年輕東方學學者。沃爾頓在序中特
別稱讚他是「最有前途的年輕人，在東方語言上已取得超乎他
年紀的長足進步」。這份職缺是海德職業生涯亮眼的開端，也
是他進入牛津的門票。這張門票還讓他轉到博德利圖書館——
儘管海德仍很希望得到會使他的才華榮獲肯定並帶給他更優厚
津貼的教授職。數十年歲月過去，他仍未能如願當上教授，原
因之一是他除了一連串關於亞洲棋戲的論文，未出版任何研究
成果。1700年他終於出版波斯宗教研究成果，三年後便去世
了。《古波斯宗教史》（*Historia Religionis Veterum Persarum*）
得到歐陸學界矚目，但在英格蘭卻只有零星的肯定。據說他憤
而把印出的該書一部分拿去當柴燒，煮水泡茶。他在任職牛津
的最後十年期間終於取得教授職（阿拉伯語教授），但在希伯
來語教授一職上，卻一直無緣取得，直到他死前幾年，在職教
授因拒絕向國王威廉（King William）宣誓效忠遭解聘，這份
殊榮才落到他頭上。

　　海德天性疏懶，卻很喜歡學語言（且愈多愈好），學新語
言時，只要有機會和以該語言為母語者說話都不會放過。在東
方，坐落著最龐大的未學語言的寶庫。在海德眼中，亞洲大地
就是一座又一座未被征服的語言高峰，每座高峰都比前一座高
峰更偏遠，更吸引人去一探究竟。他想爬過那每一座山峰。晚
至1700年，他仍努力想購得梵語、泰盧固語（Telugu）文獻，
到處尋找「契丹的韃靼字母表」，即滿人（1644年征服明朝的

通古斯滿語族）的字母表。這時期的東方學權威傑拉德・圖默，不吝於稱讚海德，指他「對東方語言興趣特別廣，很用心於透過和以東方語言為母語者交談來掌握文字和口語」。海德極熱中於吸收這一知識，因而晚年時還提出一長串他希望出版的著作名單：馬來語譯版新約聖經（1677年他主持了馬來語四福音書的出版）、附有阿拉伯語、拉丁語音譯的希伯來語版邁蒙尼德（Maimonides）著作、有阿拉伯語和波斯語相對照的希伯來語辭典、附有拉丁語注釋的阿拉伯語版五經。

還有中國語，一種從想必讓他覺得遙不可及之處召喚他的語言。博德利圖書館裡肯定有需要鑑識、分類的中文書籍，而把沈福宗邀來牛津，可能就因為這緣故。但這份邀約也是讓海德得以親自接觸他所深感興趣的這個語言的最佳方式。

當時的歐洲人認為中國話非常難學。有位耶穌會士作者以堅定口吻向其讀者表示：

中國話全然迥異於世界各地其他任何使用中的語言。可說毫無共通之處：不管是它單字的發音，還是片語的發音，還是概念的安排，皆然。這個語言處處讓人摸不透：兩小時能學會詞語的意思，但可能得學上數年才能講出它們。人能學會看懂所有中文書，非常瞭解它們的意思，但如果別人背出那些書，自己卻完全聽不懂。學者能寫出極優美且措詞委婉的文章，有時卻無法在尋常交談中解釋自己的看法。

　　更糟的是，「同樣的字常指稱相反的事物，因而兩人講出同樣的字，從某人口中說出是恭維，從另一人口中說出卻成了嚴重侮辱。」這個語言還是學得起來；「在那些已用心學它的人的口中或毛筆下」，的確能變得「富饒、繁多、和諧」。但那很不容易。這說法和19世紀香港總督文咸（George Bonham）的看法幾無二致。文咸認為，學中國話非常不智，因為它「扭曲心智，使心智對現實生活尋常事物的認知充斥缺陷」。

　　這看法當然全是胡言亂語，但在當時被當成很有道理。海德正熱中學習亞洲語言，因而不為此說所動。1687年6月，他把他的中國籍客人帶到牛津。儘管確切的來去日期未見記載，但沈福宗大概待了六星期。關於沈福宗作客牛津，替博德利圖書館分類整理中文書一事，只有該館1686至1687年記錄中關於一筆6英鎊開銷的說明有記載：「支付這個中國人替中文書編目錄和他花費、住宿的開銷。」

　　沈福宗把部分時間花在這件工作上，費心整理了該館自1604年以來所收集的數十本中文書籍和手抄本，在它們的封面上注明它們是什麼樣的書。他以清楚的筆跡和中文、拉丁文並列的方式加上的注記，如今在這些書上仍可看見。他也列了數個中文藏書一覽表，其草稿如今可在大英圖書館的海德檔案裡找到。但從該檔案裡保存的其他筆記研判，他也花了很多時間和海德在一塊。海德想學基礎中國話，沈福宗便教導他。在某張紙條上，沈福宗用中文寫了「西洋」和「中國」，兩個詞一上一下，旁邊各寫了一個四字訣。在西洋，「以聲求字」，在中國，「以字求聲」。這簡明扼要地點出表音文字和表意文字

的差異，無疑也切合一直在尋找這類要訣來使語言學習更為容易的海德之所需。

從這些紙條裡浮現的這位中國人，形貌破碎不全。他自稱是南京人，較海德「年幼」，以「老爺大人」這個尊稱稱呼海德。他寫給海德的兩封信如此稱呼對方："For mr. Dr. Hyde chief Library Keeper of the University of Oxford at Oxon" 和 "For Dr. Hyde chief Library Keeper of the University of Oxford to be found at Queens College Oxon"。沈福宗對英語的掌握似已到了能在信封上寫下姓名地址的程度。同樣值得注意的是，兩信封上的紅色封蠟仍在。印在蠟裡的圖像是一艘海上的兩桅帆船。沈福宗，世界的水手。

潛藏在這些筆記裡的那位英格蘭人，對所有中國事物都興趣極濃，儘管他問得沒頭沒腦，想到什麼就問什麼。海德對宗教有興趣，要沈福宗扼要講述佛寺的諸多稱呼，簡短描述佛教膜拜儀式。他也筆記了用竹、絲和「樹的內皮」造紙的方法。沈福宗寫下「棉」這個漢字，但海德似乎未弄懂它的意思。他也按照沈福宗的描述寫了關於中國槍的小筆記。中國人的火器不靠燧石上的鋼錘來擊發（該世紀更早時歐洲槍炮匠就已發展出的一項技術），而是靠導火索來擊發，而且導火索不是固定在火繩點火裝置（16世紀後期歐洲的新發明）裡，而是靠人手拿著。沈福宗向海德說明道，因為這一原始的設計，中國槍手開槍時，「怕得把臉轉向後」。這樣的姿勢不利於瞄準。

海德學習諸多語言時一定會學的東西是數字。數字清楚明瞭，毫無模稜兩可之處，以此為學習開端非常理想。他在某張

紙上由上往下寫下一列中文數字，先是一到十三，然後是二
十、三十、四十，再來是一百，最後是一千或一萬（他寫下的
是一千還是一萬難以判定，因為他畫掉其中一個，寫上另一
個）。他的困惑不讓人意外，因為數目不只是數目，它們有其
一貫的運作規則。在英格蘭，較大的數目以千為單位來數，但
在中文裡，以萬為單位來數。但一旦掌握其規則，不管在什麼
樣的前後文裡，甚至不管在什麼樣的內容裡，都看得懂。當時
的歐洲人認為，只要掌握了祕鑰，這些規則就是能用邏輯予以
解開的方法。破解中國話的祕鑰（海德和其他許多人所謂的
clavis sinica），乃是當時每個想在東方學上闖出一片天的學者
都渴望找到的東西，因為一旦找到這祕鑰，毋須親身踏足中
國，毋須花上數年學中國話，就能破解這語言（像我這樣的凡
夫俗子，就只能踏上中國土地，乖乖學上數年的中國話）。事
實上，中國話還是學得成，但找到一把亮晶晶的祕鑰，手腕一
轉就解開這語言的奧妙，無異於天方夜譚。

　　在哪裡可看到沈福宗和海德合作的痕跡？就在塞爾登地圖
上。這張地圖上的字原來全是中文，但如今在許多地名標記
旁，有用細長的歐洲字母寫上的突兀翻譯和注解。地圖上的中
文字非常小，墨水褪色嚴重，紙張也磨損得很厲害，因而很容
易就錯過上面的文字，即使有幸實地看到這張地圖亦然。但它
們確確實實存在。沈福宗獨特的筆跡總是先映入眼簾。他用拉
丁字母拼寫，說明每個中文字的發音。在拉丁字母拼音後面是
寫得較緊密的拉丁文翻譯，出自海德之手，有時是逐個中文字
翻譯，有時是逐個中文詞語翻譯。凡是已申請博德利圖書館之

圖書證的人，看到這些潦草的字都會覺得驚訝。登記身分時都要經過一道令人難忘的手續，即朗誦一段莊嚴的承諾。承諾的開頭為（原來當然是以拉丁語念出）：「我在此保證絕不從這圖書館取走屬於它或受它監管的任何書冊、文獻或其他物品，也絕不在它們身上做記號、毀損它們的外貌或傷害它們。」（接著讀書人還得保證絕不在館內生火，那是以前沒有中央空調的時代所遺留的要求）。或許以前的圖書館員沒這麼嚴格照章辦事，更何況海德是館長。但無論如何，就研究這張地圖的歷史來說，這一違規行徑反倒讓人喜出望外，因為那讓我們得以看到沈福宗與海德的工作情形。

那些用拉丁字母拼寫出的中國話雖不符慣例卻無誤，但在當時以拉丁字母拼寫中國話來說，還沒有為大部分人所認可的準則（甚至在當時，英文拼法都未標準化）。沈福宗用拉丁字母所拼寫出的中國話，夾雜了中國官話（今日國際上稱之為Mandarin，而Mandarin一詞是衍生自梵語mandarim的葡萄牙語，mandarim意為「官方的」）和他自小在南京長大所講的當地方言。兩者的差異之一是，官話裡的尾音-ng，在南京方言裡成為-m；另一個差異是官話裡的w音，在南京方言裡變成v音。因此，「王」這個中文詞的拉丁字母拼音，在筆記裡有時寫成vam，但在地圖上則寫成wang，儘管還出現過一個局部修正過的wan。在筆記裡，沈福宗拼寫時較隨性，兩種拼寫並陳，但在地圖上，他則盡量遵照官話發音拼寫。

偶爾，兩人的作為不只限於用拉丁字母拼寫中國話和翻譯中文。例如，地圖右緣的兩個標記，沈福宗將它們拉丁化為hua

gin chi和hung mao chi（若照今日的漢語拼音會拼寫為hua ren ju
和hong mao ju）。在地圖的這個區塊裡，他們兩人就只寫了這
些字，但在地圖邊的空白處有更多字。地圖周邊的空白處，大
部分已剝落不存，但在上述標記旁邊，有小塊空白處殘存，而
在那裡，我們可看到沈福宗與海德所寫筆記的殘餘片斷。沈福
宗在此再度寫上hung mao chi這三個音節，海德則替它們加上
翻譯，儘管仍看得清楚的詞只剩mao這個音節的翻譯capillus，
意為「毛髮」。海德在這個的下面再度寫上hung=mao，用他所
慣用的雙連字符（＝）把這兩個音節連在一塊（沈福宗從未這
麼做過），並加上翻譯：「荷蘭人」。hung=mao這個詞意為「紅
毛」，乃是中國人替荷蘭人取的名字，因荷蘭人有著（令中國
人）驚駭的鬍、髮顏色而得名。hung mao chi（「紅毛住」）這
個標記意為「紅毛住的地方」，指位於香料群島的一個荷蘭人
據點。在地圖邊空白處潦草寫下的這些字，本身就值得細究，
說不定這整張地圖的周邊原來滿布這樣的注解。分析顯示地圖
周邊所用的紙是用大麻纖維製成的歐洲紙，因此是後來加上去
的，大概是在英格蘭加的。替地圖加上周邊，可能不是為了讓
海德有空白處寫上注解，但他似乎就是如此利用加上去的邊
紙。可惜的是周邊的紙已化為碎屑。瞭解還有哪些東西引起他
的注意，倒也是件趣事。

　　這些注解可以表明，海德出於拓展地理知識的強烈念頭而
仔細研究過這張地圖。當我在大英博物館的海德檔案裡找到一
張由沈福宗徒手繪成的地圖時，上述的初步看法似乎得到證
實。那是張長城圖，描繪東起山海關鎮東門（此城門未見於塞

爾登地圖）、西抵玉門關（此關見於該地圖）的長城，乃至標示出更西邊遠至吐魯番和撒爾馬罕這樣的地方。在長城以北，沈福宗於橫越西伯利亞直到北海的大地上填上約二十四個河流和高山（「北海」即海德所認知的 Mare Septentrionalis，今人所謂的「北冰洋」）。我認為這表示海德對西伯利亞的地理很感興趣，或許因為這就是1644年（時間上晚於塞爾登地圖的繪成）滿人往外擴張的大本營。但當大衛・赫利威爾把兩張中國人印製的特殊地圖給我看時，我的假設便破滅了。這兩張地圖也在博德利圖書館裡，也來自17世紀，也有沈福宗注解。沈福宗根本是徒手複製了這其中一張地圖的北部區塊，以便他和海德能寫下注解，同時又不致把原地圖弄得滿是標記。

　　我覺得海德所努力要瞭解的，不是中國這塊地方，而是中國話這個語言。他在塞爾登地圖上的注記和大英博物館海德筆記檔案裡的詞語表，間接表明他想建立一新語言的詞彙表。但完全沒見到對這語言文法的探討。他的這一作為，不客氣的說，是在收集詞語，而非學習語言。但僅僅六星期的時間，他還能如何呢？

　　有位完全不懂中國話的19世紀學者認為，海德「在中國的語言上大有進步」，但證據讓我無法相信此說。他努力學習此語言，這點的確值得肯定。他甚至在個人出版品裡使用中文。漢字出現在他論波斯宗教的書中，也出現在他論東方棋戲的書中（此書中有數頁沈福宗親筆寫的漢字）。有個漢字上下顛倒，但那應該是印刷工的錯。在某一頁，海德以實例說明漢字的構成方式，而那一頁的漢字看上去就像是初學者按照別人

的筆跡抄寫而成：學生抄老師的，海德抄沈福宗的。

　　海德自信對中國語已有足夠的把握，夠格在出版品裡印上漢字。海德在某張紙上預擬了一則啟事，宣告他所希望出版的一本書，而且說不定已預擬了那本書的書名頁。這是大英圖書館檔案裡最耐人尋味的一張紙。冗長的標題如此開頭："Adversaria Chinensia à scripto et ore nativi Chinensis excepta, in quibus sunt Decalogus, symbolum Apostolicum, Oratio Dominica, Ave Maria, Grammaticaliae et Formulae." 這或許可譯為：「從一名中國本地人的著述和言談觀察到的心得，那些著述和言談的內容包含十誡、使徒信經、主禱文、（祈禱詞）萬福馬利亞，以及文法和片語。」海德在這張書名頁上所承諾撰寫的內文，有一部分可在海德的文件裡找到，但分量不夠寫成他所打算寫的書。但就在我撰寫此書時，法蘭西絲・伍德（Frances Wood）寫信告訴我，又有一些出自沈福宗筆下的文獻，剛剛在史隆收藏品的另一個文件夾裡發現。法蘭西絲・伍德是我在中國求學時的老朋友，目前是大英圖書館的亞洲部門主管。她寄來影印本。除了六份佛、道教祈禱文，這個新文件夾裡還有好幾份以斗大漢字寫成的主禱文、使徒信經、十誡，並在漢字下方附上拉丁字母拼音文。漢字出自沈福宗之手，拉丁字母拼音文出自海德之手。這些正是海德所希望出版的那本書的手稿中，先前尚未發現的部分，內容和他在書名頁上所承諾撰寫的相符。海德顯然曾在沈福宗協助下進行此一出版計畫；同樣顯而易見的是，這個計畫始終未有結果。

　　沈福宗要離開牛津時，海德派他到倫敦，並寫了封介紹

信，將他引見給著名科學家和哲學家羅伯特‧博伊爾（Robert Boyle）。他寄望博伊爾能替他的出版計畫找到金援，所以一心期待博伊爾與沈福宗會面後會大力支持該計畫。博伊爾對沈福宗很感興趣，但這本原可能成為史上第一本談中國語之英文書的著作一直無緣問世。

　　兩人一別後，湯瑪斯‧海德一直很懷念沈福宗。他在某封信中稱他是「我的中國人」，寫道：「麥可‧沈‧福宗（他的名字就是如此）從小被培育為懂得他們國家所有學問的學者，能輕鬆看懂他們所有的書，為人正直篤實，不管做什麼都很可靠。」這番讚美或許言過其實，但那是他對已失去聯絡之友人的追憶。在他後來出版的波斯宗教巨著中，他也同樣深情地憶起他，稱他「我現居南京的中國友人，南京的麥可‧沈福‧宗博士」，渾然不知沈福宗已死。

　　1687年12月29日，即沈福宗送出他寫給海德的最後一封信之後不久，他和他的恩師柏應理從倫敦搭船前往里斯本。他們原本打算立即返回中國，但法國籍耶穌會士搭葡萄牙船旅行一事，引發糾葛難解的政治問題，致使他們兩人被困在里斯本，無法脫身。沈福宗在那裡待了三年，為成為正格耶穌會士，接受第一階段的培訓。最後好不容易才獲准離開葡萄牙，卻在好望角與莫三比克之間的海上去世，大概死於痢疾。兩年後，柏應理踏上同樣的返華旅程，在同一個大洋上去世。

　　沈福宗的離去，不只讓海德失去一位中國通，也失去了一位中國友人。東方知識熱迅速降溫，海德被新時代甩在後面。

約翰・塞爾登在世期間，東方學信誓旦旦地表示，要掌握解開人類史和人類制度之各種祕密知識的鑰匙。17世紀上半葉，世界仍在敞開，最有才智的學者清楚認識到，最豐富的文獻、傳說寶庫在東方。五十年後，這一信念式微。海德完成他心目中論波斯宗教的個人代表作之後，正商議他的退休安排時，沒有人很在意他的這部大作。如果《古波斯宗教史》一書出自塞爾登之手，讀者大概會在它一出現時就從書架上迅速取走。問題不在於此書作者不是了不起的塞爾登，而在於這時已不再有人相信這類作品必然會指出通往驚人新發現之路。東方事物漸漸變成裝飾之用，或許變成與國王交談時消遣娛樂之用，而非與知識界同儕嚴肅討論時的題材。塞爾登倒是看出了自己置身於新知識即將誕生的時刻，把東方語言比擬為伽利略的單筒望遠鏡：兩者都會產生前人連做夢都想不到的發現。史學家尼古拉・杜（Nicholas Dew）口中的「巴洛克東方學」（Baroque Orientalism），沒這麼被看好。不久後，亞洲研究就會淪為克萊兒・迦利恩（Claire Gallien）所謂的「偽東方學」，即非學術研究、批判性見解的領域，而是幻想、娛樂的領域：一如柯爾律治筆下那些關於「堂皇的逍遙宮」與「深不可測的岩洞」等種種荒謬話語。

1650年代，青年的海德被延攬去編纂合參本聖經時，抓住了東方學浪潮的尾巴。中年的海德運用其東方學知識，在1670年代編纂了博德利圖書館的第一份目錄。老年的海德賣不掉他的巨著，把他所收藏的部分波斯語、阿拉伯語手抄本賣給他所任職的圖書館以求現。相較於五十年前塞爾登的作為和其所捐

贈的收藏，兩者高下立判。被布萊恩‧沃爾頓譽為「最有前途的年輕人」的海德，所作所為並未達到他人或自己的期望。錯不在他。只因他所處的世界已經變了。

　　圖書館館長享有請人繪製肖像畫以流傳後世的特權。如今，歷任的館長肖像畫掛在舊天文學、修辭學學院，亦即今日的博德利圖書館禮品店。海德的肖像畫掛在收銀機上方（圖7），以17世紀晚期盛行的風格呈現，算不上出色的藝術作品，但有值得細究之處——特別是對我們來說。畫中人呈現腰部以上，背景為淺黑色，身體向左轉。他一身神學家打扮，戴著假髮（這在當時稍早才成為制式衣著配件），神情淡然望著觀者。除了臉和雙手，其他部分都畫得很普通，可能出自學徒之手，甚至畫者作畫時並未要求海德現身其面前。那張臉孔讓我覺得畫中人不得志，碰到有人向他指出這點，就用目光逼視，使對方不敢正視；也自覺沒理由公開表露自己的心情。他的雙手相較於身軀顯得特別大，但就在這裡，有個有趣的東西。左手淡然垂放於身側，但右手微微揚起。在右手，我們可看到畫中人所刻意擺出，欲讓觀者好好琢磨的一個蹊蹺之處，因為他右手握著一捆捲起的紙。紙上寫了東西。如果站在收銀台旁往上瞧，很難看出紙上寫了什麼。收銀機後的女士注意到我往上瞧著那幅畫，於是拿來一架小梯子讓我湊近看個清楚。
　　即使站在收銀台邊，大概都能認出紙上寫的是漢字，兩個漢字出現在他手指下方，三個在他手指上方。位在下方的兩個漢字，一個是「金」，另一個可能是「古」或「舌」（字左邊

偏移的一點使人無法確定究竟是什麼字）。上方的三個漢字，
兩個非常清楚，分別是「古」和「里」；第三個漢字，沿著紙
捲曲面呈現，可能是「州」，但無法確定。

上了梯子，我便能把這些漢字看得更清楚。我看到的其實
是初級中國語課第一學期的學生所寫的漢字。也就是說，如此
程度的漢語學生知道哪邊是上哪邊是下，對漢字的構成方式頗
有瞭解。他寫「里」時把底下算來第二條橫線寫得比最底下那
條橫線長，犯了一個會被老師立刻糾正的基本錯誤。他也把
「金」字的倒數第三、第二兩個筆畫簡化為一條線。他或許看
過老練的書法家這麼寫，但看來就是不大對。這一切表明，海
德在自己的肖像畫裡親自描上這些漢字時，沈福宗已不在身
邊。

海德為何選擇讓漢字，而不是其他文字，出現在自己的肖
像畫裡？他若選擇希伯來文、阿拉伯文或波斯文，可能更相得
益彰，畢竟他很懂這些語言。他為何選擇中文？難道是因為牛
津有人（儘管不多）看得懂希伯來文、阿拉伯文或波斯文，而
沒人看得懂中文？還是他想表明他已掌握博德利圖書館目錄裡
最難懂的東方語言？或是他想宣告只有他精通中國語，藉此讓
自己比那些孤傲的東方學者更高一等？還是學中國語單純是他
所做過最讓他興奮的學習？

我往上瞧著他的肖像畫時，這些疑問在我腦海裡激生出另
一個疑問。海德一直不知道沈福宗在航行於好望角與莫三比克
之間海域時病死於船上，但肯定揣想過總有一天會有沈福宗之
外真的懂得中文的人望著他的肖像畫，揭開這一只有懂中文者

才看得出的騙局。或許我有失公允。我們之中有誰能看見未來，以十足把握猜出什麼會變成人盡皆知的東西，什麼會變得沒沒無聞？17世紀末期海德置身之處，周遭沒有中國人，也沒有中國人要過來。他孤零零站著，猶如在某個孤零零的邊界崗亭執勤的哨兵。

就在1701年以館長身分退休的前夕，海德寫信給坎特伯里大主教，提出他對接替人選的意見。海德強調，新館長必須「具有懂得東方語言的優勢，否則會搞不清楚情況」。這建議很有道理，但學術界的潮流已在轉向。這時候，尋找驚奇者已在別處尋覓所要的東西；如今仍是。此後，不會再有東方語言學者主掌該圖書館。至於破解中文文獻，有待專家來做，例如我。

我們在這圖書館裡的行程就此結束。當我們離開圖書館的雙面大書架前往大海時，我們也必須回到過去，回到塞爾登地圖所保留住的那個海上貿易世界，回到約翰・塞爾登尚未晉見英王詹姆斯，從而尚未因海洋法問題不知不覺成為公眾人物的那個時候。

# 四、
## 約翰・薩里斯
## 與中國甲必丹李旦

　　1614年12月第三個星期，事情已經鬧到讓人無法忍受的程度。湯瑪斯・史密斯（Thomas Smythe）知道，身為英國東印度公司總裁，他得出面打消倫敦傳得沸沸揚揚的謠言。約翰・薩里斯（John Saris）已搭著「丁香號」（Clove）返國，船上滿載著來自亞洲的貨物，貨物多到堆滿了舷邊，但他很大膽，先在南海岸的樸利茅斯港（Plymouth）下錨，做些私人買賣，才要船上溯泰晤士河，前往倫敦。他在樸利茅斯鬼混得愈久（他的工作委任書明文禁止他這麼做），公司財貨被自己職員肆無忌憚竊取的難聽傳言，在倫敦商界就傳得愈響。這怎麼行。英國東印度公司成立才十四年。這家公司巧妙結合私人資本與皇家特許狀，承蒙已故伊莉莎白一世女王的恩典而成立，受益者是那些支持她的貿易商。如今是詹姆斯一世當政，因此該公司能否繼續保有其貿易壟斷地位，取決於能否讓當今國王高興，並把潛在競爭者拒於亞洲貿易領域之外。

　　為了不讓東印度公司惹上政治、財務麻煩，史密斯不得不處理一連串頭痛事，而薩里斯究竟何時會把丁香號開來倫敦，則是最新一樁讓他頭痛的問題。先前，財政大臣核准在倫敦建造「新交易所」（New Exchange），作為該市的新商業中心（1609年開幕夜，就上演班・瓊森所寫的戲劇娛樂與會眾人），並堅持要該公司在「新交易所」裡開設一間店鋪。而不久前，史密斯迫於壓力，已屈服於財政大臣的這項要求。史密斯得在這間店鋪裡擺上中國製的紙、扇、墨水盒、瓷器販售，但這些商品不僅昂貴且不易取得。幹嘛浪費錢擺設商品給那些不識貨、只逛不買的人？而薩里斯的船貨會讓他得以收回他為

開設這間店鋪自掏腰包花掉的300英鎊嗎？到目前為止，薩里斯所送過來的貨物，只有一把值6或7英鎊的馬來亞小刀。此外，外界傳說薩里斯打他的高級船員，餓他的全體船員，但在成功遠航的末期，獲得辛苦回報的機率甚高之時，每個人都抱怨管得太多。而且還不能讓詹姆斯一世不高興。先前史密斯考慮不周，竟告訴國王日本天皇會送他一份大禮（其實送禮者是遠為更有實權的幕府將軍，但那個職銜在1614年時對歐洲人毫無意義），但大禮何時會送達呢？

在12月6日英國東印度公司的會員大會上，史密斯輕鬆化解了「愛造謠的惡毒之人」對約翰・薩里斯的中傷。身為該公司總裁，他得不斷回應股東對其職員的指控，而在這方面他得心應手。他的一貫手法，乃是提醒他們，敵人樂得看到公司完蛋。公司內部的團結一致，乃是抵抗外界這類聯合對付行動的唯一法寶。誠如會議記錄所記載，他說股東「不該如此譴責他們的船長而讓自己反受其害」。所幸他能向眾人報告，查帳員已估算出薩里斯這趟遠航的收益是所投入資金的三倍。只要大家保持冷靜，就會有好結果。

但相較於即將爆發的春宮畫風波，關於公司內部問題的指控根本不算什麼。照理說，公司不該過度細究船員在海外的一舉一動，但指控薩里斯把日本「春畫」帶進英格蘭一事，卻很可能被那些心懷惡意之人拿去大作文章，指控該公司道德淪喪，不該再享有亞洲貿易的壟斷權。大公司得維持正派經營的形象，否則會有外人想藉機搞垮它，搶走它的生意。十天後，史密斯不得不就「薩里斯船長因帶回一些淫猥書籍和圖畫並將

它們公開展示而遭到非難、中傷」一事，向公司董事會報告。

　　從日本帶回色情作品是一回事，將它們四處展示則是另一回事。董事會成員認為，薩里斯做事太沒分寸，竟把描繪男子挺著粗大生殖器與溫順女伴交媾的圖畫公開展示──它們無疑是英格蘭境內居民所見過最駭人的色情作品。薩里斯的愚行使「本公司大大蒙羞」，諸位董事認為那是「他們的正派形象所萬萬無法允許的」。如果帶進春宮畫的事沒傳出去，他們本可放下正派形象，讓這件醜事自行煙消雲散。問題是消息傳了出去。事情鬧得這麼大，迫使史密斯不得不採取行動。他向諸位董事保證，他和他們一樣不喜歡這些畫，然後告訴他們，他知道這些犯眾怒的東西在薩里斯家裡，他會「盡快從他家取走」。他向董事會建議，將這些書和畫「燒掉，或以公司認為合適的方式處理掉」。

　　湯瑪斯・史密斯除了是東印度公司的總裁，還是維吉尼亞公司的財務主管，而此時維吉尼亞公司正在美洲設立殖民地。此外，十年前，他為莫斯科公司去過俄羅斯洽談通商條件。這三家公司都享有皇家特許狀的保護，使它們分別在亞洲、北美洲、俄羅斯享有英格蘭在當地進出口貿易的獨占權。史密斯在這三家公司都是大股東：在倫敦，他是最有權勢的商人。在不講道德的商場上，「正派形象」最為重要。史密斯不得不有所行動，並且還得讓人看到他有所行動。不管他是否真的不悅於春宮畫，但他是個聰明人，預見到若被扣上不道德的大帽子，將會大大損傷他的商業利益。

　　三個星期後，史密斯向董事會回報此事的處理情況。他告

訴諸位董事，由於不利於公司和不利於他本人的「傳言甚囂塵上」，他已沒收薩里斯的書和畫，「並且藏了起來」。或許他原本希望這麼做足以平息這場小風暴，但事與願違。如今，唯一的辦法，就是在眾目睽睽下銷毀這些讓人不快的畫，一如他所說的，讓所有「真正受到衝擊」的人知道他已採取行動制止。他嚴正表示，那會是一場毫不含糊的表態，以表明「本公司任何人都沒有助長、維護這類邪惡的圖畫」，「於是（他）在大庭廣眾面前將它們丟進火裡，直到它們燒光化成灰燼為止。」

　　入境英格蘭的第一批日本春宮版畫，就此灰飛煙滅。來自這一早期接觸的其他物品，則捱過指摘倖存下來──儘管並非每樣東西都經受住歲月的摧殘保留至今。幕府將軍德川家康送給詹姆斯一世的兩套日本盔甲被送到倫敦塔，如今仍在皇家軍械博物館（Royal Armouries）裡，但那一組十件大型折屏風則老早就不見蹤影。在日本，折屏風是立在地上，但在薩里斯所處的社會裡，則是掛在牆上，因此他稱這些屏風是「用來掛在房間裡的大畫」。消失的不只這件禮物，詹姆斯對這件禮物的看法，我們已無從知曉。但我們的確知道湯瑪斯・史密斯的看法：它們是次等品。這位幕府將軍未看過他所下令贈予的屏風，所以我們無從明白他的用意。據推測他本意是想送一級品，但他的部下收取回扣，送了二級品給薩里斯。不管是否真是如此，史密斯決定拿自己公司的幾件屏風代替德川將軍所送的屏風。無論如何都得讓他的政治主子擁有公司所收到禮物中的上等貨，藉此讓國王對德川的致意留下最好的印象。畢竟這是外交禮物：藝術價值高不高、真品還是假貨都不重要。唯一

重要的就是必須好看。

　　英國東印度公司很快就體會到畫作在英、日貿易兩端所展現的魅力。該公司在今日長崎西邊的平戶設了商館，而在該商館的帳簿裡，可看出這點。這些帳簿列出數十件庫存的書籍和畫作。有些要拿去販售，有些要當作禮物送人，還有一些則得在航行後當作毀損品註銷。此商館的油畫，最常見的表現題材是維納斯，維納斯身旁可能有阿多尼斯（Adonis）、巴克斯（Bacchus）或丘比特（Cupid），也可能沒有這些人物。英格蘭人認為，美女圖總是人見人愛。這座商館的存貨清單，還包括數件國王詹姆斯一世肖像畫複製品，以及數十件以四季、五種官能、風景之類制式題材繪製的畫作。此商館在1616年6月的帳簿中所列出的最高價畫作，乃是一幅肖像油畫，而畫中人不是別人，正是公司總裁湯瑪斯・史密斯。該公司總裁的肖像畫，標價高達12英鎊，比存貨清單中八幅維納斯畫作裡最出色的那幅貴了三倍。

　　薩里斯深信出口英格蘭藝術品到日本有利可圖。仍逗留於樸利茅斯時，他送了一份在日本會大有銷路的英格蘭產品清單到倫敦辦公室。第一部分是對織物的詳細描述——而後來的發展表明織物銷路不好。然後是一份其他品項的清單，清單最上頭為：「繪畫，有些淫猥，有些描繪海上、陸上戰爭情景，愈大愈好。」那年冬天更晚時，春宮畫風波已平息之後，他向董事會當面重提這個意見，但推薦戰爭畫，不提「淫猥」畫。不過我們知道他鍾愛的是什麼。在他的航行日誌中，他寫道他的臥艙裡「掛了一幅維納斯畫，畫得很淫猥，裝在大框裡」。他

在日誌中描述了一些信基督教的日本女人進入他的臥艙看到它，雙膝跪地的情景，而上述話語就出現在這段文字中。她們覺得那是聖母馬利亞像。

歐洲藝術品在日本最終銷路不大。問題之一出在，藝術品於海上運送途中難以保持乾淨和乾燥。薩里斯回國兩年後，奉他之命留下來掌理平戶商館的貿易商理察‧考克斯（Richard Cocks）寫信回倫敦，要公司勿再送來油畫。油畫既易遭海上濕氣損壞，而且它們的美學風格不符合日本人的藝術品味，在日本人眼中它們不值一文。他建議勿送來繪畫，而應送來版畫。「他們不看重（繪畫），卻極愛印了船、馬、人、戰爭、鳥或此類瑣碎事物之圖像的黑紙。」平戶商館中的圖像庫存清單顯示，大不列顛地圖的數量是繪畫、版畫的兩倍之多，但這些地圖賣得出去嗎？考克斯未提及他的看法。

湯瑪斯‧史密斯於三年前指派約翰‧薩里斯出任英國東印度公司第八次亞洲遠航的指揮官。薩里斯於1611年4月離開英格蘭，沿著印度海岸一路做買賣，1612年10月抵達萬丹。不久他即啟航前往香料群島探尋香料。他的首要任務是為公司賺錢，卻也肩負了一項政治任務，即反制荷蘭人最近欲取代西班牙宰制摩鹿加群島（香料群島）香料貿易的野心。這些熱帶火山島散布在蘇拉威西（Sulawesi）和新幾內亞兩島之間的海域上，距今印尼東端不遠。香料群島中地處最西北的三座島，特爾納特（Ternate）、蒂多雷（Tidore）、馬基安（Matyan），是種植肉豆蔻、丁香、肉豆蔻衣的絕佳地點，而這三種香料一運

回歐洲，價同黃金。香料貿易歷史悠久，在歐洲人到來之前，是由當地酋長掌控，委託中國和穆斯林貿易商經手。

　　約翰‧薩里斯來到該地區，實際上是為了挑戰德赫羅特在《自由海洋論》中所提出的荷蘭東印度公司的立場。如果東亞海域是如德赫羅特所說的自由之地，英格蘭人應該可以在該地區貿易。荷蘭人當然不是這麼想。吃下葡萄牙人、西班牙人帝國的部分區塊後，他們無意讓英格蘭人插足香料貿易。薩里斯前來這裡，就是要測試這一立場。荷蘭人完全無意讓英格蘭人進場分一杯羹。每次薩里斯找上當地某統治者洽談買賣，都遭荷蘭人阻撓。就連小買賣都做不成。每次有賣家帶著丁香上門兜售，比他早到的荷蘭人就如歷史學家馬丁‧范伊泰蘇姆（Martine van Ittersum）所說的「勸誘與恐嚇並用」，以使英格蘭人做不成買賣。

　　薩里斯於 3 月中旬抵達馬基安島時，當地一名酋長登上「丁香號」談買賣，但兩名荷蘭人跟著他，以阻止他把東西賣給英格蘭人，並放話威脅引導薩里斯登陸此島的領航員。荷蘭人已於五年前控制馬基安島，主張英格蘭人無權置身該島。他們用武力征服馬基安島，該島的香料就理當屬於他們。薩里斯要他的三把手將他們趕下船，這兩個荷蘭人揚言，誰被逮到將丁香賣給英格蘭人，他們就殺掉誰。薩里斯悍然回應，「我高興和誰做生意」，就和誰做生意。但事實表明不是英格蘭人想怎樣就能怎樣。那天夜裡，當地人想把貨搬上英格蘭船，卻慘遭重武裝的荷蘭人突襲並圍困。隔天薩里斯派考克斯上岸以恢復這筆買賣，但荷蘭指揮官阿德里安‧馬滕斯‧布洛克（Adriaan

Martens Blocq）「找上考克斯先生，要他轉告我，晚上勿再派人上岸，如果不從，他會殺了他們。考克斯先生以大笑作為回應，然後離開他」。考克斯無懼威脅大笑回應，但大笑不足以鬆動荷蘭人對該地區的掌控。布洛克後來寫信給他的上司，抱怨英格蘭人「傲慢且惡毒」，竟想騷擾「幾乎無異於是我們奴隸」的人。

荷蘭人宣告他們已和薩里斯所欲洽談進貨的生產者簽了合同，藉此辯護他們的處理方式。這是自由貿易所要求且允許的行為。事實上，那些合同是在槍口威脅下簽成，價格訂得很低，若非受脅迫，沒有哪個供應商願意用那種價錢出貨。誠如掌管荷蘭人在摩鹿加群島之事業的行政長官，在寄回阿姆斯特丹的信中所說的，「如果我們當初只想靠起誓保證的合同和協議來阻止英格蘭人和土著做買賣，那麼如今就只有乾瞪眼的份。」他把供應商未照合同規定把香料只賣給荷蘭人一事歸咎於伊斯蘭教，建議此後得用「赤裸裸的武力」使當地統治者乖乖聽話。荷蘭人的自由海洋理想，只是為了掩飾他們對香料群島之殘暴宰制的法律幌子。國家貿易就是想獨占一切。

4月初薩里斯決定前往蒂多雷島，看看能否與在該島上仍握有一座基地的西班牙人結盟，打破荷蘭人獨占香料貿易的野心。「丁香號」靠近蒂多雷島東側，那裡的海岸水深，沒有容易下錨之處。一道強大的長浪把「丁香號」推向島岸，使船與島的距離比他所打算的還要近，西班牙人發了一炮以阻止英格蘭人靠近。雙方又互發了數顆炮彈之後，西班牙人發了一枚空心彈，表示他們願意談判。薩里斯也發空心彈回應，於是西班

牙指揮官費南多‧貝塞羅（Fernando Besero）派出兩人搭乘掛
了白色停戰旗的小船出海，以瞭解來船是何國籍，船上的人所
為何來。當時下著熱帶的傾盆大雨，這兩名西班牙人置身海
上，卻不願登上「丁香號」，寧可淋得一身濕，也不願被抓去
當人質。薩里斯船上有個名埃爾南多（Hernando）的西班牙
人，那是他從萬丹所帶來的，以便有機會和西班牙人談買賣時
派上用場。埃爾南多認識小船上的兩人，那兩人從埃爾南多口
中得知來船不是來騷擾他們的另一艘荷蘭船，就此放下戒心。
他們划回岸上回報費南多，費南多派出他的首席領航員法蘭西
斯科‧戈梅斯（Francisco Gomes）登上「丁香號」，以表示對
英格蘭人更高規格的歡迎。

　　薩里斯在其日誌裡把戈梅斯形容為「一位儀態不凡、彬彬
有禮之人，告訴我歡迎我的到來，並助我將船駛到最佳的下錨
處」。船停泊妥當，共進晚餐之後，戈梅斯欠身告辭，以便返
回岸上向費南多說明情況，然而費南多無權作主，只能請示位
於附近特爾納特島的上司赫羅尼莫‧德席爾巴（Jerónimo de
Silva）。於是薩里斯把戈梅斯送上岸，「因為沒他的指引，他
們什麼都做不了。」隔天，這位領航員帶著費南多所送食物回
到「丁香號」上。薩里斯回贈禮物，並提議拿食物或彈藥交換
丁香。薩里斯請西班牙人盡快答覆，因為有兩艘荷蘭船一直尾
隨「丁香號」。薩里斯指望西班牙人陷入險境進而不得不找他
合作。西班牙人於七年前（1606）從葡萄牙人手中奪走特爾納
特島，但1607年起，西班牙人即為了保住這座島，與荷蘭人
陷入僵持不下的局面。奪下聖卡塔莉娜號的雅各布‧范海姆斯

凱爾克，早在1601年就來到特爾納特島，但是過了六年，荷
蘭東印度公司才在遠離西班牙人的島上另一側，設立一座有防
禦工事的基地。薩里斯猜測這場長達六年的衝突耗掉了西班牙
人的必需品，特別是彈藥。西班牙人物資短缺，可能就是他打
入香料貿易的機會所在。倘若情況一如薩里斯所設想，赫羅尼
莫可不想讓外人探知虛實。他發了一封信給英格蘭人，而誠如
薩里斯向戈梅斯所抱怨的，那封信「根本只有恭維」和「其他
客套話」。這個行政長官邀薩里斯到特爾納特島做禮貌性訪
問，但隻字不提貿易之事。

　　這一委婉的邀請，間接表示要英格蘭人拜訪之後即滾開，
這令薩里斯氣憤不已。他來此是為了拿彈藥換取他的丁香，做
一筆老老實實的商業交易，他認為這位行政長官太過昏庸，竟
反對這筆交易。戈梅斯想挽回這筆交易，於是解釋道，蒂多雷
島上的丁香存貨已在四個月前被取走大半，但那之後又積存了
同樣多的丁香。只要英格蘭人應對得當，費南多說不定願意在
未請示赫羅尼莫的情況下敲定交易。戈梅斯會再去折衝奔走，
請求薩里斯延後離去日期。薩里斯明白這話中意思：戈梅斯想
得到好處。於是薩里斯和他的高級船員找來戈梅斯之類領航員
所必然喜歡的一些導航儀器送給戈梅斯，果然討得戈梅斯歡
心，但薩里斯開始懷疑對方在耍他。於是他起錨，航行到特爾
納特島，親自拜訪行政長官，結果赫羅尼莫清楚表示他不願意
交易。他說，他想從英格蘭人那兒得到的，就只是幾雙船員
靴。薩里斯免費送去三雙靴子，然後改採他的備胎計畫：航往
日本。

　　1615年第二次英、荷會議，把薩里斯遭荷蘭人阻撓之事列入議題。第一次會議舉行時，薩里斯人已在海上。事實上，1613年4月13日德赫羅特向詹姆斯一世闡述海洋自由的道理那天，正是薩里斯送靴子給赫羅尼莫，示意他將離開香料群島那天。在歐洲，荷蘭人和英格蘭人都不知道特爾納特島外海上所發生的事，但兩年後雙方在海牙第二次碰面開會時肯定知道此事。德赫羅特再度成為場上焦點，主張自《自由海洋論》出版以來荷蘭的立場始終一致。英格蘭代表團舉出薩里斯在海上的遭遇，證明荷蘭人法律立場的雙重標準，主張在貿易上應該是「我們和你們一樣不受限」。荷蘭一方由德赫羅特出面回應。他嚴正表示，合同具有法律效力，那些簽了合同卻又試圖和薩里斯做買賣的人「背信棄義」，不可信賴。恐嚇當地統治者的，是英格蘭人，不是荷蘭人。

　　德赫羅特知道這番說詞完全是捏造。他無論是基於個人立場或法律立場，對布洛克把摩鹿加人稱作「我們的奴隸」一事都很感冒。但德赫羅特是荷蘭東印度公司聘請的律師，必須為他的客戶辯護。因此他祭出有利於他辯護的合同法，主張「凡是已得到另一人承諾要送交某些商品者，都有權阻止許諾者把它們送交別人」。從最刻板的法律觀點看，荷蘭人只是在履行合同。這事和海洋自由毫無關係。

　　德赫羅特的今日粉絲，把第二次會議當成他們英雄的生涯低點。他可能曾藉由搬出合同法來表明荷蘭人依法有權將英格蘭人拒於其勢力範圍外，但事實上，荷蘭人能將英格蘭人拒於門外，靠的是使當地人淪為形同奴隸一般，而且那完全是靠武

力來遂行並維持。范伊泰蘇姆推斷，對於荷蘭東印度公司合同
的真正本質，德赫羅特可能頗為相信公司的說法。「從原住民
的角度看，這些合同絕不是自願簽訂的協議，而是削弱他們主
權與自決的殘酷規定，」她寫道；「他手中所能自由運用且具
同樣說服力的反面證據，就和他在薩里斯遠航摩鹿加群島一事
中所擁有的反面證據一樣少，一樣不好懂。」這一看法使她做
出更不客氣的推斷。荷蘭東印度公司是掛羊頭賣狗肉，表面上
是經濟性事業，其實是為服務政治、經濟考量而存在，其牟取
貿易利益主要是為了政治、經濟目的。誠如她所說的，德赫羅
特「著名的貿易自由、航行自由懇求，似乎只是荷蘭東印度公
司赤裸裸牟私的遮羞布」。但這作法奏效。荷蘭人保住他們在
香料群島的支配地位，英格蘭人只能在他們所能找到的小塊且
最終無利可圖的地方奮力開展自己的天地。最終英格蘭人會轉
向南亞尋找發財機會，而把東南亞留給荷蘭人。

　　約翰・薩里斯於1613年6月9日抵達日本南部海岸時，意
在尋找威爾・亞當斯（Will Adams）。亞當斯於1600年漂流到
日本，是搭乘某艘荷蘭船橫渡太平洋而倖存的少數幾人之一。
他是第一位抵達日本的英格蘭人，在此後直到薩里斯抵日這十
三年期間，他獲得剛一統天下的幕府將軍德川家康重用，並對
日本周邊海域有了深入瞭解。英國東印度公司認為他是開啟
英、日貿易的最佳利器，而亞當斯果如他們所料，樂於助他們
一臂之力。亞當斯已完全融入日本社會（娶了日本女人並生了
孩子），不只能安然航行於日本沿海，還能悠遊於複雜的日本

政治、社會環境，代表該公司與從鄰居到幕府將軍的每個日本人談判。事實表明他也是個厲害的船長和領航員，後來成為該公司職員，駕著該公司的戎克貨船沿著中國海岸南下。*

　　薩里斯抵達時，亞當斯不在平戶港，但該地另有一些歐洲人。透過他們，他獲得引見給平戶「大名」（領主）。透過這位大名，薩里斯被引見給在日本活動的資深中國籍商人李旦。在薩里斯的日誌裡，李旦之名首次出現於1613年6月16日這一天，即薩里斯抵達平戶的六天後。日誌中說薩里斯想設立商館，而商館用地可能可以從李旦那兒租得。薩里斯在日誌中稱李旦為甲必丹安達斯（Captain Andace），說他是「中國僑民的首領」。甲必丹安達斯和薩里斯交情不錯，因為在一個月後的日誌中他再度出現，說他與薩里斯打賭，英格蘭人尚未見到的那位神祕的船難生還者英格蘭籍領航員威爾‧亞當斯會在四天內現身。隔天薩里斯就輸了這場賭注，而他樂於當個輸家，因為從此他就有一個會說英語，且能幫他搞定為東印度公司在這裡設立商館這件棘手事的英格蘭人。

　　在薩里斯筆下，李旦被稱作安達斯，但留在平戶的英格蘭人叫他安德烈‧狄提斯（Andrea Dittis）。多虧平戶商館館長理察‧考克斯的日記，我們得以知曉這人的生平和時代。這部日記僅存的部分，始於1615年6月1日。考克斯在那一天的日記

---

\* 「戎克」（junk）指的是平底而無深龍骨的船，用來載運人員或貨物，通常人貨同時載運。這個名稱來自馬來語的jonq，與英語中已存在的航海詞語junk（不再適合充當索具的已磨損繩子）同一個字。

上不只提到狄提斯這名字，還提到他兄弟甲必丹華（Captain Whaw）的名字。考克斯送了一根金條給甲必丹華，作為他么女的洗禮命名禮物。這些怎麼看都不像中國人的名字，但日本歷史學家岩生成一已解開它們的謎團。Dittis是日本九州人對中國人名李旦的讀法（Di＝李，ttis＝旦），Andrea則是葡萄牙人替他取的天主教教名。Whah（他有時也被稱作Whowe）應該是Huayu的訛誤：這是李旦的兄弟李華宇。

李氏兄弟來自泉州，泉州則是福建省兩大沿海城市之一，貿易商和苦力從這兩個城市出海，進入東亞的貿易網。李旦年輕時到馬尼拉（西班牙人在亞洲的貿易基地）闖天下，掙了一筆錢（或者說考克斯這麼認為），但1603年西班牙人大屠殺馬尼拉華人之後，李旦被迫離開，逃到日本。英格蘭人抵日之前，他已在日本住了九年。李氏兄弟比薩里斯年長，大概也比考克斯年紀稍長。薩里斯來到平戶時年約三十四，考克斯則已到了當時算高齡的四十八歲年紀（他在人生晚年踏上這段遠航之路，乃是因為他在英格蘭經商失敗）。李華宇死於1619年，李旦於1625年去世，都死於自然原因，因此或許可推斷他們兩人於1613年時年紀都在五十歲上下。他們在日本九年期間都闖出了一番事業。「丁香號」駛進平戶港時，李氏兄弟已是日本南端數百位華商的領袖。兩人在長崎都有住所，但李旦的事業主要在平戶。當時葡萄牙人已在長崎通商，荷蘭人則會在德川幕府閉關鎖國後落腳於長崎。平戶也是當時荷蘭人、英國人的貿易基地。

在中國海域活動的商人，個個都想進入中國，但明廷無意

對他們開放大門。北京朝廷認為對外貿易只能當成外交活動的
附屬品。外國使節若來京獻貢，就可做買賣，而且只能在官方
監督下做買賣。有時，明廷覺得邊疆安全無虞時，可能會放鬆
對外貿易限制，但海疆鮮少平靖無事。有太多未經官方許可的
人士，特別是日本人，在沿海活動，明廷覺得海盜和走私防不
勝防，乾脆全面禁絕私人貿易。而此舉通常適得其反，使海盜
和走私更為猖獗。

　　李氏兄弟所提供的服務，就是進入中國的管道。他們在福
建省境內有商界、官場人脈，或者說他們對外如此宣稱，因
此，只要找對人賄賂，就可打開在該地貿易的後門。中國是李
旦手上最好用的一張牌。只要平戶的荷蘭人、英格蘭人在中國
境內除了李氏兄弟再無別的人脈，藉由要這些歐洲人乖乖花錢
請他們打通關節，他們就能撈到錢。萬曆皇帝將不久於人世的
傳言（直到1620年夏，他才如了他疲累子民的願與世長辭），
使外界更加相信他的海禁政策將會跟著人亡政息，一如五十年
前他的父親登基為隆慶帝後，撤銷海上貿易禁令那般。如果李
氏兄弟能早早做好關係，屆時就能乘著新貿易潮大展鴻圖。如
果屆時朝廷政策未變，皇帝換人後，前朝官員也可能跟著遭到
免職，而這仍是李氏兄弟所樂見。如果朝中人事真的更替，屆
時外商得賄賂新皇帝所任命的新一批官員，而李氏兄弟就可趁
機要他們的外商夥伴付另一筆錢疏通新官員。就是在這些情況
下，英格蘭人的平戶商館為了追逐虛妄的對華貿易，砸了數年
的錢。

　　李氏兄弟有老實交代他們的開銷或是有成功的把握嗎？如

果能打開對華貿易大門並擔任英格蘭人對華貿易的唯一代理人，他們肯定財源滾滾。李旦多次向考克斯保證，他很重誠信，如果事情沒辦成，絕對會全數歸還考克斯給他的錢。但事實上，他辦成此事的機率非常渺茫。北京朝中的某些大學士主張，開放海上貿易是掃除海盜和該地區貧困的法門，但朝廷憂心沿海地帶會起亂子，加上皇室不想失去原由其獨占的關稅收入，使得沿海地區才開放一年多就再度封禁。禁制令讓懂得如何規避禁令者得以撈到好處，而朝中局勢紛亂則為李氏兄弟之類的中間人提供了撈錢的良機。

考克斯掌理英國東印度公司業務的積極但可能流於躁進的作風，把他與李旦的關係推到更野心勃勃、更耗費資金的程度。從贈禮、貸款、小型貿易漸漸升級為以進入中國市場為目標的夥伴關係。1617年開始，考克斯以兩成利息為條件，出借高達2000兩銀子的錢給李華宇一年，並以同樣條件借給長崎的另一位華商1000兩，從而把自己的前途與李氏兄弟牢牢綁在一塊。後來還得再砸錢，因為12月16日，前述借款的還款日快到時，李旦帶著禮物和他兄弟李華宇的信找上考克斯家，信中對還款之事隻字未提，反倒要求考克斯再給1000兩銀子，「用於搞定在華貿易之事」。兩兄弟承諾「不管有沒有辦成，都絕對會對此事做出交代」。李旦還要考克斯把幕府將軍送給他的最大件袍服交給他，拿去疏通中國官員，再度堅定表示對於這次付出，「他（也）不會忘了給你交代」。隔天考克斯交給他兩件上好的袍服，但等到平戶大名償還積欠考克斯3000兩銀子的部分欠款，考克斯才得以送上李華宇所要的銀兩。那天早上更晚

時，某艘就要前往暹羅的英格蘭戎克船上的日本官員，以需要
錢在暹羅買木頭為名，向考克斯要錢。他知道對方拿了錢不會
去買木頭，但最後還是給了65兩銀子，因為他若不給錢，那
艘戎克船就不出海。考克斯在那天的日記末尾以惱怒的口吻寫
道：「上帝保佑我脫離這些人的魔掌」。

　　赴暹羅貿易是次要業務，赴華貿易才是主要目的。考克斯
寫了封信給倫敦，日期注明為1618年2月15日，信中說他很
看好中國的冒險事業。他做這番表示，原因之一是為了回應他
所收到的兩封詹姆斯一世致中國皇帝的信，一封態度友善，另
一封則語帶威脅。英國東印度公司在萬丹的中國籍翻譯膽戰心
驚，不敢把它們譯成中文，生怕犯了對明朝皇帝大不敬的殺頭
罪。考克斯則開心回報道，「我們的中國友人」——李氏兄
弟——覺得是小事一樁。他們「不只會把它們翻成中文，還會
把它們交到你們所要交付的人手上」。但其實只送出態度友善
的那封。他委婉提醒倫敦，語帶威脅的信不管用。李氏兄弟以
篤定口吻告訴他，「對國王用強無濟於事」。

　　李華宇兩年後去世，考克斯興致不減，因為他仍深信李華
宇在世的兄弟會「向倡議者證明，把貿易帶進中國是何等快意
的事」。他寫道，李旦強調「事情已經搞定，並說他的一個親
戚就要帶著御賜的通行證離開中國，承諾只要我們有船要進
去，他就會親自和我一道去」。晚至1621年1月11日，考克斯
還以月息2%為條件，再往這筆買賣砸了1500銀兩（據說是為
了配合李旦自己出的1500銀兩而拿出同樣的數目），「以搞定
在中國自由貿易之事」，李旦並保證如果事情沒辦成，這位中

國甲必丹會連本帶利全數償還借款。李旦的確於1622年12月給了考克斯2000兩銀子，說他原本是要拿去償還他的部分債務，但為了讓平戶大名高興，不得不把這些錢給他。每一次的承諾似乎都是為了補償前一個承諾，使下一個承諾顯得可靠。但投下去的賭注從未回本。

　　數百年來，一直有讀者很喜愛船長約翰・薩里斯、商館館長理察・考克斯、漂流到日本的英格蘭籍領航員威爾・亞當斯三人的故事。詹姆斯・克拉維爾（James Clavell）認為亞當斯的遭遇是很好的創作題材，據此寫成長篇小說《將軍》（*Shogun*）。歷史學家看待這些冒險家的真正作為時，則沒這麼宅心仁厚。他們檢視平戶商館的工作成果和浪費無度，認為那說明了該商館未把握住機會，未取得什麼真正的成就。如今大家一致認為，那位中國甲必丹占了考克斯便宜。對此，我倒沒那麼篤定。英國東印度公司於1623年關閉其平戶商館時，該館的確留下高達12萬8218兩銀子的壞帳，其中6636兩銀子是李旦所欠。考克斯來到位於巴達維亞的地區辦事處時，受到公司嚴厲責難，但巴達維亞把他的功過交由倫敦總部裁定。

　　裁定從未做出。1624年3月27日，考克斯在返回英格蘭途中，死於海上，死前非常痛苦，但死因不明。英國東印度公司勾銷損失，結算他的財產（值300英鎊）。就貿易商來說，奮鬥一輩子只賺這點錢實在是失敗。早在1620年代，考克斯就提醒倫敦，公司的日本商館不可能獲利，他本人從這個商館賺不到錢。誠如他直言不諱表明的，如果「情況未能改善，離開

英格蘭時就是個窮光蛋的我，也將一貧如洗地回國——如果閣下毫不顧念此事的話」。1626年11月24日，公司董事會開會商議考克斯兄弟請求承繼他財產之事時，諸位董事認為公司完全沒欠考克斯錢：「董事會講述了他的兄弟（理察・考克斯）傷風敗俗的行為和他在日本的惡劣表現。他在日本生活那麼久，行事始終違背公司意向，且花了4萬英鎊的錢，卻從未把錢還給公司，反倒以沒必要的浪費，花掉交到他手裡的任何錢。」

　　這段話裡的損失金額有誤，實際金額大概只有他們所說的十分之一。但最後，公司還是把考克斯的財產轉讓給他兄弟。對他們來說，這筆錢猶如九牛一毛。同意他的請求，對公司的形象更好——儘管同意之前他們不假辭色地斥責了考克斯。會議記錄裡引人注意之處，乃是指控考克斯「傷風敗俗」。不管薩里斯從欣賞其所收集的色情書籍、版畫中得到何種間接樂趣，考克斯則是想辦法從本人實作中獲得直接樂趣，至少東印度公司的諸位董事如此認為。考克斯在日記中小心避談他個人的事，但偶爾還是不小心說溜嘴。例如，他提到1616年9月8日趕赴平戶某商人家晚宴，宴席結束時，主人派發給每名賓客一個女人，而那些女人都曾在當天晚宴上唱歌跳舞助興。日記裡其他地方幾乎見不到這類情事的記載。我們不知道他幹了什麼不體面的事，也就無從確認該公司的指控是否為真。

　　但翻讀他的日記多次之後，有個女人的名字開始重複出現。考克斯於1615年8月2日首度提到馬婷佳（Matinga），那是他殘存日記裡開始記載後一個月的事。他提到那天給了她6兩

銀子買米。9月25日，他把別人還給他的2兩銀子給她。12月29日，他給她一塊要價5兩銀子的匹緞和一塊要價1兩銀子的塔夫綢，供她為自己和她的兩個婢女奧托（Otto）、福子（Fuco）做和服。四天後，他寫道「今天馬婷佳進了她的新房子」。1月底，他給了她6兩銀子供她為她的新房子「備辦新年所需的東西」，因為春節就快到了。這類記載每隔短短幾個月就再度出現，猶如流水帳讓人覺得乏味，直到1617年4月22日的記載才讓人耳目一新。那一天，考克斯寫道平戶大名「一年多前叫人告訴我，他會給我一間房子，免房租，即馬婷佳住進去的那間房子，原來一年的房租要約10先令或2兩銀子，但如今他叫人傳話，說不再免房租」。因此，馬婷佳在平戶大名提供給考克斯個人使用的房子裡住了一年多，現在他才必須支付房租。在他的日記裡還出現其他蛛絲馬跡，通常是記帳似的記載。像是他寫到付錢給製鞋匠時，付的是他本人兩雙鞋子和她一雙木屐的錢。但並非每次提到她時都是記帳性質。他離開平戶後，通信的對象中只有兩人在日本境內，一是李旦，一是馬婷佳。

考克斯在日記中不以妻子稱呼馬婷佳，但從這些隨意提及的事情中，隱約透露出她就是他的日本妻子。兩人可能打從1615年前就在一塊，1619年1月9日仍很親密。那天，他提及他送給所有朋友的禮物，其中包括送給她的多種昂貴禮物，例如兩件彩繪屏風，還包括送給她婢女奧托的幾件較平價的禮物。3月2日，兩人的關係畫下句點。奧托藉由透露馬婷佳與別的六個男人有私情，贏得自由之身，她還提出三名目擊證人為她的上述指控作證。犯下這一傷風敗俗行為者是她，不是

他。此後再也沒有馬婷佳的消息。這場婚姻（儘管稱不上明媒正娶）就此結束。

英國東印度公司若知道考克斯在日本有馬婷佳這個女人，大概不會阻止。當時的人普遍認為，被公司派到海外出差的男子，和派駐地的女人有親密關係，乃是無可厚非的事，不管那人在英格蘭國內有沒有妻子皆然。當時的人也普遍認為，這些關係有助於推展公司業務，有助於這些初抵異國的人打入當地社會，使他們有管道取得他們原本可能無法到手的資源。這不是雙重標準，也不是雙重人生，而是因地制宜的雙重身分。那是當時所有人皆予以容忍、甚至鼓勵的安排（或許只有留在家鄉的髮妻不這麼想，儘管這可換來家中的生計）。在平戶，這種事司空見慣，因為考克斯在日記中一再提到其他英格蘭男人的女人，通常是在也得送她們禮物的情況下提及。對於自己有女人一事，他只是不願明說而已。

倫敦既不知情，也不在乎。英國東印度公司所在意的，乃是開拓日本貿易一事失敗了，而且是代價甚高的失敗。約翰・薩里斯當初在該地區各港口收購到的胡椒和其他大宗商品，足夠使他成為頗富裕之人。結果，結束在日本的冒險事業時，送回到該公司的東西只有值1000英鎊的黃金和100英鎊的銀子（後來這批金銀被送到倫敦塔鑄造錢幣）。從財務的角度看，理察・考克斯遺留下的財產是零。

李旦死時的財務狀況更差。他比考克斯多活了一年半，在這期間找上了荷蘭人，繼續做他先前和英格蘭人合搞的那種冒險事業，包括保證與中國的一項交易很快就能敲定。他想打造

一個光明正大的貿易帝國，將荷蘭人、明朝、東南亞串連在一個可長可久的貿易網裡，但在1624年宣告失敗。下一個夏天時，神情落魄且債務累累的他回到日本，死於該地。隔年1月，英國東印度公司駐巴達維亞的代表得悉他的死訊時，向倫敦回報他「留下小筆財產還債，於是由他的債主們分掉，其中有一部分不同種類的貴金屬理當歸你們所有」。這些代表承諾會發一份更具體的公文說明此事，但後來始終未發出。英國東印度公司在平戶已沒有派駐人員，無法追討李旦的財產。但荷蘭東印度公司有人在那裡，比較清楚情況。平戶的荷蘭商館館長向上司報告，李旦沒留下財產償還他的巨額債務，他估計李旦欠了英格蘭人高達7萬兩的債，但英格蘭人連一毛錢都無望拿回。那個數目大概誇大了十倍，用以滿足荷蘭人愛把英格蘭人說得無比糟糕的癖好。實情是那樁冒險事業已經破產，不會再有錢投入那個洞裡。*

　　但這位中國甲必丹的故事並未到此結束。李旦的確留下一項遺產，只是那遺產不是沉甸甸的銀兩，而是藉由控制南海周邊的貿易可賺到錢這個觀念。只要明朝不把中國近海之外的海域納入掌控，只要歐洲勢力無力獨占這個地區的貿易，只要是擁有最精良船隻、貨物、武器和最熟稔該去哪裡貿易、該如何

---

\* 1639年荷蘭人也落得同樣的處境。那一年，巴達維亞（雅加達）的中國甲必丹死去，留下積欠荷蘭東印度公司的龐大債務，該公司一樣追討無門。誠如史學家包樂史（Leonard Blussé）所主張的，這稱不上是侵吞財物。這位中國商人陷入協議和義務的泥淖無法脫身，為了逃出泥淖，他向他貪得無厭的歐洲客戶許下不可能辦到的承諾，結果愈是如此，陷入的泥淖愈深。

做貿易的人，海洋就是任其大展身手的天地。這位中國甲必丹未能備齊上述的貿易利器，但在投奔到李旦船隊討生活、闖天下的諸多年輕人中，有一個人辦到這點。

鄭芝龍是個年輕英俊的天主教徒，從澳門搭他舅父的船來到長崎。面貌姣好的鄭芝龍令年老的李旦大為激賞，因而第一位替鄭芝龍立傳的作家暗示這位年輕人先是成為李旦的愛人，然後才成為他信任的門生。當時福建籍的菁英分子圈裡同性戀很普遍，因此把李旦在為他效力的諸多年輕人中特別提拔鄭芝龍一事，說成是因為兩人為同性愛侶，看來倒也不無道理。不管兩人屬於何種關係，總之鄭芝龍得到李旦的信任，在李旦與荷蘭人談判時，為其得力助手，李旦去世時，年方二十一歲的鄭芝龍接掌他主子的海上帝國。

鄭芝龍與荷蘭人合作，並經營他自己從馬尼拉到日本的貿易網，藉此控制了南海周邊大部分的貿易活動。他差點走上自建政權之路，最後卻縮手，特別是在受明廷招安之後，更是死了這條心，從而使他淪為權力舞台上的旁觀者。1646年，鄭芝龍轉投已在兩年前征服中國的滿人旗下，此後在北京度過餘生，雖然受到豐厚賞賜，卻無疑是清朝的人質。1661年他兒子鄭成功率眾叛亂，鄭芝龍因此慘遭清廷處決。鄭成功是鄭芝龍與長崎女子所生，承繼他父親的海上霸主地位，海上勢力強大到足以發兵攻打清朝。1661年將荷蘭人趕出台灣後，鄭成功建立了東寧王國，踏上自建王朝的第一步。儘管鄭成功隔年便死於瘧疾，但東寧王國在台灣又存活了二十年才被清朝消滅，台灣自此併入清帝國，就這樣成為中國的一部分。

囿於傳統觀念，李旦沒想過要建立一個海洋多於陸地的帝國，但他知道財富的基礎不是看你所擁有的東西，而是在於你能用手中的東西交易到多少東西。他還把這種知識化為個人的優勢。英格蘭人和荷蘭人日後會為了未建立上述帝國付出代價，他也未能幸免，因為他的家族不具備可藉由自身事業來予以壯大並讓他們捱過財務危機的組織。李旦未能想到的（他當然不可能想到），乃是國家可以是私人企業的創建者和保護者。在提倡貿易上，明朝始終興趣缺缺。相對的，平戶和長崎的日本領主，在能從李旦的事業經營中刮取到最好的一塊肥肉時，的確樂於如此獲利，且的確有興趣把他當成非正式的銀行，用以在財政虧損時挹注財庫，但那種不法的賺錢勾當在日本也無法使商業和國家結為一體。

我們不該指望一位在中國海域漂泊的落魄商人能預見到無人可預見的未來。英格蘭、荷蘭兩國把他們的部分心思和許多未來寄託在私人企業上。但不管是東方還是西方，都無人能預見到帝國主義時代的到來。李旦當然料想不到他才死了二十年，他最喜愛的兒子會試圖靠海洋而非靠陸地建立政權。但在歐洲，國家與商業達成聯手的新協議。大部分人傾向於贊成德赫羅特有關海洋為所有人共享的觀念，但就連德赫羅特都可能看出塞爾登更洞悉世局，看出即將上場的戲碼不是自由貿易，而是帝國。

五、
羅針圖

　　塞爾登地圖上最怪的東西是羅針圖。它位在北京正北方長城上方空間的正中央。蒙古境內的柳樹枝條不可思議的垂覆在它上方，西邊同樣不可思議的有棵開花的李樹（圖10）。羅盤本身沒什麼怪異之處。它是標準的中國羅盤，有二十四根指針，每根指針各有一方位名。有點怪的是這張地圖的繪製者竟在這小圓圈的中央處插進「羅經」（羅盤的別稱）這個詞，好似這個圖像就是需要一個標記（而「羅經」一詞的確出自地圖繪製者之手，並不是沈福宗所為）。但這個羅盤之所以顯得奇怪，真正的原因是它不該出現在那裡。中國人繪製的地圖從未擺上羅針圖；塞爾登地圖之前，沒有中國人如此繪製地圖，塞爾登地圖之後，也沒有，要到歐式地圖於20世紀成為主流，才改觀。

　　搭配羅針圖的兩樣東西，即它下方的一根尺和它右邊描出邊框的一個空白矩形，使這個羅針圖更顯怪異。這根尺似乎代表中國的一尺，因為它上面的刻度為十寸百分，而十寸為一尺。這根尺是否作為比例尺並不清楚。明末時中國一尺的長度不到32公分，但這張地圖上的尺長37.5公分。總之，中國人繪製的地圖從未標上比例尺。照傳統體例，不管是尺還是羅盤，都不該出現在這裡，但它就是出現了。至於那個空白矩形，該怎麼解釋？它看似某種用來框住標題的框，但中國的地圖繪製者沒有這種習慣。他們為地圖下標題時，通常把標題橫擺在地圖上端，而非把標題硬生生插進地圖的空白處。倒是偶爾會插進加框文字來說明某事物，在塞爾登地圖上，就有這麼一個加框文字位在地圖左側（後面會談到），但框一向是用單

線，而非雙線。

如果中國人繪製的地圖通常不會出現這三樣東西，那麼它們在此作何用途？

首先，不妨把這地圖上的羅盤擱在一旁，先來談談一般的羅盤。我認為，若說本書裡的人物個個都有至少一個羅盤，應不算離譜。約翰‧薩里斯有數個羅盤。他與蒂多雷島的西班牙人談買賣時，他和船員都認為該送禮巴結西班牙領航員法蘭西斯科‧戈梅斯。因為這段插曲，我們才得以知道薩里斯有數個羅盤。「丁香號」船長獻出用來測定船速的半小時沙漏和半分鐘沙漏各一只，用來顯示陸地、海洋分布情況的半球地圖一張，用來測水深的深海測深錘一個。理察‧考克斯捐出一個「用來觀察太陽」、測量其角度以斷定緯度的四分儀。薩里斯也給了戈梅斯一個四分儀，還給了一個航海羅盤。這艘英格蘭船所配備的這類導航設備，顯然很充足。

不管是法蘭西斯科‧戈梅斯，還是約翰‧薩里斯，都不可能知道海員的羅盤是中國人所發明：中國的水手至少10世紀起就在使用航海羅盤。他們也不可能知道羅盤經波斯領航員之手傳入歐洲。波斯領航員於13世紀，甚至更早時，從中國人那兒取得這一航海器具，然後傳給地中海的海員。他們所可能聽過的唯一一件事，乃是中國人認為羅盤指向南方而非北方。中國人把羅盤又稱為指南。南、北位在同一個軸線上，因此，要以哪個方向為那個軸線定位都沒差。他們當然不會知道中國人把天然磁石投在占卜盤上預卜未來，從而頭一個利用了磁化

物質與地球磁場對齊的特性。他們大概也不會知道把磁石擲在占卜盤一事，預示了後來象棋、骨牌的發明，以及最令人料想不到的紙牌的發明。這一複雜的歷史由鑽研中國科學史的英格蘭籍偉大歷史學家李約瑟（Joseph Needham）首度整理出來，在我十一歲時發表──在那之後許多年，我才途經友誼關離開中國，然後在他身邊當了兩個夏天的研究助理。

羅盤很管用，但光靠羅盤無法讓海員安然通過陌生水域。對當地水域的瞭解不可或缺，為此，需要一名領航員。薩里斯遠航期間數次體會到這一需要。平戶港的入口得小心行駛才能安然通過，第一次來平戶的「丁香號」，若沒有當地領航員引導，大概無法駛進該港。因此，他在港外挑了兩個漁船船長，由他們帶路入港。對日本漁民來說，這工作做來駕輕就熟，讓他們輕鬆賺得30兩銀子的豐厚報酬和一天的食物。這類服務並非全出於自願。1613年1月31日，「丁香號」接近西里伯斯（Celebes，今蘇拉威西）島周邊的危險水域時，薩里斯趕上從馬來半島東部的北大年往西里伯斯島東邊安汶島（Ambon Island）行駛的兩艘運輸船。他登上較小的那艘，「把船長抓上船，帶我通過海峽。」隔天，他把那人釋放到較大那艘船上，給了一條白棉布作為回報，還交給那艘船的船長「一封信，請他以後碰上英格蘭船時一樣給予協助」。

歐洲商人對亞洲本土領航員的依賴，可能令他們不安。英國東印度公司踏足這些海域的頭幾年，大部分用中國籍領航員。這有一部分是因為他們認知到中國人支配南海周邊的貿易。那也是經過算計的政治投資。考克斯在寫給駐北大年的公

司同事的一封信中即透露此點，勸他「利用中國人時始終帶著
和善、尊敬之心」。他的建議建立在一項最高的前提上：公司
想進入中國。該公司在亞洲的整個策略，就以此為樞紐。該公
司要求與中國直接通商，考克斯不希望自己同胞帶給中國人拒
絕此要求的藉口。誠如他私底下向位於北大年的同胞所說的：
「有人清楚告訴我，中國皇帝已派遣間諜到世界上有英格蘭
人、荷蘭人、西班牙人、葡萄牙人做貿易的所有地方，以瞭解
他們的行為舉止和他們對待中國人的方式。」中國朝廷施行重
大的敵情刺探計畫一說可能有些牽強，但歐洲人打算和中國做
生意時所碰上的無窮無盡難關，和在打開中國貿易大門上的毫
無進展，助長了這類猜疑。考克斯亟欲在對華貿易上有突破性
進展，不希望發生任何風波毀了此事。他提醒派駐北大年的人
絕勿洩漏此事，以免中國人發現英格蘭人已知道他們的密謀。
他在信尾嚴正表示，「我在信中告訴你的這件事，不是胡說八
道，而是千真萬確，絕對不可向外透露。」

　　明朝的領航員一直以來名不見經傳。我從未在17世紀初
期的原始資料裡找到法蘭西斯科・戈梅斯之類角色的中國人。
中國商人不讓外界窺知他們的經營活動，因而使今日的我們無
從瞭解那些人。船東大概會在帳簿裡記載領航員的工資，但生
意人極為小心保管帳簿，不讓帳簿脫離他們的掌控。他們不准
競爭同業窺知自己公司的財務狀況，更別提讓稅務官員知道。
就我所知，18世紀前發跡且至今仍在經營的商行，除了一家商
行，其餘皆未留下帳簿，至於貿易商行，則完全沒有帳簿存

世。我們叫不出一個明朝領航員的名字，原因在此。他們沒有留下關於自己的文字記述，保管官方記錄者始終搜尋不到他們的資料。

　　但有個人非常熱愛海洋，著手收集關於船隻、航路、羅盤、領航、駕船技巧和科技裝置的大大小小資料，1617年時還將所有資料編纂成書，且可能在次年出版。張燮既不是領航員，也未做過船長。他早期所走的路並未將他引向海洋。過去，凡是家境經得起、無需兒子幫家中幹活的人家，都要兒子讀書，以考取功名，走上仕途，他也不例外。他小時候就被決定了未來要走的路，即飽讀儒家典籍，參加科考。這一人生道路始於他家鄉漳州府龍溪縣（福建省最南端的府治）；之後要往北到省城福州；最後則要離開該省，走上一條光明但擁擠、以北京為終點的道路。張燮上福州應試，1594年如願中舉。但通往北京之路太窄，他無緣考上進士。他的功名之路便就此止於舉人。舉人資格已夠讓他在文官體系裡覓得下層官職，或許當個縣丞（縣長副手），但出路比不上進士。

　　該家族另一分支的高祖父考取功名，官至侍郎，但他的子嗣在仕途上無人更勝於他。張燮的父親張廷榜於1572年中舉，從而有資格當上知縣。他在官場上表現出色，獲擢升為同知（知府副手），但他不願巴結知府，因而三十出頭歲就慘遭免職，官場生涯就此告終。張廷榜只得回家鄉龍溪居住。他被迫退休後的人生，我們只能從某部福建雜記中的一則簡短生平布告中得知一二。這則短文記載，他在漳州開元寺的西區有個住所，他稱之為風雅堂，1601年他把風雅堂闢為詩社的聯誼聚

會之處。該短文也告訴我們他喜歡船，因為他最後住在船屋，在他家鄉的河流上度過餘生。

我們不該對人名賦予過度的解讀，但人名的確有其意義。廷榜意為「朝廷公告」，燮意為「和諧」。如果說兩個名字暗寓了某一家族走向的轉變，則這對父子的名字就是如此。張廷榜的上一代明顯希望他入朝為官，但張廷榜未強迫兒子走那樣的路。張燮二十歲年紀輕輕就通過省級考試，卻無意走父親那樣的路，無意為了仕途而放棄自己的理想。他四處旅行，遊遍中國名山，與當時某些最有影響力的人士來往甚密。凡是大人物都認識張燮此人，把他當成朋友。一回到漳州，他即自號濱海逸史，轉而開始寫作。他一生共出版了十五本書，以詩作居多，除了一部令人驚艷之作，其餘皆已佚失。若非有這部著作傳世，他大概會完全為後人所遺忘。

《東西洋考》是目前所知記述中國人在南海海上活動的唯一著作。書名嚴肅且具學術味，卻是當時最出色的著作之一。海澄（漳州的海港）知縣想對以月港入口處圭嶼上的燈塔為起點，往外延伸到世界的海洋活動有所瞭解，於是委請張燮寫成此書。「圭」是種古玉器，象徵帝權，上圓下方，如天、地的形狀。這位知縣和其他官員一樣無意於出海闖蕩，但得瞭解該縣一半縣民去的地方和他們抵達那地方時所做的事。張燮本可以馬馬虎虎寫個東西交差了事，卻把這差事當成一件大工程，為此投注無限心力，親自到碼頭採訪相關人員並翻查檔案，以取得所需資料，完整呈現這一海上世界。若非熱心的漳州府官員鼎力支持，這本書可能會無緣完成並出版。誠如這位官員在

為此書所寫的序中所指出的，海澄是個「水國」，其「朝夕之，皆海供，酙酢之，皆夷產。閭左兒艱聲切而慣譯通」（白話譯文：日常用品皆來自海外，奢侈品皆舶來品，才剛會講話的村裡小孩就能翻譯外語）。中國沒有哪個縣像這樣，因而有必要將此情況記錄下來，以說明此縣和海上世界關係緊密的程度。

　　我認為張燮是精力十足之人，但要瞭解此書的作者並不容易。他行文淺顯易懂，但偶爾也寫出典雅的字句，表明他喜愛舞文弄墨。他直抒自己所好，未隱瞞令他惱怒之事物，痛批昏庸的檔案保管員和散漫的官員，鄙視那些想以海洋為主題卻因缺乏直接經驗而寫得一無是處的人。張燮未透露他自己是否做過比他父親的船屋更具挑戰性的水上事物，但的確表示他花了不少時間與海澄的船員交談，以盡可能實地瞭解航海活動。他也以開放包容的心態看待外國人。有人質問他，日本人、荷蘭人之類外人令人厭惡，為何他這麼抬舉他們，把他們列為寫作題材，他回道他的用意並非如此。他想寫那些阻撓商船的人，而那些人剛好是日本人或荷蘭人。關注的重點應該在人貨的流通，而非民族身分。他若得知德赫羅特的海洋自由論，大概會大表贊同。

　　張燮把他最高的讚美給了人稱「火長」的船員。「火長」即是今日所謂的領航員。這個職稱讓人覺得突兀。李約瑟推測，如此取名與只准船隊的領頭船帶火有關，而領航員就在領頭船上。我認為恐非如此。中國的載貨戎克船通常不結隊航行；此外，一船的船長不帶領航員出海太不合理，即使該船與

他船結隊航行亦然，因為他的船可能和其他船分開。

　　讀到威廉·丹皮爾（William Dampier）自傳的某個段落時，我想到了更站得住腳的解釋。這位會在本書的跋裡再度出現的英格蘭海盜，有次上了一艘中國戎克船，並以極為正面的口吻描述他的所見所聞。他寫道，「這艘船的船頭和船尾皆為方形平底，但船頭或者說前部沒船尾那麼寬。甲板上有形似茅舍的小草屋，上覆蒲葵葉，拔起約3呎，以便讓海員鑽進去。」甲板下面一向狹仄的船上空間，其布局和安排則令丹皮爾更為嘆服。「棲身處分割為許多小隔間，每個隔間都密實嚴封，如果有哪個隔間出現漏隙，水不會跑到別的隔間，因此，除了漏水那個房間底部的貨物受損，不會造成什麼大傷害。」這裡也是跟著自己貨物上船的商人的棲身之處。「每個房間歸一或兩個商人所有，或更多商人所有；每個人把自己的貨物擺在自己房間；如果商人上船押貨的話，大概就住在自己房間裡。」在甲板上，桅杆和索具令丹皮爾擊節讚賞。主桅「讓我覺得和英格蘭三等戰艦桅杆一樣粗大」，而在英格蘭的戰艦分級制度裡，三等屬於高等。他寫道，它「不像我們的船桅那樣靠拼合而成，而是用一棵長成的樹製成」，並說：「我去過那麼多地方，從未看過像在中國戎克船裡所看到的那麼粗、那麼長、且收尖得那麼漂亮的單棵樹幹桅杆。」

　　參觀的尾聲，丹皮爾把頭探進船尾的艙房，「那裡面有個祭台和燭火，我只探頭往裡面看沒進去，也沒看到偶像。」丹皮爾知道船上會有神祠，因為所有中國船都設壇祭拜媽祖，水手拜媽祖以祈求海上平安。他所不知道的，乃是這裡就是領航

員存放其羅盤的地方。這或許就是領航員被叫作火長的原因，因為他的職責之一，乃是使祭台上燭火不滅，以免媽祖和其他得到獻供祭拜的神不再關照這艘船，導致水手無力抵禦隨時會危害跑船人的邪惡力量。但或許還有個更簡單的解釋。南方屬火，而南方則是羅盤所據以指出的方向：對中國領航員來說，五行之中就屬火最重要。

　　對於月港船員所賴以乘風破浪的船，張燮同樣讚譽有加。「舟大者廣可三丈五六尺，長十餘丈。小者廣二丈，長約七八丈。」（譯按：一丈約3.3公尺，一尺約33公分。）這些船的建造所費不貲。「造舶費可千餘金，每還往歲一修輯，亦不下五六百金。」如此巨額的投資要不致泡湯，有賴於領航員的本事。張燮證實領航員能推翻船長的決定：「其司針者名火長，波路壯闊，悉聽指揮。」火長的權威完全以知識為根據。「書云有常，占風有候，此破浪輕萬里之勢，而問途無七聖之迷者乎！」而領航員能有如此本事，主要倚賴羅盤。張燮寫道，海員

> 賴此暗中摸索，可周知某洋島所在，與某處礁險宜防。或風濤所遭，容多易位；至風靜濤落，駕轉猶故。循習既久，如走平原，蓋目中有成算也。

　　實際航行時並不如他筆下所述那麼容易。要推斷船所在位置，得知道船的航向和航速。航向不難斷定：靠羅盤就可查知。中國的領航員得每隔20海里就查看方位，在船首和船尾都拿羅盤測定，以免單單一次測出的結果不實。航速則較難斷

定。把距離除以時間能算出航速，但在海上，距離和時間都無
法精確測得。藉由追蹤太陽在天上的移動，或藉由燃燒固定數
量的香，且該香的燃燒速率可確定，才能約略算出時間。船一
旦航行到不見陸地的茫茫大海上，距離就是更大的難題。為建
立一體適用的計算基準，明朝領航員估計船隻於一又四分之一
更的時間裡能航行五分之四「站」的距離。更為計時單位，一
天二十四小時畫為十更，「站」則是航程單位，約合30公里。
在那樣的速度下，船隻兩小時二十四分鐘能航行24公里，也
就是約15海里，航速為6.25節（每小時6.25海里）。*領航員從
船頭處將一塊木片（歐洲海員所謂的測速木〔speed log〕）丟
入海裡，以和它一樣的速度走到船尾，然後將所花的時間乘以
某個特定距離（一「站」）和船身長度之間的比例，藉此可調
整其所估的航速。如此計算出來的結果並不怎麼準確，因為船
隻易受潮汐、海流、長浪影響，這三者的其中任何一個都能使
實際航行距離的測量失準。

　　拉里拉雜講這麼多，意在表示光靠羅盤不足以安然航行過
無邊無際且難得一見標記點的大海。為填補這一知識空白，領
航員求助於說明航路的書面記錄。這些記錄以多種形態呈現，
從條列重點的筆記、粗疏的簡圖，到完備的海圖，不一而足。

---

\* 學界推估的航速一般在12至20節之間，比我所估計的6.25節高。僅憑個人
有限的航行經驗，我就覺得他們推估的航速不靠譜。寬平底戎克船以6節速
度航行最為理想。歷史學家向達在為其版本的《順風相送》寫的引言中認
為，用所花的時間算出真正的距離時，一更的航程可能短至31華里，約10
海里，意即航速約4節（更多說明見頁228）。

約翰・薩里斯把這些書面記錄稱作platt或plott。如今那已是過時的用法，但在plotting a course（標繪出船舶航線）這個短語中仍可見到該用法的痕跡。薩里斯在其日誌裡多次提到它們，通常是為了抱怨它們的不精確。更有意思的是，薩里斯後來收到一封親戚愛德蒙・塞耶斯（Edmund Sayers）寄來的信，信中描述從暹羅搭船到平戶的艱辛旅程。他所搭的戎克船，中國籍領航員本事不佳，又病重到無法「爬出他的艙房」，塞耶斯不得不在對船隻所在位置一無所知的情況下接手。後來他發現船上有個廚子有他所謂的一份舊platt。他能大體看懂這份platt，藉此得以定出方位，在僅有五人能上工的情況下，把船於六天後帶到日本。

說明航路的書面記錄，存世者寥寥無幾。真的留存下來者是航路指南：英格蘭人稱之為rutter；葡萄牙人稱之為portolano，字面意思為「海港一覽表」；中國人則稱之為「針經」（意為「羅盤使用手冊」）。這些手抄文獻提供領航員從甲點到乙點所需的資訊。每條路線從一海港開始，中間標注一連串羅經方位和維持那一方位航行所需的更數，最後止於終點港。針經是秘而不宣的技藝知識，只傳給自己家族的下一代，絕不洩漏給外人，因此，沒有針經原本存世。但明朝時有些針經落入作家手中，他們把針經抄入其他書中。張燮的《東西洋考》就是這樣的書。

張燮《東西洋考》中那長長一節裡的資料（他稱之為「針路」），取自他所能弄到手的幾份航路指南。而如果說航路指南取得不易，要弄懂它們就更為棘手了，因為它們以只有導航

1. 塞爾登地圖

2. 塞爾登遺囑附件摘錄，日期載為 1653 年 6 月 11 日。在遺囑附件中，他指示其遺囑執行人把他那幅「製作於該地的中國地圖」捐給牛津大學，但經證人連署證明為真的那份遺囑副本並未指名這所大學。

3. 約翰‧塞爾登年輕時的肖像畫，可能繪於他三十多歲時。那時，他仍喜歡和班‧瓊森、約翰‧多恩來往，但作為英國首屈一指的憲法專家，名氣日盛。

4. 詩人班‧瓊森中年肖像畫，大約繪於約翰‧塞爾登被詹姆斯一世召見之時。塞爾登早年在倫敦時，瓊森是他交情最深的朋友，而且在瓊森有能力罩人時，塞爾登即靠他保護。

5. 1608年二十五歲的許赫‧德赫羅特（格羅提烏斯）。那時德赫羅特已寫成《自由海洋論》，會於次年匿名出版。他和塞爾登各為其主而辯護，在這過程中成為友好的對手；他們也是彼此最大的欣賞者，兩人惺惺相惜，為現代國際法打下基礎。

6. 約翰‧塞爾登晚年肖像畫。在較年輕時的肖像畫中，他流露出敏感的不確定感，在此肖像畫中，那份氣質消失，代之以較固執、較憤世嫉俗但不失親切和善的個性。

7. 湯瑪斯‧海德是第一位、也是唯一位獲任命為博德利圖書館館長（1665）的東方語言學者。這張肖像畫繪於海德 1710 年退休前不久，出自畫藝平庸且姓名不詳的畫家之手。請注意他右手紙捲上的字，那是幾個漢字。這幅畫掛在該圖書館學院方庭（Schools Quadrangle）中現作為禮品店的房間裡。

The Royal Gift of Healing

R. White sculp.

8.「國王的治病本事」。這幅通俗版畫描繪查理二世藉由名叫「為國王之惡觸碰病人」的公開儀式，替淋巴結結核病人治病。這種結核病，當時稱作「國王之惡」，而歐洲君主藉由把手放在此類病人身上來治病，在當時稀鬆平常。斯圖亞特王朝最後一位做過此事的國王是詹姆斯二世，發生在1687年他最後一次拜訪牛津時。

9. 御用肖像畫家高夫里‧內勒，1687年應詹姆斯二世要求，替麥可‧沈（原名沈福宗）畫了這張肖像畫。這幅畫，俗稱「中國籍皈依者」（The Chinese Convert），係為紀念第一位中國人來到英國一事而畫。內勒的描繪手法刻意標舉沈皈依天主教一事。沈穿著從中國帶來的袍服讓內勒作畫。

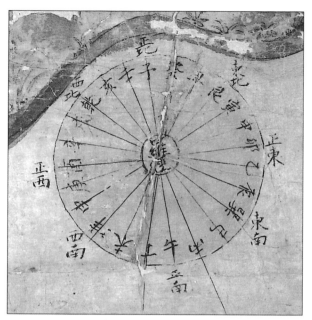

10. 塞爾登地圖上的
羅針圖。

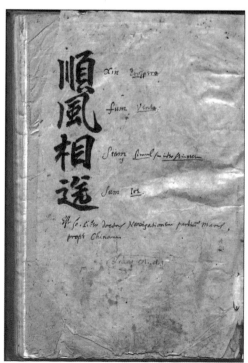

11. 博德利圖書館裡一中文航
海指南手抄本的封面。1638
年威廉・勞德大主教將包含此
著作在內的大批東方手抄本贈
予此圖書館，為紀念他的這一
捐贈，此手抄本如今被稱作勞
德航路指南（Laud rutter）。
中文書名「順風相送」可能是
沈福宗1687年來牛津期間所
寫下。可以確定的是沈福宗在
這四個漢字旁用拉丁字母寫下
其發音：Xin Fum Siam（修正
為 Siang）Sum。書名的拉丁
語翻譯則是於同時由圖書館館
長湯瑪斯・海德完成。

12. 約翰‧塞爾登捐給博德利圖書館的附木蓋中國羅盤。指針以非卡死方式安在羅盤最內圈中央,最內圈周邊標了《易經》的八卦,往外第四圈標了二十四個主要的羅經方位。這只羅盤曾長期外借給阿什莫爾博物館,如今陳列在牛津的科學史博物館。

13. 轉譯為英文的塞爾登地圖,標出地名和路線。大寫字母的地名是當時使用的地名;它們的今日名稱以較小字體出現在其下方。

14. 英格蘭與局部蘇格蘭地圖。塞爾登在《閉鎖海洋論》中附上這張地圖，以說明「國王的房間」（King's Chambers），即英王在大不列顛島沿海水域的管轄區。這張地圖的設計反映了在波特蘭海圖上所使用的更古老地圖繪製風格。波特蘭海圖畫在從多個羅針圖發散出的恒向線網絡上，只標出沿岸地點的名字，且那些地名一律與海岸垂直。

15. 大不列顛與其周邊海域地圖，塞爾登《閉鎖海洋論》所附兩張地圖裡的第二張。這張地圖的設計已揚棄波特蘭海圖的羅針圖、恒向線傳統手法，改為強調內陸的地方。把地名以和視者視角平行的方式印出，也是背離波特蘭海圖手法之處。

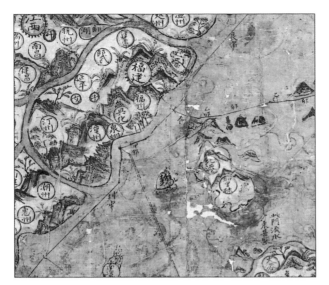

16. 在塞爾登地圖的這個局部裡，福建省南岸外，台灣海峽中的那個小黑點，代表橫跨這整張地圖的路線網的起點。最近的兩個州府漳州、泉州是明朝時中國航海家出海的兩大港口。

17. 塞爾登地圖中的古里說明框，提供從印度西海岸的貿易重鎮古里（用紅墨水圈出處）航行到阿拉伯半島沿岸三大港阿丹（Aden，今亞丁）、法兒（Djofar）、忽魯謨斯（Hormuz，今荷姆茲）的距離和方向。

18. 英格蘭書籍編者和作家撒繆爾・珀柯斯畫像，出現在他的暢銷著作《續珀柯斯的遠行》的書名頁上。這部四卷本旅人故事集，讓大部分英格蘭讀者首度見到描繪中國的地圖（複製呈現於接下來兩幅插圖裡）。史畢德（John Speed）和塞爾登原本是交情甚好的朋友，1617年因史畢德在前一本著作中不小心用了塞爾登的研究成果，兩人才交惡。

19. 珀柯斯這張地圖直接取自荷蘭地圖出版商尤多庫斯・洪迪烏斯的地圖，而洪迪烏斯的地圖則是於1584年抄自地圖繪製大家亞伯拉罕・奧泰利烏斯（Abraham Ortelius）的作品。這三張地圖都具有把中國翻轉呈現的特點，因而北邊位在地圖右邊。珀柯斯認為這是歐洲人所繪中國地圖的一個缺點。他在其著作中附上洪迪烏斯地圖，以便將它和接下來那幅中國人繪製的地圖相比較。

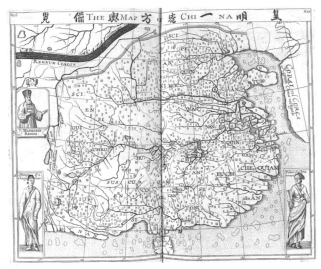

20. 約翰‧薩里斯從萬丹（爪哇）一名中國商人那兒取得這張地圖的原本，那個商人無力償還欠東印度公司的債而以此抵債。薩里斯把這張地圖給了書籍編者和出版商理察‧哈克呂特（Richard Hakluyt），後來此地圖作為遺產轉到撒繆爾‧珀柯斯手中。珀柯斯把它當成正確的中國地圖放進《續珀柯斯的遠行》中，因它是從中國人繪製的地圖原本直接複製過來。原本則早已佚失。

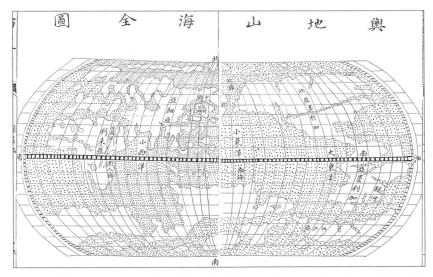

21.〈輿地山海全圖〉。這是中國人製作的副本，原圖於1584年由義大利傳教士利瑪竇（Matteo Ricci）印出。他以亞伯拉罕‧奧泰利烏斯所設的一張偽圓柱投影地圖為本印出此地圖。此圖的一個鮮明特色，乃是畫出橫貫北美洲的一條水道，那是歐洲北部人所冀望找到，以縮短前往中國的航程、避開葡萄牙和西班牙競爭者的水道。

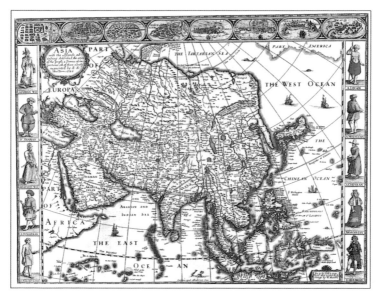

22. 約翰·史畢德做過船員，靠自學成為地圖繪製者和地圖出版商。他於製作其偉大的世界地圖冊《世上最著名地區全覽》期間，在1626年設計並用鏤版印出這張亞洲地圖。次年該地圖冊問世，當時他五十八歲，再兩年他即去世。

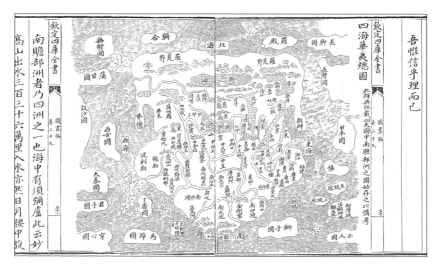

23.〈四海華夷總圖〉，出版於1613年版的章潢《圖書編》中。這張地圖運用佛教的地圖繪製法來呈現今人所謂的歐亞大陸。中國占據此大陸的東南部，以雉堞狀的長城為其北界。此地圖裡中國以外的地方，有許多是憑空想像出來，許多地名是神話中的地名。

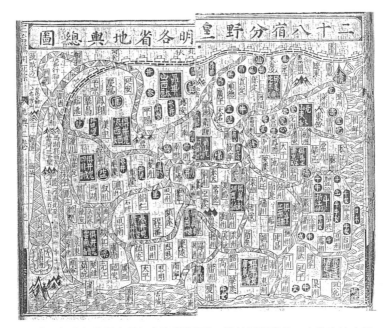

24.〈二十八宿分野皇明各省地輿總圖〉，描繪相對應於二十八宿的中國大地，二十八宿則是中國人所認為支配中國諸地區之配置的星座。這張地圖出版於1599年版的余象斗日用類書《萬用正宗》之中，在民間各地轉印非常普遍。它的內容和塞爾登地圖的中國部分幾乎一模一樣，可能是後一地圖繪製時所依據的資料之一。

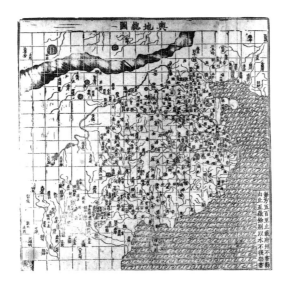

25. 這張中國地圖出現在1555年首次出版的羅洪先地圖冊《廣輿圖》中。第一批耶穌會傳教士抵華時，這本地圖冊被視為標準版中國地圖。他們把副本送回歐洲，歐洲的地圖繪製者吸收羅洪先地圖的特徵，放進他們自己的地圖裡。

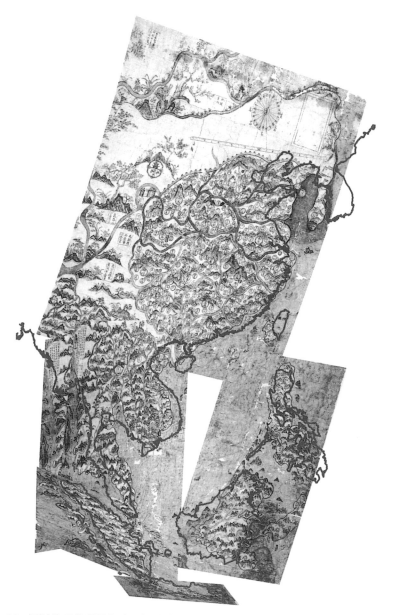

26. 經以地理參照技術處理過的塞爾登地圖。拿塞爾登地圖與其地理資訊系統
（GIS）座標相核對期間，我們發現，當我們把這張地圖拆解為數個區塊，讓
諸地塊與南海脫鉤時，塞爾登地圖繪製者所描繪的地區和真正的亞洲形狀（以
紅色標示）兩者吻合的程度最高。如此調整之後，這張地圖即顯露出以當時來
講令人吃驚的精確程度。

27. 菲律賓東南方棉吉斯島（Miangis）的島民，曾以吉奧洛王子（Prince Giolo）之名在英格蘭為人所知。他遭穆斯林奴隸販子抓走，後於1692年被帶到英格蘭。他布滿全身的精細刺青，使他從王宮到弗利特街（Fleet Street）的小酒吧，都引來眾人的駐足圍觀。他於那年秋天在牛津死於天花，皮被剝下來保存。他的皮掛在通往博德利圖書館那道樓梯上數年，旁邊就是塞爾登地圖。

28. 威廉‧丹皮爾是海盜和私掠船船長，把有利可圖的海軍遠征化為精彩文字，但他在統領這些遠行動上的成就，不如他筆下那些文字那麼受肯定。丹皮爾的暢銷著作《環球新航行》（A New Voyage Around the World），其初版在1697年問世，而湯瑪斯‧默雷（Thomas Murray）就在此書出版前後繪成丹皮爾的肖像畫。丹皮爾在菲律賓時取得吉奧洛的部分所有權，1692年帶他回到英格蘭。

老手才看得懂的簡略文體寫成。張燮抱怨道,「舶人舊有航海《針經》,皆俚俗未易辨說」,因此「余為稍譯而文之。其有故實可書者,為鋪飾之」。他也決意將那些路線重新整理為較有條理的體系。這些資料「不勝破碎,且參錯不相聯,余為鎔成一片。沿途直敘,中有迂路入某港者,則書從此分途,軋入某國,其後又從正路提頭,直敘向前,其再值迂路,亦如之」。張燮很滿意如此整理後的結果,表示「庶幾尺幅具有全海,稍便披閱」(在此,「尺幅」只是個比喻,非指真有一幅尺寬的地圖)。經過他的整理,雜亂的資料化為脈絡一致、條理分明的對東海、南海所有航路的記述。那些內容雜亂無章的原始文獻若還存世,該有多好,可惜都已不存。但有張燮的版本傳世,總聊勝於無。

　　但的確有份海道針經存世,那就是勞德航路指南,即《順風相送》。如果張燮的《東西洋考》差真正出自領航員之手的手冊有一呎之遙,《順風相送》就只差半呎。威廉・勞德於1639年將這份手抄本捐給博德利圖書館(圖11)。《順風相送》和塞爾登地圖這兩件皆屬獨一無二的文獻,最後竟落腳於同一圖書館,似乎太不可思議。但想想,若非棲身於異鄉,遠離它們所記錄的貿易和政治,這份羅盤操作手冊和這張中國海圖大概不可能存留至今。它們可能是一起來到英格蘭,但不同時間抵達牛津,而且它們的身世,我們只能追溯到這裡,再往上就不詳了。我們所能說的,乃是它們被同樣幾股力量帶來牛津:香料貿易、全球海上聯繫、當時學界對東方知識的熱中追求。

　　勞德大主教在同時代人眼中是個頗具爭議性的人物，在他自己看來則是個複雜的人。勞德出身平常人家，原是個獨身的教區牧師，詹姆斯一世當政時，當上位高權重的倫敦主教，查理一世當政時，獲任命為坎特伯里大主教。他為愈來愈不得民心的斯圖亞特王朝效力，職位愈高，就愈堅定支持當政者，甚至擁護詹姆斯一世的君權神授主張。勞德為人精明，天生善於操縱他人，他又太自負，因而不免聰明反被聰明誤。他出身寒微這一點，或許可以局部解釋他的政治野心，但無法解釋他最後為何採取那樣的政治作為。政局急轉直下，導致他於1641年被關入倫敦塔，而凡是較懂得明哲保身之人，面臨那樣的政局轉變，大概都會想好脫身之道。兩年前他把自己大部分的東方手抄本捐給博德利圖書館，以免落入他政敵手裡時，他就已看出將有的轉變。但他野心不夠大，無法放棄為他個人野心提供動力的那些原則，包括國王的神聖性和維護他所領導的教會。三年半後，他會被他所鄙夷的清教徒極端分子砍頭。

　　勞德那令人困惑的結合高深神學和政治野心的作風，使某些人尊敬他，使許多人痛恨他，使大部分人在不欠他任何人情時對他敬而遠之。約翰‧塞爾登就屬於最後一類人。塞爾登不是神職人員，對宗教事務不感興趣，原與勞德毫無瓜葛，直到他第二次入獄，這位大主教選擇力保塞爾登時，情況才改觀。據說勞德與查理一世談定協議，放塞爾登出獄，塞爾登則出版《閉鎖海洋論》作為回報，但這個傳言可能出自勞德本人。從勞德1636年2月2日的日記研判，的確有達成某種協議：「我表明會更用心照顧約翰‧塞爾登，他則答應受我指導；星期五

後一切搞定。」

　　塞爾登可能誤判情勢，以為他能利用勞德，在極力欲獨享大權的國王和主教，以及議會中想要打掉那些特權、樹立自己勢力的共和派議員之間，找到誰也不得罪的中間路線。他們兩人交情的深淺，如今可在牛津的科學史博物館裡看出端倪。約翰·塞爾登到手了兩件用以測量太陽、星星角度以判定所在位置的波斯星盤，兩件都是作工精美的金屬製品。它們的確切出處不詳，但他很可能是在北非取得。他把其中一件當作禮物送給勞德。兩人最後都把它們遺贈給博德利圖書館，只是遺贈時間不同。後來，博德利圖書館把它們借給阿什莫爾博物館（Ashmolean Museum），認為那裡較適合存放文物。阿什莫爾博物館已搬到別處，但這兩件星盤仍放在該博物館原來的館址裡展示，即今日牛津的科學史博物館。*

　　塞爾登與勞德兩人，如果真有友誼的話，那友誼也未能長久。勞德太過擔心英國國教會和他身為教會首席代表的利益受損，且太堅持具爭議性的立場（政治身段較軟的大主教可能會低調放棄的立場）。塞爾登敬佩他身為牛津大學校長的工作表現，尤其敬佩他支持東方學。對於清教的禮儀和教義，他們一致認為它禁不住思辨推敲，道德貧乏。塞爾登曾說：「清教徒要求以聖經來評斷他的言行，但如果他說出真心話，會希望以

---

\* 以下純粹出於揣測：塞爾登有兩件波斯星盤，而把其中一件送給勞德，當年他若擁有一張中國人繪製的地圖和一份中國人寫成的航路指南，會不會也把其中一件送給勞德？

自己的原則來評斷他自己。」勞德若知道塞爾登這番惡毒的評
論，大概會樂不可支。但塞爾登駁斥請神裁奪純人間事務的作
法，而勞德不可能接受他這一立場。塞爾登在《什一稅史》中
推翻支持主教具有神授權利的法學論點，想必令勞德老大不舒
服。

　　到了 1630 年代，塞爾登也在較為實際的議題上指責勞德。
他覺得勞德不該支持不得民心的政策，尤其是不該支持課徵造
船費。查理一世未經議會同意，強行課徵此稅（議會大概永遠
不會同意此稅），以支應在北海和英吉利海峽擴大海軍軍力的
開銷。批評查理一世者懷疑，查理想擁有一支可用來介入歐洲
當時還在打的王位繼承戰爭（即三十年戰爭）的海軍。如果勞
德認為塞爾登在《閉鎖海洋論》中的論點會使查理一世更能理
直氣壯課稅，以捍衛他對大不列顛島周邊海域的管轄權，那他
就錯了。塞爾登認為課稅權完全在人民手上；是人民賦予該權
力給國王和主教，他們才享有那權力。

　　1640 年 11 月勞德寫下他給塞爾登的最後一封信，向他保
證他會說服查理罷徵造船費，但這時，此事已非他所能逆轉。
議會成立一委員會以擬定這位大主教的罪狀書，塞爾登於 1641
年被指派為該委員會一員，儘管他若想躲掉這份對他來講大概
是苦差事的職務，他可能有辦法躲掉。三年後勞德終於被送上
法庭時，塞爾登伸出援手，提供了勞德所索要用以替自己辯護
的歷史文獻。但塞爾登無力阻止情勢發展，隔年 1 月勞德慘遭
處決。塞爾登不同意勞德的觀點，但更不同意處死他是合法伸
張正義之舉。

　　儘管勞德本人並非學者，但他認定學習和為未來保存知識
極為重要。因此，他是個積極任事的大學校長，四處募款，為
興建樓宇籌措資金，出資成立牛津大學第一門阿拉伯語課，還
籌辦捐贈文物給博德利圖書館。他本人就是捐贈大戶，送給這
座圖書館超過千件的手抄本，其中四分之一是東方語言（包括
中文）的手抄本。誠如勞德於1634年所寫道，這些材料含有
「大量知識，非常值得認識且有必要認識」；他抱怨道，沒有它
們，「只有極少數〔學生花〕時間去學習〔阿拉伯語〕或其他
東方語言」。他決意導正這項缺失，於是，有份他完全看不懂
的中文手抄本進了博德利圖書館。

　　《順風相送》這部手抄本，並非哪個領航員工作時使用的
手冊。它是副本，由一位不知名姓的編者將它編輯成如今的樣
貌。那人取得原本，但和張燮一樣決意將它整理一番。此書的
編者在其自序中提出傳統說法：用羅盤找方位的方法，係周公
所發明。周公是周朝初年（西元前11世紀）被高度神話化的
攝政，在中國社會裡被當成完人。然後這位編者解釋道，航路
指南往往內容雜亂，一部分以文字呈現，一部分用畫呈現，有
許多地方牛頭不對馬嘴。於是他著手整理，使之條理井然。
　　只要翻讀這本手冊，很快就會發現《順風相送》是以15
世紀太監鄭和所走過的航路記錄為本編成。鄭和奉明朝第三位
皇帝永樂之命出海，向所有與中國有關的國家，傳達新皇帝已
登基的消息（永樂帝從其姪子手中非法奪取大位，但鄭和不會
透露此一曲折），並且希望那些國家向明朝進貢以表態承認永

樂的帝位。這一外交使命促成1405至1422年間的六次遠航，最初抵達東南亞，接著進入印度洋，最遠抵達非洲東海岸。對於這一發現，我剛開始的反應是失望。我想要的是海上貿易的證據，而非外交使團的證據。事實上，我拿《順風相送》中的航路與塞爾登地圖上的航路相比較，立即發現兩者路線一樣。這一巧合並非因為鄭和艦隊開闢了這些航路供其他人依循，而是因為在明朝期間和其之前、之後，每個人都使用同樣的海上航路。鄭和率領他的寶船遠航之處，不過就是走海路經商的人們駕駛他們的戎克貨船所去到的地方。因此，《順風相送》的內容，大部分是標準的航海知識，那些知識並未因鄭和艦隊走過同樣的航路而有所變動。

　　這一航路指南以一段長長的禱文為開頭。領航員用羅盤測定方位之前都要念上這樣一段，奉請天妃、周公、六位前代仙師和每個曾成功引領船隻過洋的祖師，保佑此次出海平安，載回滿船金珠銀寶。然後說明羅盤使用方法。這不會是我們今日所慣見、以軸支撐指針的那種旱羅盤，而是水羅盤。水羅盤為一只淺盆，盆緣刻有羅經方位點。使用時得先往盆裡注水，然後把指針擺在水面上讓其浮動。約翰・塞爾登深信他已取得一件這樣的羅盤，一如他在遺囑裡指出的：「一件由他們製成並具有他們刻度的航海羅盤」。如果這是如今和塞爾登、勞德分別捐出的那兩件波斯星盤一起陳列在科學史博物館的那個羅盤（圖12），那麼我們可以斷定，塞爾登搞錯了。他的羅盤不是領航員會帶出海的航海羅盤，而是地理師用來替房子或墓穴擇定位置的旱羅盤。航海羅盤浮在水上。

　　這本航路指南解釋道，把水倒進羅盤裡要很慎重。「取水下針，務要陽水，不取陰水。何為陰陽水？蓋陽水者風上危也。陰水者風下厄也。」這段話的真正意義，我不是很確定。這是要領航員用鹹水，不要用淡水，以利於指針浮起嗎？下一步是「下針」：「安羅經，下指南，須從乾宮下。」中國占星術認為地平線上方月亮所行經的球面由二十八宿構成，乾宮就是其中一宿，位在從北方順時針算起315度處。誠如這本航路指南所說明的，「蓋乾宮者乃二十四向之首，夫乾者天之性情，故下針必以是為先。庶針定向，不至浮沉。」這段建議的用意似乎在要人下針時勿將針朝向你所認為正朝向的方向，而應把針擺在南北軸之外的任一方位。這道手續確保針不致被事先就定位，而是自行「找到」那個軸線。

　　使用羅盤時，精確是基本要求。《順風相送》的編者以有點自負的口吻說道，「倘差之毫釐，失之千里，悔何及焉。」他還提供了羅盤使用上的其他一些資訊。他列出日月每個月起落的羅經方位點，也交代了四種計算羅經方位點之間關係的方法。這大概是領航員訓練學徒時用到的古老知識，用以使學徒能在腦子裡迅速算出羅經方位點。這四種方法中，只有一種是今日導航員所懂得的，即這本航路指南所謂的「定四方針法」。它由一組三行字組成，每行四個字，用來提醒領航員如何算出反向點。反向點是與圓周上一點遙遙相對的羅經方位點（180度與360度互反，150度與330度互反，120度與300度互反，諸如此類）。就歐洲羅盤來說，反向點一眼就可看出：只要加或減180度，就能得出反方向的方向角。但在中國羅盤

上，就沒那麼容易，因為中國羅盤的方位點（共二十四個）以名稱而非數值標示。例如北方是子，其反向點，南方，是午。子和午常以相反物成對出現，例如在時辰週期中，零時為子夜，十二時為中午。至於羅盤上其他十一對方位點，要走領航之途者，除了背下它們，別無選擇，於是而有《順風相送》中助記的詩。

想知道中國羅盤體系的運作過程，不妨把自己想像為往正北（即往子位）行駛之船上的領航員。船偏離航線是常有的事，這時你向船長報告，船正轉向癸，即羅盤上往順時針走的下一個方位點，角度為15度。萬一船拐彎過大，過了15度，你會報告船轉向丑，即30度方向。把往北航行的船往西偏，船會朝向壬，即從正北循逆時針方向走的下一個位置，角度為345度。如果船繼續往西轉，超過壬，就來到亥（330度），再來是乾（315度），如此繞圓周一圈，迴轉360度，再度回到正北。

羅經方位點的名稱，中國人非常熟悉，但中國人所熟悉的順序，未必和它們在羅盤上出現的順序一樣。二十四個方位點來自中國的三大傳統排序體系：基數八，即易經中用來卜吉凶的八卦；基數十，即天干；基數十二，即地支。把八卦、天干、地支合在一塊，就有三十個排序符號。羅盤上的二十四個方位點，含有整個地支，且照它們一般的順序順時針排序，但天干中兩個位於中間的符號和八卦中四個符號未被納入羅盤中。這二十四個方位點的排列有模式可循，但它們的整體排序並非憑直覺就可看出，得學習才能掌握。

　　歐洲的羅盤與中國二十四方位點羅盤不同，是以別種方式分割圓周，且自12世紀中國這一發明傳到地中海起，就一直如此。看看西方的羅盤（或者說今日任何地方的任何羅盤），會發現它若非具有十六個方位點（如果是簡單羅盤的話），就是具有三十二個方位點（如果羅盤具有較複雜的刻度盤的話）。怎會出現這一分歧？想想圓周上每隔45度標出的四方（東南西北）和四隅（東北、東南、西北、西南）。這八大方位對中國人和歐洲人來說都非常基本，因而，威爾·亞當斯在1617年航往東京（越南河內）的日記裡最早寫下的漢字中，就包括這八個方位的漢字。把圓分為八等分之後，中國人與歐洲人在把圓更進一步細分上開始出現差異。為取得二十四個方位點，中國人把每個45度區間再細分為三個區塊，每個區塊各以一個漢字代表，例如子或癸。歐洲人則把45度對半分，於是八方位變成十六方位，方位與方位相隔22.5度；再進一步對半分，變成三十二方位，方位與方位相隔11.25度。為避掉不便使用的數字，義大利人為三十二方位各取了名字，每個拜師學領航的歐洲學徒都得能夠照正確順序將它們背出，一如學領航的明朝學徒得熟記中國的二十四方位。按順時針方向背出三十二方位一事，過去叫作boxing the compass（「順報方位」）。

　　除了依序報出各自羅盤上的方位，中國人和歐洲人還各依序報出兩種羅盤方位，一種供航行用，另一種供他用。約翰·塞爾登在遺囑裡將他的中國羅盤贈予牛津時，他以為那個是航海羅盤。刻度盤周邊標記的方位點數目，卻表明那不是航海羅盤。塞爾登的羅盤可見到標準排序的二十四方位點，但每一對

方位點都另外配上四個方位點，於是總共有七十二個方位點。
每個方位點都有兩個字的名字。我們知道湯瑪斯‧海德帶沈福
宗看了這件羅盤，因為海德遺留的文件裡，含有沈福宗所畫的
一個圓形示意圖，圖上標出七十二個方位的所有名字。*我曾天
真地想拿這些名字與塞爾登地圖上的羅盤方位相配，結果兜不
攏。那是因為這兩個羅盤原本就是不一樣的東西。這是地理師
用來替房子、墓穴看風水定方位時所用的那種堪輿羅盤。我原
本以為地理師和領航員順報同樣的羅盤方位，才懷疑沈福宗犯
了同樣的錯，但其實不然。

　　直到本書初版問世之後，我的同事魏根深（Endymion
Wilkinson）才注意到這問題，助我將它釐清。中國的海員和地
理師都把八大方位一分為三，都使用同一個標準二十四方位。
但接下來，把圓周再細分時，兩者的作法就不一了。地理師把

---

\* 沈福宗在一張紙上用拉丁字母音譯出塞爾登地圖上那個羅盤的二十四方位點
　的名稱，而這個示意圖就出現在那張紙的背面。十五年後，海德拿出這張
　紙，加上如下的注解：「這個圓形裡的字其實並非方位的名稱，儘管在此用
　來指稱方位；它們其實是他們中國人的時間名，完全不具文法上的意義，例
　如在他們的日晷面上所用到的名稱；在其他場合，它們表示中國的時辰，每
　個時辰相當於我們的兩個小時；它們全取自他們六十次一個輪迴的周期，他
　們的陰曆月月名由此得來，每一年有不同的月名，五年到了，結束上述周
　期，開始另一個周期，如此循環往復。因此，雖然在這裡寫下這些名稱，但
　可在海德博士1700年在牛津印行的四開本《古波斯宗教史》裡看到它們。」
　的確可看到：緊接在他的《古波斯宗教史》頁218之後的一頁插圖上，出現
　十天干、十二地支和天干、地支搭配成的六十周期，並有抄自沈福宗所寫字
　的漢字。這是該書中討論中國對西亞紀年法影響的段落中所附的圖表。

二十四方位一分為三，取得七十二個方位點，方位點與方位點
間相隔5度。領航員則把二十四方位對半分，取得有四十八個
方位點的刻度盤，方位點與方位點間相隔7.5度。使用較寬的
羅盤方位角，或許是因為考慮到在波濤洶湧的海上不易確切掌
握方位。此外，命名體系也不一樣。兩種羅盤運用同樣的專門
詞彙，但堪輿羅盤不使用八卦。堪輿羅盤的方位點排序也不一
樣，因此，堪輿、航海兩種羅盤只在十二個方位點上重合。例
如，塞爾登地圖上沿著九州東側上行的航路，航向標記為壬
子。在航海羅盤上，壬子位於子（真北）和壬（345度）的中
間，亦即352.5度。塞爾登的堪輿羅盤則把它標示為從真北往
癸（15度）三分之二處，即10度。這一差可是天差地別。有
心詳細瞭解航海羅盤的讀者，可參考本書附錄一。

　　為免有人以為東方和西方在這方面截然不同，在此應該指
出，歐洲人，一如中國人，順報兩種不同方位。領航員靠三十
二方位羅盤，但用羅盤判定天體之間關係的占星家不用這種羅
盤，而是用七十二方位羅盤。因此，東西方的海員在羅盤方位
點的分割上不同，但東西方的占卜者卻恪守同一種刻度布局。
算命或許是世上最守舊的職業。

　　我在本章開頭論道，探討塞爾登地圖上那個羅針圖時，最
該切記的一點，乃是它不該出現在那裡：直到20世紀，附上
羅針圖才成為中國地圖繪製界的標準作法。海德看到它出現在
那裡，未露出一絲驚奇；但他只有寥寥幾張中國人繪製的其他
地圖可供與這張中國人繪製的地圖相比較，因此，他不覺驚

奇，並不讓人意外。他當然看得出那些地圖與歐洲人所繪地圖的差別，但好巧不巧，羅針圖此時正從歐洲人所繪地圖上漸漸消失。海德與沈福宗注解塞爾登地圖時，羅針圖已經過時，屬於歐洲地圖繪製史上名叫波特蘭海圖（portolan chart）的那個階段。

　　波特蘭海圖和古航路指南（義大利人所謂的portolano，即英格蘭人所謂的rutter）一樣描繪沿岸地理特徵和港口，差別在於後者以文字描繪，而前者以地圖呈現。現存最早的波特蘭海圖製於13世紀。它們已沿用數百年，直到17世紀數學地圖繪製術把它們所藉以繪製的方法打入冷宮才式微。波特蘭海圖未標示海上航路，而是描繪航路沿線的海岸線。繪製波特蘭海圖者所必須克服的難題，乃是在不同區塊之間維持比例與方向的一致。羅針圖就是解決此難題的工具。諸羅針圖分布在海圖上，串連成一個大圓，理想狀況下一幅海圖上會有十六個羅針圖，作為海圖上每個點的基準節點。如果每個點都能用其相對於每個羅針圖的磁角來予以校準，如此繪出的海圖就會十足精確。從羅針圖發散出的線叫作恒向線（rhumb lines），也就是維持不變之磁方向的線。在古波特蘭海圖中，這些線縱橫交錯，交織成密密的網。按照傳統作法，八大方位上的線以褐色或黑色墨水畫出，八個次方位上的線以綠色畫出，十六個次次方位上的線則以紅色畫出。這些恒向線都發自羅針圖的某個方位點，不管那羅針圖具體呈現在海圖上或被暗示存在於海圖之外。節點可能多達十六個（一如十六方位），因此整張海圖上可能有十六個羅針圖，但大部分波特蘭海圖只呈現測繪海圖內

那塊區域所用得到的大圓裡的某些節點，因而只呈現少數羅針圖。

　　然後，隨著地圖繪製者揚棄只呈現海岸地理的波特蘭海圖，轉而繪製力求將其他地理資料也涵蓋在內的全面性地圖，羅針圖漸漸遭到移除。這一轉變發生於17世紀。在約翰‧塞爾登《閉鎖海洋論》中的兩張地圖裡，可看到這一轉變。第一張地圖呈現大不列顛島相對於周遭海域的地理位置，指出島上的圖名，但未畫出國界（圖14）。第二張地圖意在說明「國王的房間」（King's Chambers），即國王在大不列顛島沿海水域的管轄區（圖15）。這些是外國船隻可無害通過但絕不可干擾他國船隻的沿海水域。進入「國王的房間」的船隻，被視為進入英國的領海，因而得遵守英國的法律。詹姆斯一世於1604年推出這一觀念，以因應荷蘭人在可看到英格蘭海岸的海域攻擊西班牙船隻之事。這是前所未有的新觀念，首度有國家明確畫出海上主權區。

　　塞爾登在《閉鎖海洋論》中寫道，有個委員會奉命召開，以決定「國王的房間」的範圍，委員會由十二個「精熟於海洋事務」的人組成。「這十二人從聖島開始，拿著一個羅盤從北往東往南到西繞了一圈。」聖島即林迪斯法恩（Lindisfarne）島，位在英格蘭本土岸外不遠的北海中，距英格蘭、蘇格蘭的邊界很近，古時島上曾有一處隱修院聚落。這裡是最北端的指定點。委員會從那裡以逐點串連的方式沿著英格蘭東側海岸往下畫出一連串直線，最後抵達北福蘭角（North Forland），即今日位於泰晤士河口南沿的馬蓋特（Margate）。這一段線長

108里格（1里格為3海里，即約5公里），分割為十一站。然後，這條線繼續延伸，繞過英吉利海峽邊的多佛（Dover）和福克史東（Folkestone），再沿著南岸往西，遠至最西端的地角（Land's End）。這一段長201里格，分為十五站。在這條線和海岸之間，坐落著二十六塊「非常大的海域」，編組為七個「國王的房間」。在這七個「房間」裡，任何國籍的海軍艦隻或商船都可「安然航進」、「安然通過」並受到「同等的保護」，且不准掠奪位在同「房間」裡的其他船隻。詹姆斯一世命人雕版製成「國王的房間」地圖，發送各地，以公告周知。令人遺憾的，塞爾登著作中的「國王的房間」地圖未標出各「房間」的分界，觀圖者得自行補上。

　　這兩張地圖乍看相似，但把它們擺在一塊檢視，就會發現，除了用來表示海水的波狀暗影，幾無共通之處。從它們身上可看出歐洲地圖繪製上兩個背道而馳的方向。「國王的房間」地圖指向過去的波特蘭海圖。它呈現三個羅針圖，把第四個羅針圖藏在右下方的比例尺後面，暗示有一個含有八個節點的更大的圓。這些羅針圖各發散出三十二條恆向線，往八大方位、八個次方位、十六個次次方位所指出的方向延伸。倚賴由這些線交織出的網絡，地圖繪製者有了一個密集的基準體系，讓他可以在那體系內用三角測量法算出地圖上每個地方的確切位置，或者說他希望能做到這點。波特蘭海圖的另一個傳統作法，乃是只標出沿岸地方的名字（因為這類海圖的用意在引導海員航行），且標示地名時使地名與海岸線垂直，以免混淆海岸輪廓。「國王的房間」地圖無意間重現了古波特蘭海圖傳統

的上述遺風。

　　相對的，塞爾登著作中另一幅呈現英格蘭周邊海域的地圖，偏離了波特蘭海圖傳統：恒向線不見了，地名一律橫向標示。北方標示在地圖頂端（東南西三個方位也標示在地圖側邊它們各自相應的位置上），而非用羅針圖北方位點處的鳶尾花來表示。沒有羅針圖。不再有海員的海圖。這張地圖只抓重點呈現，適用於一般用途；它未告訴觀者如何去某地，特別是未告訴觀者如何沿著海岸線前進。內陸的重要性凌駕海岸。它簡化英格蘭的形狀，只概括呈現英格蘭的海岸線。

　　那麼，塞爾登地圖上那個羅針圖作何用途？它的存在難道只是意在模仿歐洲人所繪地圖的一個顯著特色？的確不無可能。塞爾登地圖的繪製者，活動於已有歐洲人在其中航行將近百年的區域。他大概見過他們的船和那些船員，因此有可能見過他們的地圖。凡是地圖繪製者，看到來自另一傳統的地圖，誰不想好好瞧瞧？那麼，這個羅針圖是否就是他仿效所見地圖的證據？

　　羅針圖下方的尺似乎是仿效說的更有力證據。歐洲人所繪的海圖都必須附上距離比例尺。比例尺通常以一根尺的樣子呈現，尺上有個張開的圓規（羅盤的英文compass，其另一個現已不通行的字義就是「圓規」）。尺和圓規是地圖繪製者的招牌工具，它們的存在表示地圖已經過精心測量。它們共同代表科學的精確性。伊莉莎白一世時代的詩人以圓規為意象，表示恒常不變之意。班・瓊森在某一首詩中對著約翰・塞爾登抒發

想法時，就曾如此運用這個意象。他在此詩中把他博學的朋友
譽為

足不出戶，但覽遍各地：
猶如圓規，一腳固定不動於
中心，畫出一圓
涵攝世間所有知識；亦用心觀察人之行事作風，
聽到過去所說過的話，見過我們時代所做過的事。

　　如果塞爾登地圖的繪製者一如我們所假定的從歐洲人的地
圖設計得到啟發，這就可以說明他為何把180度兩側15度（丙
和丁）的兩條恒向線，從磁羅盤往下延伸，製造出一個仿圓規
張開於尺上方之模樣的三角形。

　　香港海事博物館的研究員戴偉思（Stephen Davies）推
測，這根尺不盡然作裝飾用，其實還用來斷定地圖上的距離。
他認為這根尺邊沿處的一百個刻度（每個刻度代表一分，一尺
十寸，一寸十分），各代表船在一更時間裡航行的距離（一天
有十更）。如果一分代表一天的十分之一所航行的距離，一寸
就等於一天二十四小時所航行的距離。按照我所估計的6.25節
航速，一天下來可航行150海里。一根中國尺有十寸，地圖上
這截尺的長度就應該代表1500海里。戴偉思坦承「這張地圖
上的確切證據」付諸闕如；的確如此。事實上，證據在別的地
方，本書最後一章我會再談到這個。

　　不管這些計算結果管不管用，我傾向認為地圖上那截尺和

那個羅盤表明塞爾登地圖的繪製者看過歐洲人繪製的海圖，知
道可拿來好好借鑑。但它們不只是徒然仿效歐洲人海圖之外觀
的裝飾性東西，因為塞爾登地圖的繪製者把這一手法移植到他
自己的地圖上，藉此做成從未有歐洲的地圖繪製者嘗試過的
事。他在波動的海面上畫上商船航路，想法極似想像出水域管
轄線的約翰・塞爾登。

六、

從中國出航

「海門以出，洄沫黏天，奔濤接漢，無復崖涘可尋、村落可志、驛程可計也。長年三老，鼓枻揚帆，截流橫波，獨恃指南針為導引。或單用，或指兩間，憑其所向，蕩舟以行。」

張燮以上述文字描述一艘戎克船駛出月港、航向大海的雀躍之情。海岸自視線消失，能讓領航員知道自己正往何處去的固定點，也跟著消失。此後只有羅盤可告訴他前進方向和所在位置。這絕非流於陳腐、空談理論的學究文字。張燮顯然醉心於航海冒險，認為該讓讀者也領受到出海那種刺激快感。如今有些人認為中國人不是航海子民，對於出海的同胞抱持不以為然的態度，但張燮顯然不在那些中國人之列。我很想知道，但大概永遠無緣知道，《東西洋考》的作者是否曾體會過在茫茫大海航行的滋味。我希望他有過。

即使張燮未曾搭船航入月港、未曾從月港出航進入台灣海峽，他所知道的東西仍足以為我們指路。所幸我們有塞爾登地圖和《順風相送》來證實張燮筆下的航路網，並在許多地方做出補強。如果這三份原始資料各自都在大體上證實了另兩份原始資料，那不是因為它們各自都與另兩者有什麼關聯，純粹是因為它們所記錄的那些航路，構成一個已被中國數代海員使用許久的穩定網絡。儘管這三份原始資料距今已有數百年，但幸好有了它們，我們才能輕鬆掌握拜塞爾登地圖之賜而首度完全形象化的那個海上體系（圖1）。

其中兩份原始資料有個小小的分歧，第三份原始資料則對於該分歧處含糊其辭，而那個分歧之處即是它們三者的起點。張燮非常清楚以月港為起點。前面已提過，月港是福建南端漳

州府城的港口。他對出港路線的描述清楚無誤：退潮時出港到
圭嶼。從圭嶼的燈塔和媽祖廟（天妃宮），可認出該島。媽祖
是船民的保護神，領航員得維持船上供奉媽祖的燈火不滅。再
來乘著半潮時來到位於廈門的海防站（19世紀時廈門會取代月
港成為福建的通商口岸）。然後繼續前行，不到五小時，抵達
擔門。擔門構成天然防波堤，保護從漳州流到海岸的九龍江外
河口。張燮寫道，「二更船至擔門，東西洋出擔門分路矣。」

　　《順風相送》未以月港作為其航路網的起點，而是以北邊
100公里處的另一個府城泉州的港口為起點。這位姓名不詳的
作者解釋道，「五虎門開船，

> 用乙辰針（112.5度），取官塘山。船行有三礁在東邊，用
> 丙午針（172.5度）取東沙山西邊過，打水六七托，用單
> 乙針（105度）三更船取浯嶼（譯按：「托」為測水深的
> 單位，長如兩手分開者，為一托，「打水六七托」意為進
> 到水深六七托處）。

再來即進入無邊大海。

　　上述兩份原始資料的出發點，一為圭嶼和擔門，一為五虎
門和浯嶼，兩者間的差異反映了歲月的推移。14世紀是泉州作
為中國最大海上轉口港的黃金時代，直到新興的明王朝於1374
年禁絕對外貿易，泉州才沒落。14世紀留下的唯一一張描繪了
從中國往印度洋之海路的地圖，就以泉州為起點。1403年，新
登基的永樂帝重啟對外貿易，命太監鄭和率艦隊出洋，遠赴應

向明朝進貢的諸國宣揚國威，泉州隨之重拾過去的榮光。因此，《順風相送》也以泉州為起點。但 16 世紀期間，泉州的氣勢輸給新冒出頭的對手漳州。當然，泉州還不至於輸得一塌糊塗，因為泉州是在日本平戶擔任英國東印度公司買辦的李氏兄弟的母港。但張燮出身漳州，從他的角度看，月港才是從中國延伸出去之海上網絡的中樞。

張燮坦承月港是「舊名」。1567 年該港重新開放，以迎接合法的海上貿易時，取了體面的新名字：海澄，意為「海水澄淨」。此外，張燮在世時，這個港口已失去其獨特的月牙形狀。不斷變動的河道和堵住九龍江口的沙洲，毀了月牙形。淺灘妨礙較大型戎克船靠岸，船貨不得不先卸到駁船上。不管那構成什麼樣的不利條件，都被月港的政治優勢大大抵消：它有海關。收稅使當地收益外流到各方，特別是流到皇室的口袋，但設關收稅，皇帝才願放行讓該港對外通商。月港要從一個暴力犯罪充斥，連大白天（更別提夜裡）都讓人不敢獨自行走的海港，變成中國貨物據以出口東南亞、歐洲、美洲的那一整個港口網絡的起點和終點，就必須擁有對外通商的優勢。

在上述三份原始資料中，含糊其辭的是塞爾登地圖。仔細檢視穿梭於台灣海峽的諸航路，會看到它們從一節點伸出並在該節點會合。與沿海岸上行的東北向航路相連的右線，標記了甲卯（82.5 度）；通往西南向航線的左線，標記了丁未（202.5 度）。在這兩條線之間，有第三條線，在台灣海峽拐了個彎，然後保持固定不變的丙方位（165 度）伸向馬尼拉。這三條線都未觸及海岸。三條航路在近海處相會，並以一小黑點標出相

會處：這裡是明朝海上貿易網往外輻射的起點，塞爾登地圖的起點（圖16）。月港未標示出來，泉州港亦然，事實上這張地圖的小比例使這兩個地方都無法被標示出來。地圖繪製者從而不必在漳洲、泉州兩者之間表明誰是老大。從某個角度來說，這無關緊要。在這樣的比例下，兩者都可作為出海港。因此，這張地圖和《順風相送》、張燮的《東西洋考》都無牴觸之處：沒理由在兩者之間擇一。

在塞爾登地圖上，和那個起點一樣攸關瞭解此圖的東西，乃是三條進入台灣海峽的出境航道，因為這三條航道各是往那三個方向延伸的三個航路網的頭段。乍看不容易在此地圖上看出這點，但學者張燮在其著作中清楚說明了這三線並立的航路。事實上，它們提供了他據以整理其航路資料的體系。明朝時的中國人把今人所謂的南海稱作南洋。張燮用了這個專有名詞之後，還有東西北三洋要界定。張燮以這三個洋來區別從明朝中國的東南沿岸出航的三個不同航行區。其中兩個洋出現在他著作《東西洋考》的書名中。東洋指往東到菲律賓，然後轉南到香料群島的連串航路。西洋則是往南走並分叉到東南亞諸港的連串航路。事實上，東西洋諸航路在爪哇相會，爪哇就位在那些航路在南海周邊所畫出那個大圓的底端。再來就剩北洋了，它指的是從中國沿海往北到日本的諸航路。張燮對北洋航路較無興趣，因此未把它和東西洋一樣並列為明朝中國航海體系裡同樣重要的一塊，反倒只以該書書末的附錄交代通往日本的航路。我們的塞爾登地圖之旅就從那裡開始。

　　在塞爾登地圖上，北洋航路以甲卯方位（82.5度）離開中國，然後一分為二，其中一條直直通到九州：以艮寅方位（52.5度）筆直伸出，止於五島列島。五島列島是排列於日本國土南端九州西岸外的一列島嶼，包含五個較大島和數十個小島。這條航路是中日間最直接的路線。

　　此外還有一條較曲折的航路可用。這條航路以琉球群島為終點，群島中最大、最為人知的島嶼是沖繩。明朝時，琉球是向明朝納貢的獨立王國，儘管事實上受九州的日本領主支配。這條航路從福建沿岸出發，沿途有六段轉折，第一段採辰方位（120度），最後在踏上穿越此群島南端的路途時，在乙卯（97.5度）和卯（90度）之間移動。這位地圖繪製者畫上這列群島時，似乎並不清楚它們的排列情況。目前令中、日雙方公開激烈爭執的釣魚台列嶼（日本稱尖閣諸島），或許廁身在台灣與沖繩之間的東海上點點的岩塊之間，但若說塞爾登地圖可用來為哪一方對此塊海域的哪個島嶼的主權聲索提供依據，那就太過可笑了。之後這條航路走子方位（360度）往正北行，再轉為癸丑方位（22.5度）。這條航路接近名叫野故門的一群島嶼時，地圖繪製者插進一小段注語，提醒人們此處「水流東甚緊」（今名黑潮）。接下來這條航路再轉為寅方位（60度），接著左偏7.5度，改為艮寅方位（52.5度），然後抵達日本南端，再沿著九州東海岸曲折往上，止於名叫兵庫的港口。1618年聖誕節那天，理察・考克斯就因天候惡劣擱淺於兵庫。他在記載此意外的日記中寫道，當時他在大阪港的外沙洲之外半日距離處。據此，我們得以斷定兵庫是今日的神戶，這是日本主

要的海港之一。

　　從塞爾登地圖上兵庫的位置，你絕對看不出那是神戶。事實上，絕對看不出那是日本的哪個地方，因為形狀與日本的真實輪廓，或已知中國人、日本人或其他人所繪地圖上日本的輪廓，毫無相似之處。此外，那些地名乍看之下無比怪異。兵庫／神戶南邊的第一個城市不難破解。地名標記為「亞里馬王」（King of Yalima）：這是九州東岸有馬（Arima）大名的領地（1621年考克斯來到平戶時曾晉見這位領主，送上來自廣州的錦緞作為見面禮）。從有馬再往南是標記為「殺身灣子」（Shashen Wanzi）的一個地方。這個地名也不難破解。「殺」（sha）這個漢字長得很像「榖」（gu）的簡寫；把shashen轉為gushen，在gu和shen這兩個音節間插進ga，把最後的n打開為na，於是這組中國音節念來就像日本地名Kagoshima，即九州最南端的大海灣，鹿兒島。繞過九州南端再往前，出現另一個怪名字「殺子馬」（Shazima）。這是塞爾登地圖繪製者對Satsuma（薩摩）的音譯。薩摩是九州島上勢力最強大的大名。

　　日本地名始終以漢字書寫。「殺子馬」和「殺身灣子」是薩摩、鹿兒島這兩個日本地名的音譯，由此我們不得不推斷塞爾登地圖的繪製者並不知道這兩個地方的漢字寫法，因而根據別人口中對它們的發音予以音譯，而且那人絕非知道這兩個地名之漢字的中國人。九州島上的下一個地名長崎，更進一步證實此假設成立。長崎是德川幕府允許對外開放的唯一港口，在1641年鎖國之後，更縮小開放範圍，只允許少數荷蘭人進出該港。地圖上將此地標記為籠仔沙機（Longzishaji）。這一拗口的

地名不純粹是絞盡腦汁欲忠實音譯長崎（Nagasaki）的成果，因為歐洲人改造葡萄牙人的譯法，把長崎稱作Langasaque。籠仔沙機這譯名顯然來自葡萄牙人的念法，而非來自日本人的念法。有些中國人知道此港的兩個名字，因為在《順風相送》中，長崎和籠仔沙機這兩個漢字名都曾出現。塞爾登地圖繪製者則不然，只知道歐洲人的念法。我們無法由此推斷他是直接從歐洲人口中聽到此念法，但如果不是如此，他至少是從與歐洲人有生意往來的人口中聽到。

沿著九州島西邊往上，過了長崎，出現一個讓我最是久思不得其解的地名。地圖上將該地標記為「魚鱗島」（Yulindao）。但千萬別被這地名的字面意思搞混，而必須同樣從它的發音著手。Yu不只是外國人所不易準確發出的音，還是中文裡一個極不固定的音，因此它有可能是幾乎任何軟音或氣音的替身。Lin可在兩種語言之間毫無阻礙的轉譯，但其中的l也可能因發音有誤而說不定是人稱齒齦子音的音族（n, l, r）中的任何一個。所幸dao容易捉摸：它始終和日語的do相對應；judo（柔道）、kendo（劍道）之類日語詞中的do，就來自這個中國音節。於是「魚鱗島」就是另一個葡語地名Ferando的大略轉譯，而歐洲人念日本平戶（Hirado，約翰‧薩里斯開設的英國東印度公司商館就位在此港口）之名時，就把它念成Ferando。

該公司在日本那十年的記錄，即商館館長理察‧考克斯的日記、船長約翰‧薩里斯的日誌、漂流日本的威爾‧亞當斯的航海日誌和書信，為北洋航路的實際航行情況提供了詳細的資訊，那是遠遠超過張燮所能記錄的內容。對他們來說，一如對

李旦和在平戶、長崎做生意的其他商人來說，北洋航路是他們連接明朝經濟的重要交通線。有鑑於進入中國不易（即使並非全然不可能），這條航路也是他們前往安南、占城（兩者都是今越南的一部分）、柬埔寨、大城王國（Ayutthaya，今泰國）和更進一步下馬來半島到北大年、柔佛，最後抵達爪哇島之萬丹、巴達維亞（雅加達）的交通要道。以日本為基地的商人把北洋航路視為西洋航路向後的延伸段。這兩條航路共同構成某種海上高速公路，供各國船隻往來航行。「中國甲必丹」李旦和英國東印度公司極力利用這條要道做買賣，但並不容易。

北洋航路的兩條路線，英格蘭人均曾走過。薩里斯搭乘「丁香號」離開日本時，走較直的西航路線。誠如他於日誌裡寫道，1613年12月他離開日本，「往西南方駛離，緩緩航向中國。」從北北東吹來的「強風和晴朗天氣」，正有利於往相反方向航行的船。七天後「丁香號」來到福建外海。月港附近，三百艘大型戎克船從薩里斯的航線前橫切過，正要出海捕魚。三天後，在廣州下方珠江口外，這一盛大景象再現。「丁香號」「照海岸的走勢」往西南呈弧線前進，四天後來到湄公河口外。這一趟走得輕鬆，離開日本的東印度公司船隻所走的航線，就屬這一條最容易。

理察‧考克斯所派出的第一艘循北洋航路下行的船是「海上冒險號」（Sea Adventure）。那是他在次年夏天在長崎買下的一艘會進水的大船。他在那年秋天極盡所能湊集了船貨之後，才命該船出航，以便它抵達目的地暹羅（今泰國）時有東西可和人交易。船貨總值僅700兩銀子，因此他還備了5000兩銀子

在船上，以便在當地進貨，運回日本脫手牟利。他指派威爾‧亞當斯為船長，聘請愛德蒙‧塞耶斯和義大利人達米恩‧馬林（Damien Marin）為領航員，任命理察‧維克姆（Richard Wickham）掌管此次遠航的商業活動。在下達給維克姆的書面指示中，他告誡維克姆勿將船貨太廉價賣掉；與其賠錢賣掉，不如帶回。他列出維克姆在暹羅該買的貨：首先是在日本很有銷路的帶香味木頭；再來是鹿皮、中國紡織品、（用來覆蓋劍鞘和劍柄的）魚皮乾，以及目前從菲律賓進口而若在他地用較低價錢買進或許可以用較他人低的價格賣出的水牛角。考克斯給了維克姆這些大宗商品在日本的價格和在暹羅的現行價格，以便他知道合理的買價。維克姆絕不可為了裝滿貨艙而在夏季季風吹起之後仍遲遲不動身：只裝滿部分貨艙就歸航，「好過魯莽的冒其他風險」。除了這些商業指示外，考克斯還給了兩則待人處世方面的建議：別與易怒的亞當斯起爭執，避「女色，儘管那些地方的女人自由過了頭」。

因天候惡劣，「海上冒險號」拖到12月17日才啟航。根據塞爾登地圖，亞當斯大概會採艮寅方位（52.5度）的反向方位（即乾戌方位，307.5度）出航，沿著中國海岸直直前進。三天後他發現「海上冒險號」進水嚴重，不得不轉到東路線，於是朝癸丑方位（22.5度）的反向方位（即壬亥方位，337.5度）前進，前往琉球群島。12月27日抵達沖繩。四天後，他讓這艘戎克船上岸以便做必要的修理。修理過程緩慢：把桅杆放倒，清空壓艙物，清洗船殼，然後檢查進水處。進水嚴重之處都在釘孔周邊，於是他要船員重新修補船殼的木板縫。但他發

現當地的石灰攙了低劣雜質，工程不得不停擺。在這期間，亞當斯還得安撫當地官員。那些官員心知不能惹火日本人（琉球人知道這些英格蘭人背後的靠山是日本人），但又不能冒險得罪中國（不久後就會有明朝代表團抵達，而他們肯定會反對讓歐洲人踏上琉球土地）。他也得化解他船上日籍船員和日籍商人及其僕役之間的衝突。日籍商人和他們的僕役超過二十人，付錢上船跟著四處跑。亞當斯插手阻止了船員與商人真刀真槍的開打，但整個三月雙方關係緊繃到極點，致使商人裡的老大最終殺害了船員裡的帶頭挑釁者。之後，還有不是人力所能左右的天候問題。天氣晴朗時，風從西南方迎面吹來。風向一轉為東北，天候即再度轉壞。船員變得不守規矩，經常鬧事、偷竊、強暴。一如考克斯所擔心的，維克姆與亞當斯吵了起來，琉球官員一心只想盡快將「海上冒險號」送出海。1615年5月21日船終於可以下海時，若出發前往暹羅，便會來不及乘著季風返航。因此除了返航平戶，別無辦法。

該年12月，亞當斯再度出航。這一次啟航時天氣惡劣，但船殼沒進水，風向也很配合。船隻航行順利。才七天時間「海上冒險號」就來到泉州外海，再六天就來到越南外海，再三個星期亞當斯和塞耶斯就置身暹羅。買賣也很順利。塞耶斯為平戶商館買到的貨物，多到他得在曼谷另租一艘船才能全數運回日本。威爾·亞當斯於1616年6月5日乘「海上冒險號」離開，正好趕上西北季風，7月22日便抵達平戶。

塞耶斯就沒這麼好運了。他才晚一天離開曼谷，風向就變了，花了十二天才通過曼谷外頭停泊處的沙洲。等到他航行到

南海時，風已停息。那個月底，這艘戎克船已行至福建沿岸，但已無法再前航，因為風已轉向，轉為東北風。船長無奈的將船從外海一停泊處移到另一個停泊處，未能前進絲毫。佛教徒於8月9日將暹羅小佛塔丟入海中以求神助。中國籍船長於三天後向天妃祭拜。日本籍基督徒也執行了他們的儀式。8月22日風向終於轉南，但這時已有一半以上的船員因壞血病而病倒。開始有人死去，包括船長。塞耶斯最後還是把船駛返日本，但清查帳目時，考克斯發現兩名中國籍高級船員在帳簿上動了手腳，把公司從這趟遠航該有的利潤偷走了不少。

　　亞當斯獨力買下塞耶斯的戎克船，把它改名為「神賜號」（Gift of God），冬天時駕著它順利抵達越南。「海上冒險號」也在那個冬天出航，以日本人為船長，領航員是兩名英格蘭人，但這次遠航的遭遇比前一年還要慘，損失了三十四名船員才回到平戶。亞當斯於1617年底賣掉「神賜號」，但「海上冒險號」又出海了一次，這也是它最後一次遠航。它又因進水太嚴重，不得不轉向駛往琉球。將近一年後，「海上冒險號」才得以啟航。它於12月最後一天抵達暹羅，但被認定不適於再出海，成了廢船。另兩艘為英國東印度公司效力的戎克船，會循著北洋航路下行，一艘遠至東京（越南河內），小賺一筆，另一艘遠至湄公河三角洲，返航時被風吹回原地，沒為公司賺到半毛錢。

　　再來四年期間沒有船隻出海，英國東印度公司把考克斯和他的人撤離平戶，關掉商館。考克斯因為害公司賠了大筆錢遭到斥責，被叫回倫敦，結果在返國途中痛苦死去，客死異鄉。

真正的問題不在理察‧考克斯身上，也不在難搞的季風身上，儘管時機沒抓對的話，季風的確能造成重大損失。問題出在貿易環境：競爭太激烈，進入中國市場的管道太少，每個階段都受到官員太多的勒索。

　　對於無法和明朝直接貿易的商人來說（在這時期幾乎所有人都無法和明朝直接貿易），光走北洋航路賺不了錢。要能從貿易中獲利，唯一辦法就是像威爾‧亞當斯與愛德蒙‧塞耶斯所一再做的那樣，接上西洋航路。在塞爾登地圖上，那條航路以丁未方位（202.5度）從漳州／泉州出發，進入台灣海峽後立即轉為坤申方位（232.5度）。在塞爾登地圖上，西洋航路一路往南時多次分岔，有時一分為二，有時一分為三。第一個分岔在海南外海的七州。在此，有條航路以庚酉方位（262.5度）岔出頗長距離，然後轉為乾亥方位（322.5度），進入東京（今河內）的外港。主航路繼續往南穿過西沙群島與越南之間，然後在越南東南岸外一分為四：一條直直通往巴達維亞，一條往南兜一個大圈，然後往東繞過婆羅洲，一條抵達新加坡海峽口，一條前往馬來半島中間處的北大年。這四條分支連接了中國與以南海周邊港口為基地的華僑社群。

　　塞爾登地圖上最繁忙的地點之一，乃是位在馬來半島南端的新加坡海峽。柔佛國位在這裡，范海姆斯凱爾克就在此處捕獲「聖卡塔莉娜號」，從而催生出德赫羅特與塞爾登的交鋒。從柔佛伸出的航路往四面八方而去。一條往東南（巽巳方位，142.5度）繞過婆羅洲南端通往摩鹿加群島，後來並拉出一分

支轉向往下到爪哇島東端的泗水（Surabaya）。另一條採丁午
方位（187.5度）往下到蘇門答臘島東岸的北港（Palembang），
再從那裡到爪哇的萬丹和巴達維亞。還有一條穿過新加坡海
峽，走西北（乾方位，315度）上麻六甲海峽到麻六甲港，然
後繼續往上到蘇門答臘北端的亞齊（Aceh）。西洋航路的最後
一段往北離開亞齊進入印度洋。

　　從中國出發的第三條航路，東洋航路，也是以月港為起
點。張燮描述這條航路以辰巽方位（127.5度）往外走。塞爾
登地圖未標記第一小段的方向，但標出航經台灣，以丙方位
（165度）直直前往菲律賓的主要航線。這張地圖的繪製者對台
灣不感興趣，原因很簡單，讓台灣出名的早期史事——荷蘭人
在台設立貿易站、福建人移民台灣、鄭氏家族在台建立東寧王
國、清朝消滅該王國——這時都還未發生。此時，台灣沒有引
人感興趣之處。於是東洋航路對台灣過門而不入，一路採丙方
位（165度）直達馬尼拉。呂宋島（菲律賓群島的最大島）西
北岸一連七個標了名字的港口，顯示地圖繪製者對該區域的地
理頗有瞭解。在這條航路直抵馬尼拉之前，有條異巳方位
（142.5度）的航路從廣州——或者更精確的說，從廣州下游珠
江口的葡萄牙殖民地澳門——來會。這兩條從中國駛往菲律賓
的航路會合後採丙方位（165度），往馬尼拉的港口直奔而去。
　　馬尼拉是轉口港，地處西班牙人的征服帝國與明朝的貿易
帝國交會之處，中國的貨物用船運到這裡換取一箱箱的美洲白
銀。塞爾登地圖上看不出馬尼拉是個歐洲人的城市，但與馬尼

拉隔河相望的八連（Parian，西班牙人規定的華人聚居區），表明這是個有中國人前來做買賣但中國人得集中居住一地的轉口港。馬尼拉南方緊接的一個地名，標誌著某個水道的入口。那個水道似乎就是橫亙於呂宋島南側之外的佛得島水道（Verde Island Passage）。循著那條水道往東穿過聖貝納迪諾海峽，即抵達太平洋。塞爾登地圖的繪製者未畫出穿過這海峽的線，想必是欠缺導航資料而無法這麼做，但在這道海峽開向大洋處，他插了一則短注：「化人番在此港往來呂宋」。馬尼拉的西班牙大帆船正是在海峽的出口處駛入汪洋大海，以橫渡太平洋前往阿卡普爾科，因此，這則短注中的「化人番」指的似乎是西班牙人。在本書的初版中，我根據《列子》中「西極之國有化人來」的古傳說，把「化人」（字面意思為「改變的人」）譯為「變形者」（shapeshifter）。但後來，我的同事伊維德（Wilt Idema）提出更理想的解釋。他在18世紀的台灣史中發現，呂宋的早期華人造了「化人」這個詞來指稱一心要使每個人皈依他宗教的西班牙神父。因此，「化人」不是「改變自己者」，而是「改變他人者」；在此就是指西班牙人。*這位地圖繪製者

---

* 「化人」這個詞，還以「化人番」（「改變他人的番人」）一詞的一部分，出現在塞爾登地圖上的另一個地方。它可在接近地圖頂端的一個矩形標記裡找到，就在羅針圖的上方偏右處。字跡已磨損不清，但我猜這則說明的全文很可能意為：「改變他人的番人住在此地的另一頭」。如果伊維德將「化人」認定為西班牙人一事無誤，那麼這個標記就表示塞爾登地圖的繪製者知道西班牙位在西極。有「化人」一詞出現的那段正文，在伊維德的 "Canon, Clocks and Clever Monkeys: Europeana, Europeans and Europe in Some Early Qing Novels" 一文中得到翻譯。該文收錄於 E. B. Vermeer 所編的 *Development*

對穿越這個群島的航線不夠清楚，因而無法在地圖上標出航路，但他知道這是船隻前往美洲的出境點，也是每年滿載秘魯白銀前來馬尼拉購買中國貨的西班牙大帆船的入口。如今我們知道它是17世紀時連接中國、歐洲兩經濟體的水道。他知道嗎？有可能。

在佛得島水道口外，這條航路一分為二。西線直達婆羅洲西北岸的汶萊，然後從汶萊轉向247.5度前往婆羅洲西角外海的兩個島，再轉正西穿越南海底部到馬來半島。對張燮來說，汶萊代表東洋航路的終點。但在塞爾登地圖的繪製者筆下，汶萊是東、西洋航路交會的數個點之一。

東洋航路在馬尼拉南方分出的另一股走東南路線。由於既沒有羅經方位，也沒有可供辨認的地名，最初很難弄清楚這個地圖繪製者要他的船駛到哪裡。從島嶼的形狀也判斷不出它們是哪些島。在呂宋南方往東分布的諸多島嶼中，只有一個地名我們有把握認出，那就是蘇碌。蘇碌群島一名，如今未變，但它位在與馬尼拉同經度上，也就是馬尼拉的正南，而非塞爾登地圖上的偏東處。這顯然不是這位地圖繪製者所熟悉的區域。他只知道有條航路連接馬尼拉與蘇碌，但他所知的蘇碌位置與事實不合。實際上他的路線並未抵達蘇碌，而是停於西邊的下一個港口處，好似不清楚這些地方如何相連。他的筆無意間走進了未知的地域。

---

and Decline of Fukien Province in the 17th and 18th Centuries 一書 (Leiden: Brill, 1990)，頁 477。

　　但這條線繼續往前，接上這張地圖上最古怪的航路：從菲律賓南端曲曲折折通往名叫萬老高（Wanlaogao）之地的航路。這條線精確嗎？或者他知道有條航路存在於那裡，但未取得它的羅經方位，無法定出其位置，因而隨意畫出這條航路？看來似乎是後者。對我而言，萬老高是這張地圖上最難解的謎團。「萬老」意為「萬年般古老」，因而「萬老高」間接表示一座古老的山，但那幫助不大。東南亞島嶼區是個火山區；這裡的山多不勝數。所幸，萬老高一詞也出現在張燮的《東西洋考》裡。該書把萬老高列為美洛居這個更讓人摸不著頭腦之處的兩個地形特徵之一。張燮說此地又名米六合，但那也無助於認出此地究為何地。為解釋萬老高，張燮說了如下的故事，全文大體上是他自己的敘述，未引用他人話語。

　　美洛居此國先前已被佛朗機人入侵。中國人根據阿拉伯語把歐洲人通稱為佛朗機人，但在此處，佛朗機人指的是西班牙人。原住民投降後，佛朗機人特赦了酋長，命他一如以往治理該國，但得每年上繳固定額度的丁香給他們。佛朗機人未施行直接的軍事統治，而是讓此國自理防衛之事。之後，有另一群強盜渡洋而來，即被稱作紅毛的荷蘭人。荷蘭人一抵達這地區，無一處可高枕無憂。他們的船忽然出擊，直搗城下，抓住酋長。

　　紅毛告訴他，「若善事吾，吾為若主，殊勝白頸。」接著張燮解釋道，「佛朗機人皆白頸」，因此得名。階下囚的酋長別無選擇，只能同意他們的條件。白頸一得知此事即返回美洛居，指責他兩面討好。

　　白頸怒斥道，「悔不殺奴污吾刃，奴故反耶！」隨即出兵攻打。

　　行筆至此，張燮插進另一件事。他寫道，呂宋王朗雷氏敝里系要攻打美洛居，於是徵求在馬尼拉工作的華人出兵助戰。呂宋王要華人駕船，華人受不了他的暴虐，某夜進入他的艙房裡刺殺他。張燮在《東西洋考》別處更詳細交代了這件事，說華人頭頭潘和五向同被強徵打仗的同胞表示，「叛死、籤死、刺死，等死耳，不然亦且戰死，不若殺酋以洩吾忿，勝則揚帆故鄉；即不勝，死未晚也。」於是他們殺了呂宋王，接管船隻，駛往越南。擁兵駐在菲律賓別處的王子一得悉此事，急急趕回承繼王位，而把攻打美洛居之事擱下。後來，他會募集到更大兵力，以實現其父親的遺願。

　　不管怎樣，張燮如此描述此事。西班牙人的第一手資料，則從另一方著眼。呂宋王朗雷氏敝里系其實是西班牙人的菲律賓總督，名叫戈梅斯・佩雷斯・達馬里尼亞斯（Gómez Pérez Damariñas）。他確實遭強徵來的華人水手殺害，他的兒子路易斯・佩雷斯（Luis Pérez）也的確繼父親之後出任總督，在事發後急急趕回馬尼拉，以防總督之位落入西班牙高階軍事指揮官之手。張燮的記述，有問題之處在於達馬里尼亞斯於1593年10月25日遇害，當時還沒有荷蘭船巡行於這些海域。張燮把不同的事混為一談，將他在不同時候所聽到的西班牙人、荷蘭人事蹟混為一件事。接著他解釋道，荷蘭人每年返國，隔年即有新一批荷蘭人前來接替。因此，荷蘭人並非一年到頭都在美洛居，而他們不在時，西班牙人即進入。因此，美洛居島由

荷蘭人和西班牙人交替掌控，年年如此。穩定情勢者不是歐洲人，而是旅居該島的一位中國商人。為降低緊張情勢，張燮筆下這位「慧而黠」、富辯才的商人，說服西、荷兩國人同意分島而治。分界線穿萬老高山而過，山北屬紅毛，山南屬白頸。

張燮筆下這段故事大部分屬實，部分失實。1593年，戈梅斯・達馬里尼亞斯正在前來香料群島以趕走葡萄牙人、掌控特爾納特這座小島的途中。兵變使他無法如願，但再經兩次失敗的行動，西班牙人終於在1606年控制特爾納特島，把該島的蘇丹賽義德・巴拉卡特（Said Barakat）當成人質般帶回馬尼拉。他們控制該島只有一年，因為1607年荷蘭人前來，在此島建了一個有防禦工事的基地。張燮說得沒錯，荷蘭人先前在1600年時就試圖插足該地區。好巧不巧，1601年時來到此地解救荷蘭人的荷蘭東印度公司船長就是雅各布・范海姆斯凱爾克，時為他捕獲「聖卡塔莉娜號」的兩年前。

所以特爾納特就是萬老高？ 1726年荷蘭人鐫版印製的一幅特爾納特地圖偶然呈現我眼前，使我確信兩者指的是同一個地方。套印在該地圖左上角的小地圖，呈現築有防禦工事的西班牙人聚居地的平面圖，聚居地名叫伽馬拉馬堡（Fort Gamma Lamma）。而這座小島所在的那座火山，就叫伽馬拉馬（Gamalama）。中國話不是音譯的理想語言。要發出Gamalama的音，華南的中國人會去掉第一個音節ga，把第二個音節發成鼻音man，而man在官話裡會變成wan。在中國話裡，la是個非重讀音節，會不知不覺發為lao。最後一個音節gao單純意為「高」，高者山也。於是，馬來語的Gamalama變成了

Wanlaogao（萬老高）。

特爾納特既是中國人貿易帝國的較外圍處，也是香料帝國最遠的據點。至於故事提及的那條分界線，也真有其事。荷蘭人於1607年在伽馬拉馬火山的一邊登陸，建了一座有防禦工事的基地，與火山另一邊的西班牙人瓜分了此島，1663年西班牙人撤離之後，此島由荷蘭人完全掌控。塞爾登地圖含有兩個紀念此事的標記。其中之一的「紅毛住」引起海德注意，使他在地圖邊的空白處寫下Hollanders一詞，意即自行闖入該地區的荷蘭人。這個標記旁的另一個標記寫作「化人住」，這「化人」當然是指那些處境艱困的西班牙人。

塞爾登地圖所未呈現的，乃是連結特爾納特島與南海網絡其他地方的那條航路，即1613年約翰‧薩里斯前往該地時所走的航路。根據薩里斯於途中擄走一名中國船船長之事，我們知道中國人也會航行此路線，但這張地圖上完全看不出有此航路存在的蛛絲馬跡。它會將航至菲律賓的東洋航路與航至爪哇的西洋航路連在一塊。對中國海員來說，這兩條航路形成一個大圈，但對塞爾登地圖的繪製者來說，並非如此。特爾納特島是他所知世界的最外圍處。事實上，他對該地幾乎談不上瞭解，在這張地圖上，位於婆羅洲另一邊更遠的那塊區域，處處都是雜亂的色塊，未明確區分哪裡是陸地，哪裡是海水。

如果說特爾納特已快超出塞爾登地圖繪製者的認知範圍，對約翰‧薩里斯來說亦然。除了幾雙海員的靴子，沒其他東西可拿來利誘西班牙人，薩里斯於是打消了將香料群島打造為公海的念頭，轉而往北航向日本，在地圖上標出一條橫越菲律賓

東邊大洋的航路。那是沒有中國船隻會走的路，也是塞爾登地圖上未以線條標出的航路。薩里斯航行到東洋航路的外緣之外，再從北洋航路的另一端重新接上這體系。這一迂迴轉進所帶給英國東印度公司的獲益，不足以讓該公司覺得在日本派人長駐等待中國開放通商是划算之舉。薩里斯帶著他的財富和春宮畫回到英格蘭七年後，該公司關掉日本商館，召回理察‧考克斯，只是他無緣踏上故土。

　　塞爾登地圖所畫出的那個航路圈，只有一個西向的出口。到馬來半島末端的柔佛，就能找到它。可能因塞爾登太常摸，那一點已磨損不清。在那裡，你會發現西洋航路循麻六甲海峽而上，抵達蘇門答臘北端的亞齊，然後出現該航路的最後一個分岔。這條航路未止於亞齊，而是在那裡一分為二。西線繞過蘇門答臘頂端，沿著該島外側往下。該島外側海域沒有航路指南存世，但其沿岸有數座港口。東線以幾乎正北的壬子方位（352.5度）往緬甸走去，然後在印度西岸喀拉拉省（Kelala）的港市古里（Calicut，今稱卡利卡特）戛然而止。

　　古里為何在此？塞爾登地圖上所標示的那個點，約略相當於仰光的位置。孟加拉灣怎麼不見了，為何完全不提印度次大陸？塞爾登地圖的繪製者未因海上世界在亞齊另一頭突然垮掉而不知如何是好。他繼續既有的作為，但不是用空間，而是用文字。在這張地圖上，他就只在一個地方插進加框文字說明情況，而那個地方就是古里（圖17）。他在緊貼地圖左緣處，以條列方式提供了三個顯眼的注解。第一個寫道：

● 古里往阿丹國，去西北，計用一百八十五更。

阿丹即今葉門的亞丁，位在阿拉伯半島南岸紅海口附近。這位地圖繪製者顯然把他所標記為古里的那個地方當成古里，欲說明一條越過阿拉伯海而非孟加拉灣的航路。在這張地圖上，他首次未提供羅經方位，只提供方向「西北」。

第二個注解和前者差不多：

● 古里往（佐）法兒國，去西北，計用一百五十更。

佐法兒位在同一道海岸上更東邊處，今阿曼境內。

最後一個指示較詳細，且以精確的羅經方位取代了一般方向：

● 古里往忽魯謨斯（今荷姆茲），用乾針（315度）五更，用乾亥（322.5度）四十五更，用戌（300度）一百更，用辛戌（295度）一十五更，用子癸（7.5度）二十更，用辛酉（277.5度）五更，用亥（330度）十更，用乾亥（322.5度）三十（更），用單子（360度）五更。

阿丹、佐法兒、忽魯謨斯是歐洲人闖入印度洋之前中世紀伊斯蘭的三大貿易港，但它們不是中國船要去的地方。即使在元朝，中國人西航最遠都只到古里，在那裡將船貨轉到穆斯林商人的船上。如果那個加框文字裡所描述的諸航路並非為了中

國領航員而加上，那是為了誰？答案就在它們不為任何人而存在。它們其實是15世紀去過上述三地的太監鄭和幾次遠航的記錄。由此可知，塞爾登地圖的繪製者根據一份標出這些航路的原始資料繪製地圖，而且在《順風相送》裡能找到與這些航路極類似的航路，可惜在張燮的《東西洋考》裡找不到。畢竟《東西洋考》問世時距鄭和下西洋已非常久遠，沒必要搬出他。因此，塞爾登地圖的繪製者在其地圖上所畫的那些航路，既為當時已佚失的一份書面文獻提供插圖般的說明，同時也描繪出晚明時中國海域的貿易網。這張地圖是文本和經驗混合的結晶。

　　在塞爾登地圖上找到古里，解決了我們探索湯瑪斯‧海德生平時的一個謎題。還記得湯瑪斯‧海德握著的那捲紙上的漢字嗎？回頭找出來瞧瞧。頂端兩個顯著的漢字是「古」和「里」。把這兩個字合起來，即是「古里國」一詞的前兩個字。在塞爾登地圖上，沒有東西可間接說明為何海德選擇讓古里出現在他的肖像畫裡，他的筆記裡也交未代他為何獨鍾於古里，但以如此稟性的學者，若說他是信手挑了這兩個漢字，實在教人難以相信。這一印度洋海港會不會代表了一歐洲人對亞洲之認識的極限，過了那裡，就非他所能瞭解？海德是否可能將古里當成東西方的交會點？他未在這張地圖上為古里注解，他的筆記裡也未出現這個地名。沈福宗向他指出塞爾登地圖上的古里時，他顯然注意到什麼，但究竟是什麼？我很好奇。

七、

天圓地方

　　1625年，撒繆爾・珀柯斯（Samuel Purchas）讓英格蘭讀者首度見到中國地圖。如今，除非是17世紀遊記迷，大部分人對他的名字已毫無所感。但他在世時，他的旅人故事集是人人最愛的休閒讀物，他是通俗出版品界最知名的人物之一。1798年，撒繆爾・泰勒・柯爾律治在《珀柯斯的遠行》一書頁472的某個段落上睡著，醒來寫下那首傳唱千古的英語詩時，凡是印有珀柯斯名字的書仍很暢銷。那個段落寫道：「在上都，忽必烈蓋了一座堂皇的宮殿，綿延16英里，有宮牆圍繞……其中有座豪奢的逍遙屋。」而柯爾律治的那首詩則寫道：

> 在上都，忽必烈汗
> 下詔建造逍遙宮：
> 聖河阿爾佛河流經
> 深不可測的洞穴，
> 下抵不見天日的海……

　　《珀柯斯的遠行》是撒繆爾・珀柯斯的第一部著作，問世後大為暢銷。這個書名使珀柯斯之名成為品牌的保證，他也善用這品牌，花了接下來的十年歲月推出新版，編出內容更為浩繁的五卷本暢銷書《續珀柯斯的遠行》（圖18）。為他立傳者說此書是「英語出版界分量最重的書」。為取得寫書所需的資料，他找上友人和熟人，約翰・塞爾登就是其一。兩人有許多共通之處：都沒有顯赫家世，也沒有貴族人脈（珀柯斯的父親從事布料業），但都憑著自己的聰明才智、毅力和在大學所打

下的關係（塞爾登在牛津，珀柯斯在劍橋），躋身倫敦文人界。兩人中較年長那一位決定當教區牧師，圖個安穩生活，較年輕那位則投身較不穩定的法律事業，但兩人都未把太多心力浪費在正職上。他們的興趣在別處。

　　兩人因共同的學習熱情和許多共同的友人而在倫敦走在一塊。1613年，珀柯斯感謝塞爾登「那位勤勉博學之士」提供資料供他撰寫《珀柯斯的遠行》，塞爾登則為該書前頁題獻了兩首詩，加上一封長信，回報這份讚美，由此可見這時兩人已頗有交情。塞爾登在那封長信中稱讚珀柯斯運用他的歷史研究方法，以聖經中的記述與其他史料相核參。兩人個性則不同。塞爾登嚴謹、深思，甚至太注重細節；珀柯斯隨性、浪費、馬虎。性格的差異使本為朋友的兩人起了衝突。

　　1617年版的《珀柯斯的遠行》問世後，塞爾登驚愕地發現珀柯斯把他以英格蘭境內猶太人歷史為題所寫的文章「砍得殘缺不全」，致使該文不如他原文那麼同情猶太人處境。事後，珀柯斯一直未修正該文。但兩人並未完全斷絕往來。1622年珀柯斯獲准成為維吉尼亞公司一員之後，兩人不得不在同一公司共事（一如東印度公司，維吉尼亞公司也是伊莉莎白一世時代享有官方特權的壟斷性貿易公司）——儘管塞爾登於不久後就未積極參與該公司業務。珀柯斯於1626年《珀柯斯的遠行》定版中拿掉塞爾登那兩首詩一事，代表兩人友誼的結束。珀柯斯於那年去世，至死未能與塞爾登重修舊好。

　　《續珀柯斯的遠行》第三卷含有許多大概會讓塞爾登感興趣的東西：約翰·薩里斯的日誌、理察·考克斯的報告、威

爾‧亞當斯的事蹟，只是其中犖犖大者。塞爾登對德赫羅特替
荷蘭人壟斷香料群島貿易辯護一事極感興趣，因此，他未讀過
該卷這些部分著實令人覺得奇怪。畢竟塞爾登博覽群書。

　　就是在這一卷裡，珀柯斯印出兩幅中國地圖。第一幅名叫
〈洪迪烏斯的中國地圖〉（*Hondius his Map of China*，圖19）。
它借自阿姆斯特丹的地圖出版商尤多庫斯‧洪迪烏斯1608年
所出版的世界地圖冊。它將中國往右翻轉90度，因此西邊在
地圖頂端，而這樣的設計出自營利性地圖繪製大師亞伯拉罕‧
奧泰利烏斯（Abraham Ortelius）之手。珀柯斯複製的洪迪烏斯
地圖和1584年奧泰利烏斯出版的地圖幾乎一模一樣，差別只
在於多了一些離群的大象和裝飾性的海獸。約翰‧史畢德的
1627年世界地圖冊《世上最著名地區全覽》（*Prospects of the
Most Famous Parts of the World*）收入該圖，使該地圖重獲發
行。史畢德把中國左轉90度，因而北方再度置頂，後來的地
圖繪製者沿用此作法。

　　珀柯斯納入洪迪烏斯的地圖，有其故意唱反調的用意：證
明「歐洲所有地理學家對中國的錯誤看法」。他在耶穌會士龐
迪我（Diego de Pantoja）描述中國的那個段落的開頭，插進這
張地圖。龐迪我在他描述中國的文中開門見山道：「偉大的中
國幾乎是方的，中國人自己也如此說。」這位葡萄牙籍耶穌會
士知道中國是方的，歐洲的地圖繪製者則不知道，或者說珀柯
斯這麼認為。他搬出洪迪烏斯的地圖，以揭露歐洲人所繪中國
地圖的謬誤，然後向他的讀者保證，在該卷後面會看到「較完
整的中國地圖」。正確的中國地圖，如他所承諾，在四十頁後

現身，珀柯斯拿它大作文章（圖20）。他強調這不是歐洲人所繪的中國地圖，而是中國人所繪的地圖。它呈現中國的真實樣貌。歐洲人「對它們一無所知，抱持且被餵以想像的地圖，而非中國地圖」。想像的地圖從此該打入冷宮了。

珀柯斯解釋道，他正是從約翰・薩里斯那兒弄到這張中國人所繪地圖的原本，薩里斯則是在萬丹得到它。原主人是個中國生意人，積欠東印度公司的債卻還不了，不得不把他的家當抵給該公司。薩里斯「看他小心翼翼拿出一個箱子，更為小心翼翼的捧著它，這張地圖就在那箱子裡。那是最近從中國過來，住在他家的另一個中國人所帶來的」。那人知道外國人不得擁有中國地圖，曾試圖把它偷偷帶走（因此，我在友誼關那段被禁止攜出全國地圖的遭遇，其實是中國沿襲已久的傳統作法）。珀柯斯指出，那人擔心此事若被人知道，「在國內非同小可，因此極力乞求對方歸還這件外人極想拿到並保有的東西。」薩里斯不願讓出這張地圖，1609年離開萬丹時，把它一併帶回倫敦。

這張地圖先是轉到理察・哈克呂特之手。哈克呂特是英國東印度公司的地圖繪製顧問，也是珀柯斯在旅人故事集出版領域的前輩。珀柯斯在《續珀柯斯的遠行》一書所收入的資料，有許多是哈克呂特所提供，珀柯斯將該書的副書名取為《哈克呂特死後出版的著作》（*Hakluytus Posthumus*），即在對此表示謝忱。珀柯斯大概是在1616年哈克呂特死後，從哈克呂特的遺產中得到這張地圖。

珀柯斯坦承，他並非將此地圖介紹給讀者的最理想人士，

因為他看不懂圖上的中文標記。「它以中文標記（我想在英格蘭，甚至在歐洲，都沒人懂），我複製時無法完全重現其原貌；因為它是以沒人懂的文字書寫，所以也沒人看得懂它。」他不覺氣餒，反倒十分高興，因為它給了我們「他們眼中的道地中國」，而非歐洲人所想像的中國。他主張，歐洲的地理學家所傳達的中國形象無一是處。「他們把它呈現為有點類似豎琴的形狀，但它其實是近乎方形」——誠如先前所提過的，他從龐迪我那兒得到這種體認。他說歐洲的地圖繪製業界努力繪出中國地圖，精神可佩，「但該業界憑想像行事，又置身黑暗中，根本是以盲導盲。」如今，沒有「歐洲藝術」手法的阻礙，讀者終於親眼見到「真正的中國，因為是以中國人作為我們的嚮導」。

在此地圖兩側的空白處，他插入「一中國男人」和「一中國女人」的小畫像作為裝飾，他們有著「小眼睛、小鼻子，長髮盤成髻，女人裹著腳，寬袖長外衣、扇子，諸如此類的東西」。他向讀者保證，它們百分之百寫實，非出自瞎想，因為他是照著一本圖冊畫成，那本圖冊「也製於中國，用色很好」，同樣是約翰‧薩里斯船長所提供（他所帶回來的這類東西似乎多過春宮畫）。地圖左側那幅利瑪竇人像小畫，他則取自耶穌會士。利瑪竇是耶穌會在中國傳教的開山始祖，也是第一位在中國出版歐洲人所繪地圖者。

薩里斯所取得的那幅印製的地圖，尺幅甚大。珀柯斯指出它高將近4呎（約1.2公尺），寬5呎（約1.5公尺）。原圖四邊有矩形加框文字，提供有關各省的實用資訊，而非歐洲印刷業

者用來裝飾地圖的人物小畫像。歐洲人看地圖時希望看到有啟
發性的圖畫，中國人則希望看到有用的資料。珀柯斯拿掉了地
名，「因為我們根本不懂它們的意思」。誠如他所說明的，「與
其費力去表達我們所不懂的中國字，或大膽表達我們愚蠢的看
法，或引起別人愚蠢的看法，而自欺欺人，似乎還不如保持沉
默。」但他保留了地圖上用來框住城市名的小框，所以，理論
上這些東西可以復原。他只把省名放進地圖，但因不確定它們
的正確拼法，他採用了一組音譯，因此不保證它們正確無誤，
並且自我辯解道，「我不敢將它們全數翻譯，決定寧給出不確
定的真相，也不要冒必然犯錯的險。」

　　珀柯斯替這張地圖取了英文標題：The Map of China。他
也想讓讀者「欣賞一下中國字」，於是把英文字穿插擺在中國
字之間。他所選用的英文名詞和此地圖的中文原名完全不搭
軋。中文名「皇明一統方輿備覽」，意思大概是「明帝國一統
的陸疆一眼覽盡」。「備覽」是營利性出版商的標準廣告文案
用語，藉此向非學者的讀者保證，可在一應俱全、毫無遺漏且
讀者買得起的單單一件出版品裡，得到所需的所有東西。「方
輿」是花稍但符合傳統的說法，用以指稱天下大地，而非單指
中國。地是「方」的，人猶如駕著車（「輿」）在其上馳騁。
「一統」是蒙古人於13世紀征服中國時用以描述中國的委婉
語，而一統中國者就是柯爾律治筆下的「忽必烈汗」。蒙古人
「一統中國」締造元朝，明朝不想讓他們專美於前，聲稱自己
也創下同樣的偉業。一統這個用語就此沿用，如今仍是用來指
稱中國之國家空間的通用語彙。最後，「皇明」一詞是這個地

圖標題裡最好懂的部分：兩字合起來意指明朝。The Map of China完全未譯出原標題的意思，但珀柯斯沒人可請教原標題的含意。誠如他所說的，不如「給出不確定的真相」。

珀柯斯所根據的原圖已經佚失。這類壁掛圖在當時很常見且較便宜，尤以在福建為然。福建是明朝大眾化出版業的中心。令人遺憾的，此後四百年，在中國未有此地圖存世。紙張的脆弱並非唯一原因：1644年的改朝換代也是因素之一。從西伯利亞入主中國創建清朝的滿人，很在意自己取得天下的正當性。若要完全取代他們所推翻的明朝，他們就得削弱這個本土王朝仍陰魂未散的吸引力。方法之一就是查禁所有代表舊王朝的東西。於是，只有傻瓜才會繼續讓〈皇明一統方輿備覽〉繼續掛在牆上；只有更傻的傻子才會不擔心好打探的鄰居向新當權者告發他意圖反清復明，而繼續留著它，因為反清復明可是殺頭重罪。因此，這張地圖在改朝換代之際捱過自我審查而存世的機率幾乎是零。存世的地圖，幾乎全因落腳於中國境外而得以保全。

約翰‧史畢德是詹姆斯一世在位期間倫敦生意最好的地圖出版商。他的《世上最著名地區全覽》，將成為日後一段時間裡英格蘭的權威性世界地理記述。他在此地圖冊中複製了撒繆爾‧珀柯斯所不屑一顧的洪迪烏斯中國地圖，且把那地圖翻轉為北方在頂。史畢德初出社會時，從事的工作比撒繆爾‧珀柯斯還低下：他繼承父業，在柴郡當裁縫師，將近三十歲時搬到倫敦做起老本行，從而改變了他的命運。身為裁縫師同業公會

一員的他，也盡情發揮該公會成員所謂的「在畫地圖和闡釋地圖方面非常少有且別出心裁的本事」。他出版的第一張地圖，聖經時代迦南（Canaan）地圖，印在四大張紙上，尺幅相當大，引起詩人議員富爾克・格雷維爾（Fulke Greville）的注意。格雷維爾成為史畢德的贊助者，為他在海關找到一份閒差事（伊莉莎白一世給他的差事），好讓他不必靠裁縫為生，可全力投入地圖繪製和古文物研究。後來史畢德在出版物中感謝格雷維爾「讓這隻手擺脫日復一日的手工活，得以盡情投入我所喜好的事物」。同樣重要的，他的贊助人當他的保證人，使他得以成為古文物學會（Society of Antiquaries）的一員。這一組織於1586年由西敏公學校長威廉・康登（William Camden）和古文物學者羅伯特・卡滕（Robert Cotton）創辦，1590年代史畢德加入時，它是最先進的學問中心。後來，康登和卡滕都出於個人興趣而關注史畢德的工作，尤其是卡滕，還讓他自由取用他世間少有的手抄本收藏（十年後他也會對塞爾登廣開這一大門）。

於是，這位裁縫師之子被拉進當代大學者和大詩人的圈子裡。在他們的鼓勵下，他開始更為宏大的地圖製作工程。他承接的第一個大案子是為欽定版聖經製作地圖。該版聖經於1611年發行。隔年，他出版《大不列顛帝國全覽》（*Theatre of the Empire of Great Britaine*），這是英國第一部真正全國性的地圖冊。\*十六年後，他出版了《世上最著名地區全覽》，這是英國

---

\* 史畢德製作《大不列顛帝國全覽》時，把部分業務（包括某些郡地圖）外

史上最大的地圖冊。

　　這位裁縫師之子，一如布商之子（珀柯斯）或小提琴手之子（塞爾登），能爬到這麼高的社會地位，具體而微點出了伊莉莎白一世和斯圖亞特王朝時代之所以不同於英格蘭史上其他任何時代，且大不同於同時代之明朝中國的原因。珀柯斯以羅洪先所繪製的地圖為本，印刷出版了那張地圖，而羅洪先的出身，相較於裁縫師出身的珀柯斯，可謂天之驕子。他是官宦人家出身，家庭環境賦予他參加科考追求功名所應具備的所有有利條件。他父親於1499年通過最高文官考試成為進士，此後人生雖無特別搶眼的成就，倒也仕途得意。羅洪先於1529年二十五歲時中進士第，立即獲授翰林院修撰。翰林院是北京智庫，撰寫政策建議書給皇帝參考。吏部把從科考中脫穎而出的最有才智之士擺在翰林裡，以免他們走入官場，浪費了聰明才智。

　　到這時為止，情況都還好。後來，因為父親於1533年病倒、去世，羅洪先的仕途不得不停擺。依照禮制，他得守喪三年。然而，三年喪期未滿，他母親去世，他又得守喪三年。直到1539年才重獲官職。誰知不到兩年，羅洪先就因得罪皇帝遭到免職。他大膽上疏道，皇帝既從不上早朝，就應請皇太子

---

　　包，而承接者不是別人，就是尤多庫斯‧洪迪烏斯。在製作這部地圖冊的漫長過程中，洪迪烏斯自行印製、出版了他所承接的郡地圖，以彌補開銷。英國東印度公司把其中一些郡地圖讓約翰‧薩里斯一起帶出海。理察‧考克斯在平戶商館存貨清單中羅列了一百九十九件郡地圖。世界還真小，到處都能扯上關係。

出來代司其職，接受群臣朝賀，至少在正月時接見群臣。今人或許認為此疏上得合理，但皇帝認為羅洪先在暗示他既不能善盡其職就該退位，而羅洪先本人說不定也有此意。結果，羅洪先不僅遭到免職，且在官籍中除名。意思是他不只不再是官；實質上，他從來不是官。對於希望走一輩子仕途的人來說，這是何其嚴重的懲罰。遭除籍十七年後，內閣首輔嚴嵩建請重新起用他（這次要他入兵部），但遭他婉拒。

　　一身才華，仕途受阻，該何去何從？一般的作法是返鄉執教，他也沒例外。但他的教學內容與當時流行的理學思潮相忤。他寫道，只要力所能及，人應把關乎社會或公共事務的一切大小事都視為己任，應毫不遲疑地立即攬下。即使如羅洪先那樣失去為官的資格，仍應積極投入公益事務。這並不容易，因為只有名列官籍者才有上呈政策建議書的法定權利，而且根據嚴格的層層上報規定，只能先呈給當地縣令。若不按照這規矩來，可能被扣上非法關心國家大事和質問皇帝決定的罪名。

　　羅洪先投身公益的第一個作為，乃是建議重新評估他江西家鄉縣份的稅。他認為窮人的稅負超過應有的比重，基於他的特權地位，他該為他們發聲，重新分配稅負使其公平。這一建議要求重新測繪縣內所有農地，顯然工程浩大，凡是只想著升官的縣令都不會把時間浪費在這上面，特別是因為這還會惹火縣內所有富人。羅洪先自告奮勇接下這項工作。然而這項工作非常累人，他花了六年才完成。他或許就是從測量農地的實務經驗中，萌生出重新測繪全國土地這個更浩大工程的念頭。他並未真的將那想法付諸實行，但根據他的測繪成果，他斷定他

有辦法重繪中國地圖，由此催生出讓羅洪先名聞於今世的成就，亦即是出版《廣輿圖》（圖25）。這部地圖冊含有四十五張地區圖和省圖，還有一張全國地圖。它是中國第一部全面性的全國地圖冊，出版於1555年，比史畢德發行其全國地圖冊早了七十年。

《廣輿圖》的顯著特色之一，乃是羅洪先隻手重振了先在紙上畫出由一樣大小的方格構成的格網，再於格網上繪地圖的「計里畫方」繪圖法。在中國，此一繪圖法至少可上溯至3世紀時，但要到14世紀地圖繪製者朱思本製作出一幅2公尺見方且驚人精確的格網全國地圖，這一手法的精確繪圖潛力才得到完全發揮。「計里畫方」繪圖法於元朝覆滅後式微許久，羅洪先花了三年才找到一張朱思本的全國地圖。這張地圖未附上「計里畫方」的手法說明，但已足以讓羅洪先改進這一技法，用它製作出《廣輿圖》。這部地圖冊問世後大賣，成為此後所有中國輿圖（包括薩里斯所沒收而由珀柯斯複製於《續珀柯斯的遠行》一書中的那張地圖）編繪的底本。

薩里斯地圖沒有羅洪先地圖的格網，大概因為原圖就沒有。中國的地圖出版者偏愛略去格網，有些人認為那不美觀。相對的，此時的歐洲人認為，地圖上就該有經緯度格網：格網代表精確。於是，珀柯斯順應潮流，決定「加上度數以協助那些無法自行做得更好的讀者」。加上去的經緯線看來很理想，線條帶弧度，讓人誤以為羅洪先在原圖上就根據曲面投影法畫了經緯線，其實不然。珀柯斯加上這些沒必要的添飾，以使薩里斯地圖比原就正確的中國原圖更顯可靠。他之所以自認做得

沒錯，緣於他從耶穌會士龐迪我那兒知道的一個祕密，即先前已提過的，中國「幾乎是方的」。但真是如此嗎？

　　章潢是羅洪先的江西同鄉，但分屬不同世代。章潢於1527年出生時，羅洪先已二十三歲，而章潢享壽八十一，比羅洪先晚死四十四年。章潢屬於下一代，置身萬曆皇帝（1573-1620在位）在位前半期文化、知識領域蓬勃發展的時代。在這一激盪的時代，菁英分子的品味偏離守舊的儒家知識、道德，而羅洪先無緣看到這一時期。讀書仍以當官為目的，但急速成長的商業經濟帶來社會繁榮，使更多年輕人走上科考之途，但科考大門太窄，許多人擠不進去。為了在急速變遷的時代找到安身立命之道，許多人求助於他途——佛教，甚至有些人求助於耶穌會所欲傳入中國的基督教。

　　章潢以不同於流俗的方式回應這些挑戰，原因之一是，一如羅洪先，在於科考不順，無緣走上仕途。但塞翁失馬焉知非福，科考不順反倒使他不致受到宮廷政治的派系傾軋與機會主義心態的荼毒。更重要的是，那使他得以心無旁鶩鑽研學問，成為他那一代的大學者之一。他未在替典籍評注中埋沒一生，也未在教導學生準備科考中耗掉人生，而是展開幾項重大事業。愈來愈多人求教於他的世界觀，於是，1567年，即明廷讓月港重新開放對外貿易那年，他建了此洗堂，每月25日在此堂開講，主題從儒家哲學到宇宙運行，包羅廣泛。不到一年，就有數百人群聚於此聽他講述他的思想。

　　至少在他開始於此洗堂主講的十年前，他就展開一項浩大

工程，即要將所有關於自然和社會的知識合編為一部概要說明世界狀態的著作。他花了二十年才完成此書。據說，章潢「每暑夜必張燈據案，筆不釋手。即蚊虻集肢體，也不覺，偶一舉手，掌血盡污」，對此工程的專注可見一斑。書名《圖書編》，意為「圖與文的合編」，但我把它稱作Documentarium，裡面集合了文章、文獻、插圖，還有地圖。

《圖書編》在明朝書籍世界裡所占的地位，約略相當於《續珀柯斯的遠行》在英格蘭閱讀大眾心目中的地位。兩書的內容不同，但兩位作者編寫書籍時，都鎖定一般讀者。兩本書都成於作者四十多歲時，但兩人際遇不同。珀柯斯於《續珀柯斯的遠行》出版後一年就去世了，只活了將近五十歲，且死時幾乎破產。章潢正是在五十歲時完成《圖書編》的草稿，但此後又活了三十一年，1590年成為白鹿書院的山長。白鹿書院是江西省境內，甚至是中國境內，最負盛名的私立學院。但儘管活到八十一歲的高齡，他仍無緣在生前看到《圖書編》付梓，去世五年後（1613）該書才出版。

章潢未像撒繆爾・珀柯斯那樣從事營利性事業，也不像羅洪先那樣投身社會公益，但就學術成就來說，他們兩人都比不上章潢。羅洪先發現一問題，即竭盡所能深究。《廣輿圖》就是這一深究的結晶。他是那種強調做研究得瞭解其實際效益的學者。就他的地圖冊來說，就該具有改善地理知識以使社會更為安定的效益。他所在的縣城曾差點遭土匪攻陷，他深信唯有更清楚本地地形才有助於找出辦法治匪。無知於地理，將妨礙有效的治理。

　　章潢做事沒那麼目標取向。學者的職責乃是集合最佳的知識，提供給有現實問題得解決的人。誠如他在六十歲時出版的另一本書中所說，研究者的義務絕非盡情抒發自己的看法，而是力求信實可靠。他說，他「錄憲典標儀刑，求以信今而傳後也。故於舊志，筆其可傳信者，削其猥瑣之無補者。間有增入，亦必文獻足徵，然後采錄，不敢以一毫意見軒輊其間」。珀柯斯有時樂於「給出不確定的真相」，但章潢不敢這麼做，而是竭力遵守最嚴格的客觀標準。

　　實體地理和歷史地理占去《圖書編》將近三分之一篇幅，書中因此包含了數十張地圖。在此書中可找到以標準手法呈現中國人眼中之中國樣貌的地圖，但還有許多別的地圖。章潢的〈四海華夷總圖〉尤其引人注目（圖23）。「華夷圖」是中國人所繪製的一類特殊地圖，把中國當成文明開化的核心地帶來呈現，化外之民則以認不出的形象擠在中國的邊陲。章潢用這個標題來表明這張地圖符合中國的地圖繪製傳統，但他讓中國融入四邊為大洋所環繞且面積大上許多的歐亞大陸裡，從而超越這類地圖的框限。這或許不是我們所認知的歐亞大陸，但章潢以此前中國任何地理學家所未及的條理性和說服力，而且是在未參考歐洲人所繪地圖的情況下，想像出這塊大陸。他對這張地圖的真實性並沒有絕對把握，才會在右上角插入「姑存之以備考」這幾個字。章潢所呈現的地理遠超過他根據手上的原始資料所能理解的範圍，因而犯了一些有趣的疏失。以位在歐亞大陸中間那座名叫瀚海（無邊之海）的大湖為例，雕版者在那裡刻了波浪紋以表示那是塊水域。瀚海一詞其實造於距那之前

的一千年，用以喻指有著不斷變動的沙地且如大海遼闊的戈壁沙漠，但到了明朝時，這個比喻已沒人用。章潢未理解這點，把那片沙漠變成一座根本不存在的汪洋大湖，從而不是給出「不確定的真相」，而是給了「確定的錯誤」。儘管內容不盡正確，章潢的〈四海華夷總圖〉把歐亞大陸呈現於中國人眼前，從而超前了當時中國的地圖繪製水平。那塊大陸遠大於中國，在中國境外綿延之廣，乃是此前任何華夷圖都未曾呈現的。

　　若非遇見耶穌會士利瑪竇，章潢說不定不會將此地圖放進《圖書編》中。兩人相識短暫，但章潢受這位義大利學者影響甚大，還將利瑪竇給他的許多材料放進該書中：抄自吉羅拉莫‧魯斯凱利（Girolamo Ruscelli）之地圖冊的東半球圖和西半球圖（中國雕版工抄寫地圖上的拉丁文時弄亂了拉丁字母，因而已看不出原來的拉丁字）；標示出360度經線的兩張北半球、南半球方位投影圖；一張依據奧泰利烏斯的地圖繪製的地圖（圖21）——後來利瑪竇將此地圖化為由十二張紙拼成的一張壁掛大地圖，在北京出版。有些中國人對歐洲人所宣稱走了極遙遠的路才來到中國一說心存懷疑，而章潢在其書中納入這些地圖，正與那些中國人的看法背道而馳。章潢的作為符合他的一貫原則，即碰上新事物時，絕不死守成見。

　　《圖書編》吸收了來自歐洲的某些最新的地圖繪製知識，但反過來說，歐洲人也吸收了來自中國的地圖知識。遊歷亞洲且看過中國人所繪地圖的歐洲人，例如約翰‧薩里斯，除了如那些地圖一般呈現中國，別無辦法來將中國形象化。撒繆爾‧珀柯斯就曾以肯定語氣提到那位斬釘截鐵表示中國「幾乎是方

的，中國人自己也如此說」的耶穌會士。如果有人問明朝人他們的國家是什麼形狀，他們的確會這麼說。明朝人始終認為中國是長方形。章潢以《圖書編》中論宇宙結構的第一章開頭的插圖，說明那個看法。那是個占去半個對開頁的簡圖，呈現一圓中有一拉長的矩形，並有圖說引用了古諺「天圓地方」。

這是中國所有地圖繪製者，甚至包括章潢在內，都無法完全避開的製圖原則。再看看珀柯斯著作中以羅洪先1555年中國地圖為本繪製的薩里斯地圖（圖20、25）。東南海岸的確呈弧狀，渤海灣把東北海岸咬掉一塊，但整個形狀大略呈方形：無疑仍符合天圓地方這個天地準則。羅洪先地圖格網中的小格也被稱之為「方」一事，有助於我們瞭解這項原則。地圖繪製者所必須做的，乃是朝四面八方等距添加方格，直到繪成完整的中國地圖為止。大方塊是諸多小方格加總而成，只要添加方格，再多的地方都可以畫進地圖。

再看一眼這張地圖，很容易就可推翻這項邏輯，看出羅洪先筆下的中國不是方的，而是卵形的，只是羅洪方竭盡所能把這卵形弄成方形。把中國視為方的，乃是按照中國文化要中國人所相信的那樣去看中國。把中國視為別的形狀，則是在沒有那種文化調教下看中國，而16世紀首度看到中國人所繪地圖的歐洲人，就是在那樣的條件下看中國。他們從中國的沿海實地見識過中國，而中國沿海很清楚是弧形的。最初，他們沒有自己繪製的中國地圖，得倚賴中國人所繪製的地圖，因而，在看過中國人所繪地圖後，他們把中國畫成卵形的。珀柯斯把他們所謂的卵形中國輪廓形容為豎琴狀，深信他們搞錯了。但這

是雙方一起造成的錯：中國的地圖繪製者竭盡所能把中國畫成
方形，然後航行過中國沿海的歐洲人，在繪製中國地圖時把下
方海岸修成弧形以符合他們的航海經驗，接著歐洲本地的地圖
繪製者把這一經過修改的中國人所繪中國地圖放入他們的世界
地圖。這些變革陸續產生奧泰利烏斯、洪迪烏斯、史畢德所出
版地圖裡的的中國樣貌，以及 17 世紀大部分重要地圖冊裡的
中國樣貌。珀柯斯憑著直覺信任薩里斯地圖所依據的未經修改
的中國人所繪地圖，而珀柯斯、史畢德、塞爾登之類的古文物
收藏家始終憑著這一令人讚許的直覺行事：不管探查何物，始
終求助於在時空上最接近該物的原始資料。只是珀柯斯無緣瞭
解在這一時期扭曲中國人與歐洲人所繪地圖的那一推理過程裡
的所有步驟。當時沒有真實或客觀的中國樣貌，只有被文化和
經驗塑造出來的樣貌，而且那樣貌有時以某些人所神不知鬼不
覺的方式塑造出來。

　　此事的核心在於推動近代地圖繪製術發展的那個幾何難
題：如何把曲面與平面連結起來。對章潢來說，這不是他得解
決的難題。他把圓與方的關係視為一宇宙模型，且這一模型決
定了他想要在地圖上呈現的那塊土地的布局。但對 16 世紀繪
製地圖的歐洲人來說，問題不在於天的曲率，而在於地的曲
率。而且那是他們得解決的難題，因為他們的領航員需要解決
該道難題。

　　欲解決地球球體狀難題，最簡單的辦法就是在球體上畫出
世界。威爾・亞當斯為日本的幕府將軍做了這樣的事，而幕府

將軍最初認為亞當斯在騙他，最終卻大為佩服。亞當斯想說服幕府將軍支持英格蘭開闢繞過俄羅斯上方之東北航道的企圖，於是寫信給英國東印度公司，請公司送來一對地球儀。若開闢成功，將縮短英格蘭、日本兩地的航行距離。地球儀畫得再怎麼讓人擊節叫好，實際用於導航上卻根本不管用。海員需要的大比例尺和精細局部，非任何地球儀所能提供。他們也需要可平放的東西。

解決之道是投影法：也就是把地球曲面樣貌投射在平坦的紙上，藉此既顧及曲率，同時把變形減至最小。但變形無可避免。要把曲面忠實化為平面，簡單的說就是辦不到，只能大略將圓形化為方形。我們把圓與方之間的關係叫作 $\pi$。計算 $\pi$，得出一個永無止境的數字。把這難題放進三度空間裡，只會使這一計算更難完成。地球儀未徹底解決這道難題，因為製作地球儀時得先印好平面的世界地圖，再把那張地圖裁切成數條細長的紡錘狀區塊（gore）貼在球體上。每一張投影圖都得有所妥協。

海員在從事最簡單的直線航行的過程中，碰上曲率問題。在一球體上從某點畫一條直線，然後在一展平的地圖上從同一點畫一條直線，你會發現兩條線未止於同一個地方。把陸上的路線標示在地圖上時，不會有這類困擾，因為地圖繪製者能根據其與視覺基準點的相對關係不斷調整其所畫的線。橫越無邊無際的大海時，平面圖上的直線與該線在地球曲面上的實際路線並不一致，領航員得用所謂的航位推測法（dead reckoning，根據羅經角、風向、水流、航行時間和上次用航位推測法算出

的所在位置推算目前所在位置）修正其航向。用航位推測法算錯一次所在位置，下一次必然只會一樣錯或錯得更離譜，從而只會拉大整個誤差。

在地中海，水手試圖用波特蘭海圖取得對海上空間的幾何控制。此類海圖上有分布為一個大圓的諸多羅針圖，羅針圖所發散出的磁性固定線（恒向線）構成一密集網絡，藉由運用該網絡，領航員有了可據以在紙上決定航向且可無限延伸的諸多線條。這一操作建立在一假定上，即磁方向角產生一致性的假定，但曲率打破這一假定。東南西北絕不會變，但羅盤上的其他方位，個個都產生隨著地球彎曲而偏離方向的正切。短距離航行時這不會造成問題，特別是在可隨手取得沿岸方向角，使人得以一路小幅修正時。使波特蘭海圖式微的因素，乃是遠洋的長距離航行。海員從事這類航行時發現，一路維持一固定的磁方向角，卻未抵達他們認為會抵達的地方。

蓋拉德·麥卡托（Gerard Mercator）就在此時登上歐洲地圖繪製舞台。他本名蓋拉德·克雷默（Gerard Kremer），開始出版自己作品時，把姓拉丁化（Kremer的字面意思為荷蘭語的「商人」，相當於拉丁語的mercator）。他出社會後的第一份職業是製造儀器而非裁縫，但他比約翰·史畢德更早走上地圖繪製一途，一開始就製出一張由六張紙拼成的巴勒斯坦（聖經中的聖地）地圖。以巴勒斯坦地圖為地圖生涯的起點有其道理，因為理解聖經的真實性乃是古文物收藏家第一件該做的事。他迅即理解到，要為球狀世界製出一張精確的平展地圖，秘訣在於從海上而非從陸上著手。在海上，較難維持固定方向；而且

海洋為有意在地圖繪製領域開創新猷者提供了一大片未經標記的空間，供他在其中找到一個純數學難題的解決辦法。麥卡托於1541年開始解決這道難題，其作法是在地球儀上畫上恒向線，思索那些線在彎曲方式上的一致性——因為基於球體的本質，按照某一不變的羅經方位畫出的線，每條都會變成螺線，不是止於北極，就是止於南極。

對麥卡托來說，難處在於如何把這條螺線畫成像是直的，讓海員覺得在他維持一固定羅經方向角航行時，那條線看來和平展地圖上的線一樣直。他的解決之道別出心裁。他不彎曲那條線以遷就陸地的真實形狀，而是選擇將陸地變形。這一變形必須把球體往兩極方向展開才能辦到，也就是在往每個極點接近時，照 $\pi$ 的比率增加展開的角度。這一南北伸展之舉促成相稱的東西伸展，離赤道愈遠，伸展角度就愈大。把這個模型繞自己軸心彎折一圈，地球就成為圓柱體。麥卡托透過以觀察為依據的實驗得到他的模型，但他的數學素養夠強，得以找出該模型的幾何規律性。為了使航線看來有如直線，他需要這樣的變形，而這一變形並非毫無規則可循，而是可透過精確計算得出。今人所謂的麥卡托投影法便由此誕生。

麥卡托投影法能受到青睞，在於它符合領航員的需求，16世紀時，領航員航越汪洋大海，需要可靠地圖。麥卡托以如此方式畫出世界地圖，藉此簡化了在地圖上標出航向的難題，使地球上的任何兩個點都可用保持一固定羅經方位的直線來予以連接。船隻所走的路線其實是曲線，因此並非兩點間的最短距離，但只要把船的方位鎖定在一固定的羅經方位，就能簡單且

可靠的算出真正的航路。採取稍遠的路線誠屬不利，但可保證讓人抵達目的地，兩相權衡還是值得。麥卡托把章潢的圓變成方的。

麥卡托於1569年推出其大尺幅世界地圖，試圖藉此普及其投影法。雖然未能立即如願以償，但到了該世紀結束時，它已被奉為圭臬。即使今日，麥卡托所重繪的世界地圖仍是今日大部分人所認知的世界形象：加拿大、格陵蘭、俄羅斯被放大，南極大陸變形為巨大的大陸，像頂住世界的阿特拉斯（Atlas）肩膀。歷來數位地圖繪製者嘗試修補麥卡托的模型，想減少其變形程度，同時不失其精確性。麥卡托的同行亞伯拉罕・奧泰利烏斯提出一個模型，將本初子午線（地圖上的中間經線）兩邊的麥卡托經線彎曲，離該子午線愈遠，曲度就愈大。由此誕生所謂的偽圓柱投影法。這一投影法折衷方圓，減少了麥卡托投影法所造成的變形。利瑪竇為中國人繪製並被章潢重印放進其《圖書編》的那幅世界地圖，就用到這一投影法（圖25）。複製、複製、再複製：地圖繪製知識就如此傳播開來。

針對地區圖，包括那張中國地圖，奧泰利烏斯嘗試別種投影法。他手上的資料是別人所繪的中國地圖，因此不夠精確，不足以讓他完成任何一種精確的投影圖。他的確在這張中國地圖的頂端和底部安插了從其他原始資料推斷得來的緯度尺，但他所能做到的就只是如此。經洪迪烏斯之手，這張中國地圖成為珀柯斯眼中的「糟」中國地圖（圖19）。為支持他眼中的「好」地圖（即薩里斯地圖），珀柯斯根據葡萄牙人的資料，替

該地圖加上縱橫分布的經緯線（圖20）。但在進行這項作業時，他發現他所能取得的原始資料裡的經度值與「一般的看法」相忤。珀柯斯懷疑這種不一致現象與1494年托爾德西里亞斯條約後西班牙、葡萄牙兩國的競爭有關。這紙條約聲稱全球由這兩國瓜分，由於分界線建立在經線上，兩國所欲控制之地的經度值為何，就至關緊要，即使在他們還未真的抵達該地時亦然。但這種不一致不該全怪在西、葡兩國頭上。中國人認為地是方的，因此中國的地圖繪製者已將扭曲中國本有形狀的一個模板強行套用在中國地圖上，像是把北京拉到比其該在的位置更東邊的地方。珀柯斯所要做的，就是把兩個扞格不入的形狀合在一塊，以提出他心目中真正的中國地圖。這一值得嘉許的嘗試，帶來令人遺憾的結果，即一地的變形使另一地的變形更為嚴重。珀柯斯版的薩里斯地圖，最終成了他自己大膽創作的結晶，一個在歐洲人看來如同在中國人看來一樣精確的混種，但卻都不符合歐洲人與中國人的標準。

我們不能怪珀柯斯。他根據他所相信的東西創造出他所想像的中國樣貌。那畢竟只是個圖像。當時大概不會有哪個領航員想過光靠薩里斯地圖為指引，航行到柯爾律治筆下那不見天日的海，原因很簡單，未曾有過領航員航行到中國去畫下那個地方的地圖。

奧斯卡‧王爾德（Oscar Wilde）曾發出這麼一句名言妙語：「未把烏托邦放進去的世界地圖，連一眼都不值得瞧。」如果上都是柯爾律治的烏托邦，不管在《續珀柯斯的遠行》中

的哪幅中國地圖裡，他都找不到它。即使珀柯斯未將薩里斯地
圖上的許多矩形地名小標記全數拿掉，上都也不會出現在那張
地圖，因為14世紀時它已被明朝遺棄給戈壁沙漠，成為廢
墟。塞爾登地圖則不然。那張地圖上，中國的東北隅，葫蘆形
而非圓形的框框裡神奇地寫了「金阮上都」這四個字。在珀柯
斯的地圖裡，上都成為Xamdu，然後，經由柯爾律治發揮其豐
富的想像力，加上他需要將揚揚格（兩個揚音節，XAM-DU）
延展為抑揚格四音步詩行（in-XA-na-DU did-KU bla-KHAN）
的前半，Xamdu變成Xanadu。這個名字本身並沒有錯，這張
地圖所提供的該地歷史亦無誤。女真人創建金朝，12世紀時在
戈壁沙漠南緣此地建了一座都城。1256年忽必烈將其重建為他
的都城，九年後卻棄置該城，改以北京為都城，再六年後正式
宣告創建元朝。錯的是所在位置。上都位於北京正北方300公
里處。在塞爾登地圖上，它卻位於北京東方約600公里處。這
張地圖再度「出錯」，但我們不能據此責怪此地圖的繪製者。
上都消失於他繪製此地圖的三百年前。這或許可以說明為何那
個標記採葫蘆形。葫蘆之於中國人，猶如阿拉丁的神燈，從中
能冒出神奇的幻象。這位地圖繪製者使用葫蘆形，藉此表示那
是想像中的地方，不存在的地方，而英語「烏托邦」一詞的字
面意思正是如此。

　　王爾德若看過這張地圖，大概會予以肯定，我們應該也
會，因為事實將會證明，上都是讓我們得以在最後一章重現塞
爾登地圖以何等不尋常的方式繪成的微量元素之一。

八、

塞爾登地圖
的祕密

　　班・瓊森有著永不枯竭的創造力、無休無止的野心和始終
羞澀的阮囊，靠著揚棄嚴肅性質的論述，轉攻吸引目光的創
作，聲名達到顛峰。他為詹姆斯一世和他的廷臣編寫假面劇劇
本，得到豐富酬勞，1620年，他不負眾望推出另一部光怪陸離
的劇作。《從月球上所發現的新世界傳來的消息》（*News from
the New World Discovered in the Moon*）一劇，情節薄弱，美其
名為劇作，其實幾可說是拿大量歌舞來娛樂這位我行我素的國
王。但仍要有故事才能引起廷臣興趣，於是瓊森讓兩位傳令官
在開演之初上台宣布：奇哉怪哉！月球人就要來英格蘭了。

　　在舞台上展現來自海外的外地人，給了瓊森一個選擇。他
可以把他們打造為充滿異國風的人物，甚至野蠻人，而美洲人
正可為他打造此類人提供參考。或者他也可以把他們打造成像
他的觀眾那般文明有禮的外國人，儘管可能仍有一丁點差異。
例如可以打造成中國人：中國人一向文明有禮。這齣假面劇中
的舞者來自月球，因此瓊森可完全按照自己的意思來打造。他
選擇讓他們以文明人形象現身。兩位傳令官宣布，月球「新近
發現是個有人居住的地方，有可通舟楫的河海、多種國家、政
策、法律」；換句話說，和歐洲一樣，但他們又說「不同於我
們」。差異很重要，或者更貼切的說，差異的程度很重要。若
是完全一樣，即將現身的月球舞蹈團將完全不具異國風味。要
讓看戲者興奮，小小差異不可或缺；至少他們的戲服應該稀奇
古怪，或許他們的語言也應該讓人聽不懂。但如果要完全不
同，月球人將得把觀眾心中那股受威脅的感覺演出來，營造出
大不相同的戲劇氛圍：比較像打仗而不像喜劇。

　　八年前的1612年，威廉・莎士比亞在英格蘭國王和朝臣面前將《暴風雨》搬上舞台時，以不同手法處理充滿張力的異文化相遇情景。不是文明月球人來到文明開化的英格蘭，而是文明的歐洲人來到一座野蠻荒島。其中一個人物，以「不適人居且幾乎無法進入」之語形容他所看到的周遭環境。瓊森筆下的月球所具有的「國家、政策、法律」，在這座島上付諸闕如。島上只有一個土生土長的居民凱列班（Caliban），「一個渾身斑痣的妖婦賤種，無緣具有人形。」劇中主角米蘭公爵普洛斯彼羅（Prospero）被弟弟奪去爵位，趕出米蘭，最後流落這座荒島。凱列班則淪為普洛斯彼羅的奴隸。莎士比亞把凱列班打造為令人痛恨的粗暴之徒，但還是讓他講述自己的生平：他原是單純天真之人，初遇普洛斯彼羅時，毫無機心，張開雙臂歡迎他。正是普洛斯彼羅侵占此島之舉，創造出殖民惡行，才使凱列班變成後來那個樣子。凱列班如此憶及他粗暴的主人，

　　你教我講話；我從中的獲益
　　就只是知道怎樣罵人。但願血瘟病要了你的命，
　　因為你教我說你的那種話！

　　就連凱列班所祈求降臨於普洛斯彼羅身上的瘟疫，都是歐洲人入侵這塊無主之地所致，疾病使樂園黯然失色。在下一幕中，莎士比亞簡單描述了宣稱此島為無主之地後可能發生的兩種情況。他透過老顧問龔薩羅（Gonzalo）之口，講述了理想化的遠景。龔薩羅想像在這座荒島上打造完美的「共和國」：

一個沒有商業或國家、合同或私人所有權、勞動或戰爭的體
制。結果，與他一同遭遇船難的其他廷臣不留情面地嘲笑他是
個老蠢蛋，把他的美好想像一百八十度翻轉，宣稱他的美好黃
金時代將只會是個「充斥妓女與惡棍」的社會，龔薩羅最終將
自封為那個社會的國王。他們從另一個角度解讀人世：置身自
然狀態的人會追逐自己的私利，而這當然就是自這些廷臣為了
自己的利益罷黜普洛斯彼羅以來，他們一直在做的事——且觀
眾對此知之甚明。我們可以欽佩龔薩羅的真誠，但我們也非常
清楚無主之地不可能有好的結局，即使專制君主是個仁君亦
然。這齣戲以文明戰勝野蠻畫下含糊的結局：普洛斯彼羅失散
的女兒米蘭姐發現自己最終置身於她的文明同類之間時，興奮
大喊，

> 神奇啊！
> 這裡有多少好看的人！
> 人類是多麼美麗！啊，新奇的世界，
> 有這麼出色的人物！

《暴風雨》是莎士比亞的偉大劇作之一，《新世界傳來的消
息》在班‧瓊森的所有作品裡則永遠稱不上一流之作，但瓊森
本就無意撰寫發人深省的嚴肅劇作。我在本書最後一章的開頭
搬出這兩部作品，是因為它們讓我們見識到歐洲人與更大的世
界相遇時處理手法的兩個極端，不管是如約翰‧薩里斯那樣從
船甲板上處理此一相遇（《暴風雨》演出時他正在航往萬丹的

路上），或是如約翰‧塞爾登那樣從手抄本的頁面上處理此一相遇（那一年他正為通過律師考試在準備）。《暴風雨》把新奇的世界看成一個迥異的地方，一塊要人順服或流亡的蠻荒之地。《新世界傳來的消息》在陌生異域裡尋找熟悉之處，承認異地的法律和習俗可能不同於我們的法律和習俗，卻不會威脅到我們。薩里斯和塞爾登採取瓊森的作法。世上的國家和民族各不相同，但在本質上卻無二致。薩里斯可不必動武征服就能和他們通商，塞爾登可鑽研他們的文獻，尋找開明之人的共同本源。要再過一個世紀，這一平等對待意識才讓位給高高在上的心態，那時英國東印度公司才開始把重心放在奪取世界的資產和其他民族的尊嚴上。

　　瓊森和莎士比亞殊途同歸，給了英格蘭觀眾所心儀的東西：對英格蘭本土之外的遙遠新世界的想像。他們這麼做時，只是在利用社會大眾對旅人故事的著迷。旅人故事這一文學題材於1590年代由理察‧哈克呂特首度予以發揮，撒繆爾‧珀柯斯於1610和1620年代期間將其化為商品販售，約翰‧史畢德則為這一文學題材提供了地圖和插圖。它帶給讀者莫大的樂趣，且一直到18世紀末期柯爾律治在椅子上打盹為止，魅力一直不減。但從新發現之土地傳來的消息，對其他知性範疇也帶來強烈影響。一有那樣的消息送達，約翰‧塞爾登之類的學者即竭盡所能挖取能幫助他們瞭解那些地方和傳統的知識，精通諸種語言，並收集為挖掘湮沒不明的更深層人類歷史真相所需的手抄本。

　　這一新知傳來時，最初什麼都沒改變，世界只是變得更完

整。但漸漸的，隨著證明別種生活方式和思惟方式存在的證據更為頻繁的出現，有些人理解到舊方式並非唯一的方式，甚至說不定得予以修正或揚棄。置身約翰・塞爾登的時代，要經歷典範上的這一轉移。有些人（在塞爾登身上尤其明顯）順著這股潮流而動，運用新見解為歐洲人的知識打下更強固的比較基礎。其他人因這些改變而無所作為，不清楚該如何回應當前世界所正在呈現給他們的事物。但還有些人完全被拋到後面，固守舊的看法，且在這些未經檢驗的看法已因站不住腳而垮掉許久以後，仍信持不悔。

　　就連最優秀、最聰明之人都可能在不知不覺間陷入不知該重新肯定舊東西、還是吸收新東西的困境。塞爾登的希伯來語、阿拉伯語老師和後來成為塞爾登學界友人的詹姆斯・烏雪轉向古希伯來語文本，而把天地創造的時間斷定為西元前4004年10月23日凌晨。他擁抱新出爐的原始資料，嘗試運用隨著對世界有更多瞭解而誕生的比較方法，但他從那些原始資料汲取知識，只為證實聖經的記述，而非予以挑戰。不久後，下一代的學者就會在東方文本（特別是中文文本）裡找到豐富的證據，證明人類史的年表起於西元前4004年之前許久。烏雪若更細心注意他的原始資料，少放些注意力在自己的認定上，可能就不致白忙一場，儘管如此一來，他大概會沒沒無聞於今日。全球性的知識增長，使某些思想家撬開歐洲思想的意識形態樓板，而聖經的開天闢地說只是這一知識增長的受害者之一罷了。為何聰明之人學起希伯來語、阿拉伯語，乃至中國話，原因在此。這些古老語言裡藏有重要資訊；密碼得以破解。東

方學者是他們那一代的駭客。

　　塞爾登或許把他的「中國地圖」視為世界另一頭有先進知識的明證。但他認為這張地圖是有密碼需要破解的文獻嗎？這地圖裡有著他非搞懂不可的東西嗎？他從未就這張地圖表示過看法，因此我們無從得知。但我仍不由得推測他表示過看法，推測他在這張亞洲另一頭的地圖裡，察覺到值得學習且是他原本推斷不出的東西。

　　對於這一說法，我所能提出的最有力的支持證據，乃是《榮譽稱號》（*Titles of Honor*）裡的一個段落。這本書是塞爾登備受肯定的專題論著，也是在他因《什一稅史》惹上麻煩之前的第一本重要的學術著作，探討貴族階級與特權的歷史。這個段落不在該書的1614年初版中，而在他替1631年再版所添加的獻詞中。他在此獻詞中論道，「所有島嶼和大陸（大陸其實只是較大的島）如此分布，因而不管從哪個島嶼或大陸出海，都必然會發現別的島嶼或大陸。」島與島間會有輕易的交通往來：這不是什麼高深的見解。但歐洲人的經驗會自然而然催生出這個看法嗎？仔細瞧瞧歐陸地圖，沒什麼東西能使人產生這種看法。沒錯，在歐洲邊陲有一些（大不列顛）島嶼，但這些島嶼長久以來反抗從別的陸地過來者。再仔細瞧瞧塞爾登地圖，眼光不自覺地就盯在那些星羅棋布的島嶼、半島和較小的大陸上，而它們的確「如此分布」，致使其中沒有哪個能與別個不相往來。

　　提出這一看法後，塞爾登接著思考了可從它順勢推出的兩個論點。第一個是「有人把這當成『大自然的邀請』，邀人從

一地移居到另一地」。這一觀點實質上在重述發現無人居的異地有權予以占領的無主之地論。第二個推論，且是較侵略性的推論，乃是「另有一些人強調它，好似相互通商的公共權利是它所設計的」。在此，我們與德赫羅特的自然法觀點正面相遇。那一觀點認為商業交易是自然本有的，因而是合法的，凡是阻礙那交易者，都可合法予以挑戰。我們知道塞爾登對這兩個主張都心存懷疑。他認為，只有在其他條件都符合時，才可搬出占地權利和通商權利，而那些條件之一是對等：一方不能將踐踏較基本權利的貿易條件或不平等合同強加在另一方身上。

塞爾登並非為了壓下德赫羅特的氣勢而在《榮譽稱號》中插入這一看法。事實上，他運用島與島間往來相通這個意象時，純粹把那當成暗喻，藉以闡明另一個觀點，亦即令人遺憾的，許多「有用的技藝與學問」領域已各走各的，不相往來，然而「那每個領域都與別的領域關係密切，不只常借助於相鄰的領域，而且透過那層借助，還借助該領域之外的東西」。用今日的措詞來說，每個學科都利用其他所有學科，都與其他所有學科有某種關聯，不該各搞各的，涇渭分明。那純粹是個暗喻，但看過這張地圖之後，我不由得注意到他所選擇之意象和那時他大概已擁有的這張地圖之間的相似之處。很難想像塞爾登是在定睛細瞧歐洲地圖時，想出這一闡明跨學科學習之必要性的意象。但若說他是在看他的東亞地圖時得出這意象，那就一點也不牽強。

沒錯，上述說法出於我的猜測。我如此猜測，乃是因為知道塞爾登看重這張地圖，才會在他的遺囑裡具體交代它未來的

歸屬，而他對這樣一張地圖不可能毫無所感。這張地圖於他有
何意義？他從未表明。但我們不必因此就閉口不談。如果他不
願意向我們透露他如何判讀這張地圖，我們就自己去把它找出
來。

　　初見這張地圖時，我覺得它像個有待完成的拼圖，如今亦
然。拼好的區塊愈大，它愈是讓人困惑。對此，我並不驚愕。
所有地圖都是拼圖，都被根據它們所處時代的傳統作法和製圖
者一時的想法加了密碼。欲判讀古地圖，就得弄清楚它的密
碼，並忽視我們自己的部分密碼，以免一時不察，誤把地圖繪
製者的手法當成我們今人的手法。我們最不該做的，就是以高
高在上的心態看待古地圖。地圖的好壞始終只能以其當初設定
的用途來判定，有的比較合用，有的較不合用。地圖繪製者把
某個東西畫成某個樣子，因為那就是他要呈現的樣子。如果他
當初想畫成另一個樣子，他就會畫成那個樣子。有問題的是我
們，不是他。我們覺得某張古地圖「不對」時，那純粹是因為
我們未弄懂它的密碼。事實上，「不對」之處可能正是尋找破
解密碼線索的最佳切入點。它的密碼和我們的密碼未能吻合之
處，正是我們最該仔細檢視之處。

　　但我得提醒大家：別指望破解所有密碼。塞爾登地圖遍布
祕密。其中只有某些祕密會被我們解開。我算過，僅僅六個。

　　第一個祕密是中國。在塞爾登地圖裡，中國在七個方面顯
得特別突出。中國地理標示之詳細，超過此地圖上的其他地
方。它所標出的地名多於其他任何區域。肉眼可看出它有自成

一體的設計，它有似乎自身具足的條理性，無需此地圖其他部分來賦予它意義。它占去此地圖大部分空間，卻又可以抽離這地圖而存在。

仔細瞧中國部分最顯著的特徵，即蜿蜒穿行於那塊大地上，將明朝中國結為一體的那些水道。乍看之下它們是河流，但千萬別這麼認為。在此我們走錯一步，把我們的密碼用在不適用該密碼的地圖上。那些看似河川的東西並非河川。除了一個例外，其他全都是省界。這一特徵不易判明，因為這些省界的上色和大洋一樣。更糟的是它們綿延到海岸邊時，似乎就像河流注入大洋。那個例外是長城之外，流貫地圖左側的黃河上游河段。它的源頭（地圖上標記為「黃河水源」，海德將其拉丁化為 huang fluvii aqua incipium）是個花生米狀的湖泊。該湖從地圖邊緣流出，簡直要直通印度洋。這條河流到長城時即消失，由省界取代。因此，地圖繪製者用同一個圖像體系來描繪兩個截然不同的東西：河川和省界。這把人搞糊塗了，在中國人所繪的地圖上罕見這種手法。

同樣引人注意的特徵是數十座城市。每個城市都擺在黃邊標記裡，或如果是省會的話，擺在紅色雉堞狀的標記裡。還有數十個單一漢字的紅邊標記。乍看之下，它們應該是較次要的地方。但又錯了。這些圈圈裡的名字不是城市名，而是具體名詞：「箕」、「畢」（網）、「房」、「危」（屋頂）、「壁」、「井」、「角」、「翼」、「尾」、「鬼」、「星」等。熟悉夜空的中國人會認出這些字所指為何，因為中國人將夜空劃分為二十八星宿，這些字就是其中某些星宿的名字。二十八星宿依據其與月亮繞

地球運行的相對關係而劃定。它們應該位在天上，而非地上，那麼它們出現在這張地圖上有何用意？中國人的宇宙論認為有一共通的能量場（即「氣」）將天地結合在一塊，它們出現在地圖上即緣於這一認知。根據這理論，天上每個地方，在地上，至少在中國，都有一相對應之處。地上這些地方被組織成一個與星宿相對應的系統，每個地方稱作「分野」。這個系統的誕生，比此地圖問世年代早了兩千年，儘管到了明朝時已沒有人真的知道這整個系統如何運行。人們只知道有相對應的關係，但根本無法解釋這關係是怎麼來的。

我不懂塞爾登地圖的這一特徵是怎麼一回事，於是按照我一貫的作法，求助於我的明朝標準參考書，章潢的《圖書編》。我翻閱這部百科全書找解答，發現此書在地理學之前的部分談的是宇宙論，裡面有一整章談「分野」。就連章潢要弄懂這個系統都覺得吃力，於是寫了這一篇專論談這個主題。〈星宿次度分屬天下州郡國邑考〉，帶領讀者綜覽一般原則和古代資料，說明氣如何促成天地同步。約翰・塞爾登若知道這篇文章，大概會非常欣賞。它對原始資料和古人的解讀進行的歷史考察，正是他所喜歡的那種類型。但最終章潢未能如願。他能說明星宿的運行如何類似於正午時指針的角度為冬至時太陽角度的全球鐘，但無法弄懂「分野」。

但章潢還是未讓我失望。研讀他這篇文章，讓我無意間見到我真正需要的東西：一張呈現與二十八星宿相對應之地區的中國地圖。這個發現引領我去翻找其他的通俗百科全書。在當時重刊最廣的日用類書裡，我找到章潢地圖的原型。那本類書

名叫《萬用正宗》，1599年由福建最堅持不懈的營利性出版人余象斗製作。余象斗的地圖取名〈二十八宿分野皇明各省地輿總圖〉（圖24）。它與塞爾登地圖的中國部分未完全吻合，但呈現了大部分「分野」和幾乎完全相同的一套地名，乃至圖說。它也把省界畫為類似河川的樣子，把海南島併入中國南岸。

接著該來談談地圖上那個透露內情的細部，上都。一如塞爾登地圖標出女真人／蒙古人的古都，在余象斗和章潢的地圖上也標出該地。這兩張地圖把上都標在水滴狀的標記裡；但與塞爾登地圖上的葫蘆形類似的是，這個形狀只用在這個地名上。或許有人覺得這是無足輕重的細節，但它表明這些地圖是同一條地圖繪製溪流裡的卵石。為何前一章要簡短提到柯爾律治，原因在此。塞爾登把我帶到他朋友珀柯斯那兒，珀柯斯把我帶到他日後的讀者柯爾律治那兒，柯爾律治把我帶到上都，上都把我帶到章潢和余象斗。這一環接一環，叫人覺得奇怪，但若沒有柯爾律治那首夢境詩，我可能永遠不會注意到這層層關係。

余象斗地圖和塞爾登地圖的重要差異，不在於它們的細部，而在於它們的圖框。余象斗運用標準的方形格式：有些地名標記浮在大洋上，但除此之外，中國填滿整個圖框。幾乎沒有中國以外的地方出現在此地圖上。在塞爾登地圖上，中國是更大區域的一部分。中國與其所置身之區域的其他部分也顯得如此不同，讓我覺得好似該圖的繪製者找來類似那幅余象斗地圖的地圖，拿掉它的框，把它當成某種預製構件般安入這張更大的地圖裡，填補中國所應占的空間。換句話說，我們或許認

為中國的地圖繪製者執筆畫圖時，中國會是圖上的主軸，但在這張地圖上，中國並非主軸。此圖的繪製者拿抄自別處的地圖填補中國所在的空間，未認真考慮過讓此圖其餘部分與中國無縫接合。把一地圖安入另一地圖裡，讓我覺得他關注的不是中國。因為重點在沿海，而非內陸。

　　我無意率爾斷言塞爾登地圖上那個毫無新奇之處的中國，只是拿來填補空間兼作裝飾。或許，該地圖的繪製者出於對星星的興趣而挑上它，因為星星是夜間導航的重要工具。相較於在夜空裡移動的無數星星的位置，白天時太陽在天上的位置是很不好用的遠洋導航工具。遺憾的是在中國的航導文獻裡，沒有多少東西可供我們重現那份興趣。《順風相送》中談星星判讀的段落極短，只提到四個取了名字的星宿其起落所在的八個羅經方位點。領航員所能掌握的星星判讀知識，肯定不止於此。或許那是只靠口耳相傳的知識，沒有哪個領航員想讓其列入官方記錄的獨門知識。我們也可以推測，中國人的羅盤知識太高明，因而不需要詳細的星星知識，但我認為此說恐怕無法成立。凡是領航員都極盡所能吸收知識以確保航行安全。夜空有多重要，我不敢斷言，但或許那促使這位地圖繪製員選擇了這張地圖。*

　　星宿並非塞爾登地圖上標示的唯一天體。該地圖也畫出太

---

* 夜空之於導航的重要性，在1637年宋應星的《天工開物》中得到間接確認。這本出色的技術性知識手冊，含有一幅收稅駁船的插圖，圖中駁船上方的天空裡有幾個簡單的星宿。畫出這些星宿或許意在表明這些駁船日夜不停地航行，但也可能在暗示利用夜空導航一事。

陽、月亮，而且畫了兩組。一組位在北京正北方：一顆紅日和一顆白月，各標記了相應的漢字。出現在頂端兩個角落的日月，則更為顯著。紅日在右，白月在左，各披著多彩祥雲。可以看出沈福宗曾向湯瑪斯・海德指出它們，因為海德在這組日月裡寫上它們的拉丁語名sol和luna。日月成對出現是明朝通行的手法，直到明末才突然式微。例如15世紀明朝皇帝龍袍兩肩有日月肩章，墓碑上有日月標記作為裝飾。日月被視為最有力的天體，因此，把它們畫在地圖上，意在召喚宇宙之力保護水手所走的航路。

在此可能也有某種雙關語意涵。把右邊的日與左邊的月合為一字，即為「明」——明朝之名。難道塞爾登地圖的繪製者認可這個王朝——不是被稱作中國之地，而是被稱作明朝的朝代？如果是，那麼，倘若這張地圖當時仍留在亞洲，大概在1644年滿人入主中國後就會被銷毀。清朝建立後，明朝痕跡一律清除。龍袍拿掉日月肩章，墓碑挖掉日月標記，其他所有日月圖像都遭抹除，好似本來就沒有它們一般。

因此，第一個祕密，乃是中國並非它表面看來的樣子，這張地圖的重點其實不在中國。算不上大祕密，但這只是開端。

塞爾登地圖的第二個祕密，將會說明它為何如此驚人地精確。把這張地圖擺在同時代的地圖旁，例如擺在約翰・史畢德1626年雕版印出的〈亞洲與其周邊島嶼〉（*Asia with the Islands Adjoining Described*）旁，它便顯得非常出色（圖22）。把它擺在近代的圓錐投影圖旁，例如擺在朗伯正形圓錐北亞投影圖

（Asia North Lambert Conformal Conic Projection）旁（見附錄二），它還是一樣出色。地圖史學家余定國（Cordell Yee）二十年前論道，「比例尺繪圖並非中國的地圖繪製者最關注的重點，儘管他們的確知道它的原則。」他發表這一看法，想說明為何中國的地圖繪製術明明擁有技術能力卻似乎無意追求技術性精確。如今有了塞爾登地圖在手，就不需這類辯解。這張地圖上的比例尺繪圖水平，和當時歐洲最出色的此類作品不相上下。拿史畢德、塞爾登兩張地圖相比，在某些部分各有千秋，但整體看來兩者無分軒輊。這怎麼解釋？

　　答案很簡單，但得出答案的過程會有點複雜。先從繪製大區域地圖時所會面臨的技術性難題開始談。沒有前置作業，這圖就做不出來。要把遼闊的地域壓縮為一個小空間，得先掌握那個大地區所應呈現的輪廓。在放眼所及海灣占去大半視野之時，畫出海灣的輪廓要比畫出大洋的輪廓容易得多。要畫出整片大洋，得先知道它長什麼樣子，而要知道這個，倚賴的不是你自己的經驗，而是你已看過的地圖。

　　如果說塞爾登地圖的精確必然來自某處，那是何處？我們已根據地圖上有羅針圖和尺一事，猜測繪圖者看過歐洲人所繪的地圖。不需花太多工夫研究就可明白，塞爾登地圖的繪製者能製出如此脈絡一致且精確的地區圖，靠的是抄襲某張歐洲人所繪地圖。原型不可能是史畢德的地圖，因為該地圖的問世年代晚於塞爾登地圖，但會不會是此圖繪製者看過歐洲人稍早所繪的一張東亞地圖，抄襲了它？曾有很長時間，我不願斷定塞爾登地圖的繪製者在動筆之前看過歐洲人所繪的地圖。過去我

覺得他的地圖以獨一無二的高明手法，解決了替中國周邊海域
繪製地圖的難題，如今仍這麼覺得。我不希望它只是歐洲人所
繪地圖的仿作，由於一直未能找到可能是他抄襲對象的那張地
圖，我得以堅持這項信念。但我無法永遠堅持。中國人和歐洲
人畫東亞地圖時，各有各的手法，而在塞爾登地圖上，我們看
到的是某個中國人用歐洲人的手法畫東亞地圖。塞爾登地圖的
空間布局得益於他看過的某幅歐洲人所繪地圖的啟發嗎？我再
也無法完全否定這種可能性。

　　但從塞爾登地圖，完全看不到繪圖者習得歐洲人測量地
表、將地表繪成地圖所用之技法的跡象，在這情況下，接觸歐
洲人所繪地圖一事究竟有多大影響？歐洲人所繪地圖的殊勝之
處，在於運用經緯度藉此賦予地圖始終一致的比例。塞爾登地
圖的繪製者則無緣運用這一機制。從塞爾登地圖上比例的多
變，可迅即看出這點。整體來看，這張地圖以約1：4750000的
比例畫成。中國大部地區和婆羅洲、蘇門答臘，差不多都是如
此。但整張地圖並非一致採用這個比例。拿塞爾登地圖與近代
圓錐投影圖相比較，可看出某些地方太大，某些則太小。由不
同地方的大小，可證實此點。菲律賓與長城沿線的中國北部所
採的比例，是此地圖其他地方所採比例的兩倍（1：2400000）。
這意味著地圖上這些區域的面積，比按照婆羅洲或中國其他地
方的比例畫出的面積，還大了一倍。還有些區域則是相較之下
變小。東南亞大陸縮小情況尤其顯著。在雲南，比例縮為1：
6000000，在越南，減至不到1：7000000。

　　這告訴我們什麼呢？它反駁了塞爾登地圖繪製者以某幅歐

洲人所繪地圖為本將東亞諸地區拼在一塊的觀點嗎？或許是吧，但我認為這不是從這張地圖比例的多變所能得出的最有趣結論。在我看來，它間接表明他是以另一組資料為本繪製地圖。而直到文物保管小組——博德利圖書館的羅伯特・敏特（Robert Minte）和馬里尼塔・史蒂格利茨（Marinita Stiglitz）和大英博物館的杉山圭介（Keisuke Sugiyama）——拿掉先前某個世紀時保管員所黏上去的棉質襯底，並替它塗上清漆，那組資料的祕密才呈現世人眼前。2010年時，這張地圖的狀況已經很糟，但這個小組卻能將畫了這幅地圖的紙移離襯底，又不損害到原件。原件清洗並晾乾之後，他們在背部發現了透露內情的記號：地圖頂端那個比例尺和那個矩形的草圖，以及無人能破解的一些符號。遠更令人振奮的，乃是發現一連串用直尺畫出且彼此相連的線。保管員把地圖翻回正面，比較這些線條和正面的線條，發現兩者完全吻合。背面的線和正面沿著中國東海岸往下畫、構成主幹線的那些線條，走勢一模一樣。這是怎麼回事？顯而易見的解釋，乃是繪圖者先在這張紙的某一面開始畫地圖，然後把紙翻到另一面重畫。或許他在練習；或許他理解到自己畫錯了。不管是什麼原因，他想重畫。在此，我們該探究的不是他在練習或畫錯了。背面那些線條所透露的，乃是瞭解他製圖方法的關鍵：他先畫了航路。一般來講我們會先畫出海岸的輪廓，然後補上連接諸港的航路，但他沒這麼做，而是根據他手中航路指南裡的航路資料先畫航線，再填上航路周邊的海岸。因此這張地圖其實不是地圖，而是航路圖。那些陸塊大概是後來加上去的。

　　塞爾登地圖為何能如此精確，原因至此明朗。它看來地理
正確，不是因為繪製者照抄了歐洲人所繪的某幅地圖，儘管他
很有可能見過一幅歐洲人所繪的地圖。它看來切合地理，乃是
因為它是從海上畫出。他手上航路指南裡資料的品質，決定了
所畫出地圖的品質。塞爾登地圖的繪製者無法將時間一致化為
距離，因而無法達成百分之百的精確，但近乎精確卻不無可
能。塞爾登地圖與史畢德地圖兩者相似不足為奇，因為兩者都
是藉由從水上作業拼湊出這個地區。兩者不得不相似。它們全
都投入一大同小異的活動：製作出將會展現塞爾登稱之為「相
互通商的公共權利」的海圖，以利貨船航行於中國海域。

　　再來談談另一個令人震驚的發現；至少是令我震驚的發
現。先前我們推測羅針圖下方那根尺可能與這張地圖的繪製方
法有關。如今既知這張地圖按 1：4750000 的比例繪成，那麼那
根尺與那個比例相合嗎？我們來做個算術。地圖上的中國尺長
3.75 公分，如果中國尺上的一「尺」相當於用 6.25 節的航速航
行一天的距離，即相當於 150 海浬（240 公里），那麼尺上 1 公分
所代表的距離即是 64 公里。這告訴我們這根尺是按 1：6400000
的比例畫出。這對塞爾登地圖來說太小，儘管越南部分地區按
該比例繪成。但如果將尺上一寸所代表的距離改變呢？要把比
例上調到 1：4750000，方法之一是放慢船速。船速較慢，航行
距離就變短，比例會隨之調高到此地圖大部分地方所採用的比
例。怎樣的航速會有這樣的效果？ 4 節。

　　這個數字讓人心頭為之一震，因為已故的向達試圖根據
《順風相送》裡的航行時間耐心算出實際距離時，他所提出的

航速就是4節。《順風相送》於1959年出版，替該書注解的學者就是向達，因而他比任何人更瞭解該書原文。如果他所提出的航速正好就是最能產生塞爾登地圖上之距離的航速，那絕非巧合。這只可能出於一個原因，即《順風相送》的作者和塞爾登地圖的繪製者都以大略相同的導航資料為本。

這是我在撰寫此書時所得到的最後發現，而那發現令我歡欣無比。我很欣賞向達這個人。他生於1900年，與我在這領域的恩師、劍橋大學的中國科技史學家李約瑟同年出生。1935年，向達從中國來到牛津，為博德利圖書館的中文藏書編目分類，一如過去沈福宗之所為。他看出《順風相送》的價值，趁著在該圖書館時將它抄寫下來。後來他返華為國服務，最後在令人憤慨的文革第一年期間，以出國並結識外人的罪名，慘遭折磨至死，得年六十六。向達在《順風相送》上所下的研究工夫，如今反過頭來證實他所無緣一睹的一張地圖的祕密：那根尺其實是塞爾登地圖繪製者畫該圖航路時所依據的比例尺。比起那些折磨他的人，他才是名留青史之人。對向達來說，弄清楚這點小地方算不得什麼，但對研究中國史的我輩中人來說，這一成果至關緊要。向達是我們這個領域裡的傑出之士，他釐清過去，而釐清過去正是我們的職責。

我們要透過剛剛揭露的那個祕密，探討此地圖的第三個祕密：這張地圖有一磁場特徵。

仔細檢視那些羅盤航路，你會想起那些航路的大部分區段標記了羅經方位。羅經方位共有四十八個，圍繞羅盤的圓周布

設，方位與方位間相隔7.5度。這位地圖繪製者不只標出航路的方位，還按照航路的真正走向，將航線如實畫在地圖上。走向的依據是羅針圖。如果某線標示為子方位（0度），該線就照子方位在羅針圖上的走向畫在地圖上。更仔細看圖上的羅盤，你會注意到子方位，羅經北方位點，並未指向地圖的頂端，而是往左稍偏約6度。如果羅針圖畫成與地圖的南北軸線同一走勢，子方位就該指向真北。羅針圖並未這樣畫，因為不該這樣畫。

　　大家都知道地球磁場的走勢並未與地球的南北軸成一直線，因為磁極並非固定不變，而是在北極圈內加拿大北部諸島間游移。其實，在我撰寫此書時，它就要離開加拿大管轄的北冰洋區，進入俄羅斯的北冰洋區（附帶一提，若非約翰・塞爾登認為在海上畫定疆界事屬合理，加、俄兩國都不可能對北冰洋提出管轄權主張）。這意味著磁偏角──地理北方或「真北」（地圖頂端）與磁北（羅經方位圈上的子位）之間的夾角──始終在變動。如果塞爾登地圖的子方位指向偏左6度，那是因為在當時的中國，磁極想必位在北極左邊6度處。結果，根據美國地質調查所發表的古磁偏角重現圖，西偏6度大略符合17世紀頭幾十年亞洲東緣的磁偏角。

　　在這張地圖上，偏斜的東西不只羅針圖。航路亦然。我的研究助理瑪莎・李（Martha Lee）鑽研這張地圖時，注意到圖上航路線的角度有固定的扭曲現象。紙上相鄰航路線的角度呈現相當高度的一致性，但它們所暗示的南北軸並未把正北擺在地圖頂端。在沒有磁偏角的世界，塞爾登地圖上的北方位航路

會與該圖南北軸成一直線，但事實上並沒有。瑪莎決意拿地圖
上航路的角度與羅針圖的偏斜相比較。為給予塞爾登地圖繪製
者合理的誤差餘地，她允許它有往任一方向偏2.5度的誤差幅
度。最簡易的測試航路是羅經方位為午（180度）或子（0度
／360度）的航路。考慮到瑪莎所給予的誤差幅度，這兩條航
路卻還是畫成往左偏離垂直線約6度。其他方位的航路也出現
同樣情況。偏離真北的程度，並非清一色左偏6度，但都相去
不遠，因而可以推斷塞爾登地圖上的航路資訊經過磁性編碼，
以反映該圖繪製時磁北的位置。換句話說，這張地圖有一磁場
特徵。

　　既知道這個祕密，我們就能破解這張地圖上的另一個祕
密。在此，我得再度感謝瑪莎發現該祕密。她測量航線的角度
時，發現在考慮到磁偏角的情況下畫得最精確的航路，乃是那
條沿海幹道（但該航路抵達平戶之前的最後一段則嚴重失準，
更往西偏了3度）。另外五條畫得幾乎一樣精確的航路，兩條
連接月港與馬尼拉，連接澳門與馬尼拉，一條從馬尼拉沿著婆
羅洲西北岸往下行，一條連接越南東京灣與爪哇，一條繞過柔
佛到麻六甲再沿著馬來半島西岸往上。塞爾登地圖繪製者畫這
些航路時的用心，間接表明他把它們視為中國船在南海網絡裡
使用的主要路線。其他航路偏離它們的羅經方位。從柔佛往東
穿過婆羅洲底部海域抵達特爾納特島的航路，一開始很精確，
但不久就偏離其羅經方位8度。沿著蘇門答臘東側往下到巴達
維亞的航路亦然，儘管一進入巴達維亞的領域它就回歸正軌。
偏離最嚴重者，肯定是從月港出海到琉球再往上到大阪那條

線。這條航路愈往前偏差愈大，最多偏離其應該的方位達16.5
度。但整個日本都失準：看來塞爾登地圖繪製者未去過日本。

　　這一變形不表示繪製者沒把地圖畫好，反倒表示儘管他努
力過，卻沒機會使筆下所有航路都吻合應有的方位。如果停下
腳步思考為何會這樣，原因我們早已知曉：曲率。採筆直走勢
的航路，延伸如此長的距離，事實上必然彎曲；如果沒辦法彌
補彎曲所導致的偏差（麥卡托投影法讓人得以彌補此偏差），
最後會偏離所欲走的航向。塞爾登地圖繪製者不曉得這道理，
他繪製地圖時也沒有可彌補三維球體所導致之偏差的投影法可
用。他只有一個辦法，即欺騙。為確保最重要的航線盡可能貼
合其真正的磁方向，他不得不調整其他航線，以使它們全都看
來合理的連上它們所該連的地方。他發現整張地圖不可能處處
都精確——在畫這張地圖的過程中必然發現此事——而且大概
被這一發現給難住。航路資料正確，但他無法將它們全部正確
的畫在地圖上，也無法在理論上說明這一難處。他最好的辦法
就是在次要航路上欺騙以控制這一變形。從成品來看，他在這
方面很成功。

　　從這一內幕的披露，我們得出一更有趣的發現，從而把我
們帶到此地圖的第四個祕密：這一欺騙有其一貫模式。瑪莎拿
地理資訊系統（GIS）校正塞爾登地圖，這一模式才呈現眼
前。她運用所謂的地理參照（geo-referencing）技術，找出塞
爾登地圖上可認出的點，拿它們與它們在地理資訊系統裡的位
置相配。如果把塞爾登地圖看成畫在橡膠上，她所做的就是把

它伸展套在我們所知的世界地圖上。這個過程叫作橡皮伸張法（rubber-sheeting）。繪製時用心考慮到距離與方向的古地圖，當其被用橡皮伸張法套在世界地圖上時，不需要大幅度的伸展。伸展幅度最大的地方，即是原圖變形最劇烈之處。

　　這張地圖的精確性相當高，因此瑪莎不必大幅伸展此圖，就能使它貼合它在地理資訊系統裡的諸座標。她的主要作為乃是把原圖分為三大區塊，加上一些較小的區塊（圖26）。這麼做之後，地圖中央即開出一道缺口。從塞爾登地圖繪製者所用方法的角度來理解這缺口，要使他的地圖堪用，唯一的辦法就是把南海周邊諸陸塊彼此拉近，使它們之間的距離短於實際距離。他要作假行騙，南海這個區域正好容易下手，因為在那片海域裡不具有哪個人想找到或前往的地方。載貨戎克船的領航員會繞過它，而非穿越它。他們知道不如此的話會身陷險境，一不小心就會碰到小岩礁和只露出一丁點頂部或淺淺沒入水下的露頭。明朝，甚至直到19世紀，都沒有人刻意航入這區域。

　　塞爾登地圖的確標出這片海域的某些島，但那些全是位在沿海岸而行之航路上的島嶼。香港外海的東沙島即是，在此地圖上標記為南澳氣。西沙群島也是，並分為兩個區域呈現。北西沙群島，即宣德環礁，畫成帆狀，並在其旁加上注解「萬里長沙似船帆樣」。宣德環礁南邊是一座畫成紅色的島，標記為「嶼紅色」。把它當成西沙群島中的某個島，等於是在別無證據的情況下強行作解。這座紅島下方，出現用影線畫出、向南延伸的彗星尾巴狀暗區。這似乎是永樂環礁，西沙群島的南區塊。地圖上將此地標記為「萬里石塘」，意即該避開的長長危

險區。至於分布在南海東側的數百座其他岩礁和環礁，合稱南沙群島，則根本未標示在此地圖上。沒有海上航路會穿過它們。因此，倘若像某些狂熱民族主義者那樣，主張塞爾登地圖為自己對該海域某個岩礁的主權聲索提供了明證，恐怕會引發爭議。宣告主權並不在17世紀的水手或地圖繪製者在亞洲這塊區域的所作所為之列。當時這些都是沒人想要的島。

　　這一認識讓我們得知塞爾登地圖繪製者的心裡抱持的目的。這是張商業性的航海圖，裡面沒有帝國的企圖或主張。包含明朝中國在內的諸國，並不在這位地圖繪製者的關注之列。但海洋也不在明朝關注之列。英國和荷蘭正從與商業利益團體的合作中得益，但明廷並不相信能從這樣的合作中獲益；明朝較喜歡自視為世界秩序的主宰者，普天之下皆是順服於明廷且有所求於明廷的藩屬。廣東詩人歐大任在其詩作〈晚霽過梅關〉中，抒發了這種以明廷為中心的想法。梅關是廣東省的北部門戶，位於將華中平原與華南平原隔開的山脈上。歐大任過梅關往南時，想像進貢使節與他一樣過梅關但往北前往京城的情景：

　　千峰收積雨，迢遞出梅關。
　　日向猿聲落，人從鳥道還。
　　中原開障塞，南海控甌蠻。
　　萬國來王會，秋風戰馬閑。

這一情景把世界秩序想像為明確畫定身分地位的階層體

制，而非協商彼此歧見的平起平坐體制。它自信滿滿的認定，朝廷的權威足以平定生事的外邦人，外邦人勢力較弱，必然臣服於朝廷，而一旦臣服，外邦人前來京城，就只為替朝廷效力。外邦臣服，天下太平，因而軍隊可讓騎兵不必處於備戰狀態。這是從陸地望向海洋所見的景象。

　　從海洋望去的景象則大相逕庭。只要「中國人不願和英格蘭人通商」，如約翰・薩里斯在其日誌裡所述的情況，世界諸王可能會和歐大任筆下那樣恭敬派出使節進京朝貢，但商人不會這麼做。從薩里斯於「丁香號」甲板上的所站位置來看，戰馬無足輕重。牠們無法在水上馳騁，而且他無意上岸攻擊，倒是會攻擊得不到明廷關愛、如同海上孤兒的中國船。他會隨意登上中國船，強令中國船的領航員帶路而不會受到懲罰，中國船不從時，即搶走船上的貨物。他甚至請求日本的幕府將軍允許其將搶來的中國貨物運到日本出售；幕府將軍覺得不妥。薩里斯最想做的事是通商，而非遣使，儘管如果有機會遣使的話，他大概也會這麼做。通商不成之後，薩里斯的心態和他的荷蘭同業沒有兩樣，也就是如德赫羅特所主張的，深信拒絕通商一事給了他們動武的權利。塞爾登大概會不表贊同，主張明朝有權管制外貿。但薩里斯到亞洲海域是為了賺錢，不是去拿著法律條文找碴。

　　明朝海禁的結果，就是使水師巡邏範圍之外的水域成為無法無天各憑本事的場域。明朝以不同於英格蘭「國王的房間」的方式保衛其沿海水域，但沿海管轄權並不穩固。萬曆皇帝於1614年下旨削減「防倭戰船」的建造經費之後，更是如此。這

位統領四海萬民的皇帝，不願花錢掌控其帝國周邊的海域，作法和詹姆斯一世南轅北轍。被班・瓊森尊為「四海之主」的詹姆斯一世，動念掌控其王國周邊海域，且要約翰・塞爾登為此事提供合乎法理的論點。

　　第四個祕密（南海面積的縮水）所告訴我們的，乃是塞爾登地圖雖是從海上畫成，卻不是為了說明該片海域島礁的主權歸屬而畫。它純粹是幅為商人指點航向的海圖。

　　關於這張地圖，誰都會發出的第一個疑問，乃是作者是誰？但這個祕密我們無力解開。繪製此圖者已消失無蹤。只有在解開另外兩個祕密——他在何地、何時畫成此地圖——時，我們才會得到最接近的答案。先從何地談起。在遺囑中，約翰・塞爾登清楚表示他的地圖「製作於該地」。「該地」是何地？合理的假設為中國，但如真是中國，塞爾登是怎麼知道的？標記的文字，一如用到一幅預製的中國地圖一事，意味著作者為中國人，但這位中國人得在中國才畫得出它嗎？會不會是別的地方畫的？

　　不妨從那些他似乎有在地瞭解的地方和他似乎沒有在地瞭解的地方切入思考。一開始，可以先擱掉畫得很差的地方，例如日本（此地圖把長崎標記為籠仔沙機，音如歐洲人對長崎的稱呼Langasaque）。如果把視線往下移到菲律賓，可看到馬尼拉畫得很逼真，且呂宋島西側從上到下有一連串地名。呂宋畫得很好。但呂宋南邊則處處一團亂。那裡的航路無一是他個人有所瞭解的。

　　在我看來，在這張地圖上，繪圖者對當地地理瞭解得最透澈的區塊，乃是南半部。先前我已指出，明朝的地圖把東南亞精簡得非常厲害，有時甚至將該區域完全刪去。塞爾登地圖對東南亞的處理，不僅異於它之前的所有中國人所繪的地圖，也不同於它之後兩百年間所有中國人所繪的地圖。如果得把塞爾登地圖繪製者擺在某處，我會把他擺在舞台前部的爪哇，不是在萬丹，就是在雅加達。萬丹是16世紀來到這些海域的歐洲人主要的貿易地。中國人叫它順塔，那是該地區蘇丹國的國名，塞爾登地圖即以此名標記該地。萬丹的命運於1609年改變。那一年，劇烈內鬥迫使領導階層某派系東移，來到附近的雅加達。十年後，荷蘭人拿下該城，改名為新巴達維亞（巴達維亞為低地國的古拉丁語名）。此名自此沿用，直到1942年日軍占領該城，恢復該城更早的名字雅加達，巴達維亞一名才廢除。湯瑪斯・海德在這一地名標記旁寫上Nova Batavia，但塞爾登地圖繪製者把它標記為咬留巴。那是1619年前後中國人對該地的稱呼。

　　我們該怎麼處理這一資訊？如果把塞爾登遺囑再拿出來好好研究，可從中找到關於此地圖身世的另一個線索。塞爾登嚴正表示，他的地圖最初由「一名英格蘭指揮官」取得，有人「出很高的價錢極力要將它贖回，但他就是不願割愛」。如果你覺得這故事很熟悉，那是因為先前就聽過。當時我一筆帶過，但此刻該再來談談。這個故事出自撒繆爾・珀柯斯筆下，講述約翰・薩里斯如何取得這張後來落入珀柯斯之手並刊印於《續珀柯斯的遠行》中的中國地圖。珀柯斯寫道，薩里斯在萬丹從

一名積欠東印度公司錢但還不了債的中國商人那兒沒收這張地圖。薩里斯回到英格蘭之後，這張被我改名為薩里斯地圖的中國地圖落入旅行作家理察・哈克呂特之手。哈克呂特於1616年去世後，它連同他的其他研究資料，歸入珀柯斯名下。

珀柯斯對此地圖身世的記述，和塞爾登對其如何取得他那張地圖的敘述，幾乎一模一樣。他們講的是同一張地圖嗎？不可能。珀柯斯所複製的那張地圖，是把中國畫成方形且略去東亞其他地方（只有龐大的朝鮮半島除外）的制式中國地圖。這兩張地圖南轅北轍。塞爾登有可能被搞糊塗，把他在珀柯斯著作裡讀到的故事加在自己的地圖上？這太無稽了。如果這兩則故事相似，或許是因為它們是同一故事的兩個部分。

塞爾登遺囑還提供了另一個線索。它說這張地圖來自「一名英格蘭指揮官」。這是個專門名稱。英國東印度公司把每次派往亞洲的遠航稱作voyage，後來改稱joint stock voyage（股份公司遠航），每次遠航都由一名「指揮官」統領。遺囑所引起的疑點，乃是其中哪位指揮官回到倫敦，把這張地圖轉給哈克呂特或珀柯斯？可能人選不多。第七次遠航的指揮官安東尼・希朋（Anthony Hippon）於1612年死於北大年。第六次遠航的著名指揮官亨利・米德頓（Henry Middleton）隔年死於萬丹，第四次遠航的指揮官亞歷山大・夏普利（Alexander Sharpleigh）可能也是。亨利・米德頓的兄弟大衛（David），統領第五次遠航和第三次股份公司遠航，1615年在馬達加斯加外海遇到暴風雨，船沉，他也溺死。尼古拉・唐頓（Nicholas Downton）1615年死於萬丹。在諸多安然返回英格蘭的指揮官

中，詹姆斯・蘭開斯特（James Lancaster）1618年死於倫敦，威廉・基靈（William Keeling）1620年死於懷特島（Isle of Wight），馬丁・普林（Martin Pring）1626年死於布里斯托（Bristol）。湯瑪斯・貝斯特（Thomas Best）是這群指揮官中最令人困惑者，他在第十次股份公司遠航中於印度外海擊敗荷蘭船隊，以此聲名大噪，卻於1617年從東印度公司辭職，1639年死於英格蘭的史戴普尼（Stepney）地區。

　　這些人無一留下曾在亞洲取得地圖的證據。一個個刪除不可能的人選之後，只剩下第八次遠航的「指揮官」（comander，該公司文獻把此職稱拼成comander，和在塞爾登遺囑裡所見的一模一樣）：約翰・薩里斯。字詞的拼法並沒有透露什麼線索，但當我翻閱該公司的議事錄時，它引起我的注意。一注意到這個巧合，我所收集的薄弱證據，瞬間指向薩里斯。塞爾登和薩里斯未必碰過面。塞爾登大概經理察・哈克呂特從撒繆爾・珀柯斯那兒取得這張地圖。他藏書中的其他品項，包括最著名的阿茲特克（Aztec）人生活、歷史插畫冊《門多薩手抄本》（*Codex Mendoza*），也是經由這條途徑來到他手中。這部手抄本係西班牙人征服墨西哥後，於1540年代為獻給西班牙國王而請人製作，後來被法國私掠船奪走，再落入法國國王的宇宙志學者安德烈・泰韋（André Thevet）之手，然後轉賣給理察・哈克呂特。1616年哈克呂特死後，它轉到珀柯斯手中。十年後它作為珀柯斯遺產的一部分落入塞爾登之手，塞爾登在其上加入他的座右銘peri pantos ten eleutherian（「自由第一」）。如今它也落腳在博德利圖書館。我深信，經由同一批收藏者，

這張地圖從薩里斯輾轉流入塞爾登手中。

　　如果我的說法沒錯，薩里斯從萬丹一華商手中取得此地圖的可能性就很高。線索到了那裡就變得隱淡。它是否繪製於萬丹，沒人說得準，但我心裡傾向這麼認為。我覺得有個華商以萬丹港為基地做貿易，想看到自己的貿易帝國展現於自家的牆上，於是出高價請人繪製了這張地圖。對我們來說，這位假設的原主人虛無縹緲。除非有另一張以塞爾登地圖繪製者的鮮明手法和風格繪成的地圖出現，否則它的繪製者只能永遠無名於後世。

　　這不表示我們對他注定所知無多。他是中國人，有辦法看到中國海上航路方面的原始資料，包括寫於15世紀鄭和遠航時的一份航路指南。他與南方的瓜葛多於北方，主要涉入西洋航路，但也對北洋航路、東洋航路有所瞭解。他極清楚他地圖中諸多地方間的空間關係，因而若說他未曾航行南海，叫人難以相信。若非如此，他怎有這樣的自信，把已有歐洲人闖進來的中國貿易世界化為如此完美的心象（mindscape）？

　　所以可以說我們還是瞭解他這個人，儘管我們永遠叫不出他的名字。那肯定會是拼圖裡我們永遠找不到的一塊。而即使我們不知他的名姓，無法斷定他在哪裡繪製這張地圖，但我們能搞清楚他在何時繪成。我們已非常接近他了。

　　約翰·薩里斯可能在三個時期的其中一個，取得這張地圖。第三個且是最晚的一個時期是1614年初期，他從日本返國途中最後一次被叫到萬丹時。這個時間點似乎不大可能。他在那裡待了五星期多，在那期間他的確和華商打過交道，但在

日誌裡他完全未提到向他們討債之事。此外，他是指揮官，不是負責執行和傳達法官裁定的官員。以他的身分地位，若去收債，大概有辱斯文。第二個時期是他尚未前往日本，而是在前往香料群島途中來到萬丹之時。1612至1613年的那個冬天，他在這個港口待了兩個半月，但在那期間，他把大半時間花在替他的兩艘船裝貨和遣派它們回倫敦上。說他出門收債，同樣叫人難以想像。

因此最有可能的時期就只剩他第一次待在萬丹的那段期間。他於1604年被派到萬丹，1608年擢升為萬丹商館館長，1609年10月4日為爭取指揮官之職返國，前後在該地待了五年。這讓我覺得他最有可能在這段期間取得該地圖。商館館長的職責肯定包括向與該公司有生意往來的華商收回呆帳。如果塞爾登所述沒錯，薩里斯取得這張地圖後，原持有該圖的商人向他「出很高的價錢極力要將它贖回」。為何如此急欲贖回？可以想見出於多個原因，從為了製作這張地圖所想必投入的高額成本，到它所記錄的貿易知識極為有用（特別是對不熟悉該地區貿易路線的新外地人有用），再到讓關於中國的戰略情報落入外人之手對政治的危害，皆是。一如我在數百年後所認識到的，當時的中國朝廷不准外國人持有中國地圖。

如果1609年是薩里斯透過沒收取得這張地圖的年份，我們還能斷定這張地圖不可能製於哪年之前。這張地圖本身其實有一非常精確的時間標記，就藏在令湯瑪斯・海德大感興趣的萬老高旁邊的標記裡：「紅毛住」。這三個字，我們已知道，指涉1607年5月荷蘭人在特爾納特島建立其第一座堡壘一事。

爪哇島因為荷蘭人的這一插足而遭瓜分，一方是荷蘭人，另一方是引起《東西洋考》作者鄭燮注意的「化人」西班牙人。因此，這一標記問世的最早可能年代是1607年。我們由此可以得出可能的區間，最晚不會晚於1609年，最早不會早於1607年。我建議折中取值，也就是約1608年。這是我們估出的年代。

　　塞爾登地圖身世的探索之旅，比我剛開始走上這條路時所預期的還要錯綜複雜，猶如一個兜圈子的迷宮，而非一條筆直的小徑：從約翰‧塞爾登往前到湯瑪斯‧海德和沈福宗；從約翰‧塞爾登往後，經撒繆爾‧珀柯斯和理察‧哈克呂特，到約翰‧薩里斯；從地圖本身往前到張燮和其航路專著《東西洋考》，再到威廉‧勞德和他所看不懂的航路指南《順風相送》；從地圖本身往後到章潢和其百科全書《圖書編》，乃至回到更早的羅洪先和其全國性地圖冊《廣輿圖》；從塞爾登談到與他同時代的詹姆斯一世和那時代的君權神授，進而談到海洋法；以及約翰‧史畢德和他被拿來作為對照的世界地圖冊。

　　但我們已到了要去的地方，到了這張地圖身世的源頭──好吧，該說差不多到了源頭。以這樣一份沒有署名、沒標上製作年代的文獻，這樣的成績算不錯了。許多歷史考察之旅迷失於大海中，無緣抵達目的地。或許我們的考察之旅未能抵達母港，但至少我們有所成：我們已替塞爾登地圖找回它在數百年前消失之歷史的一部分。而且不只如此：因為在替這張地圖找回其歷史的當兒，我們已把自己寫進這故事中。

跋、安息地

　　在17世紀上半葉，塞爾登地圖是歷來最精確的南海海圖。在那之前沒有比它更好的地圖，在那之後四十年亦然。但把視野拉大到整個地圖繪製史來看，塞爾登地圖無緣發揮其應有的影響。設計這張地圖者從海上作業，而非從陸上作業，藉此提出一匠心獨具的地圖繪製方法。這一作法極高明，使他得以大體上避開曲率難題，完成一幅極出色的地圖。但除非另外發現類似它的地圖，否則我們就只能在此打住。這會是絕無僅有的一次嘗試，一個只製作出這張地圖的高明嘗試嗎？很難想像會是如此，但事實就是如此，沒有別的此類地圖存世。這位地圖繪製者未留下隻字片語說明如何畫出它，也未將此技法傳給子弟，從而無緣透過子弟之手使此技法更上層樓，化為一套按此比例繪製地圖的通用法則。就現存的證據來看，這一技法完全未傳授給他人或傳承下來。它體現在此地圖上，但也就此戛然而止。

　　這張地圖輾轉流落歐洲一事，本有可能改變這個故事的發展。當年若有人將它拿給對的人看，說不定會影響歐洲的地圖繪製者，但這事沒發生。理察・哈克呂特和撒繆爾・珀柯斯看過它，但沒有證據顯示他們研究過它。等到這張地圖陳列於牛津時，它已沒有機會引領風騷，因為已經太遲了，地圖界的發展已不可同日而語。我們可把這張地圖開始失去價值的年代相當精確的定在1640年。那一年，阿姆斯特丹的地圖繪製大家若昂・布勞（詹姆斯二世在博德利圖書館伸手所指的地球儀、天球儀就出自他之手），為荷蘭東印度公司製作出一幅精度無與倫比的中國海域波特蘭海圖。這張海圖的問世，代表自此之

後歐洲人能倚賴自己製作的中國海圖，不再需要回頭拿塞爾登地圖作為地圖繪製依據。1640年，塞爾登地圖不得不從地圖繪製領域的第一線退下來。大科學家愛德蒙・哈利（Edmond Halley）於1705年看到它時，斥之為不值一顧的失真之作。

　　這一認識使我們對約翰・塞爾登的歷史評價有褒有貶。一方面，我們感謝他保存了這張地圖。沒有他積極收集亞洲手抄本，我們大概無緣知道曾存在這樣一張地圖。但他把它藏在家裡，等於斷送它流通傳布之路。有二十五年時間，它占有最出色亞洲地圖的寶座，且在這期間，他的確把它拿給朋友看過。但他未把它交到有可能從它獲益的地理學家手上。這張地圖本有可能在歐洲人改善其世界地圖上發揮指導作用，但終究落空。等到它送到博德利圖書館，它已沒有可讓地圖繪製者汲取的新東西，它的技法在他們眼中已沒有特別優越之處。這張地圖的精確性這時只具有歷史價值。談到繪製亞洲地圖，這時已有更好的方法可用。對當時的牛津學生來說，它已差不多是個無足輕重的外國珍玩，注定它將湮沒於歷史裡。於是，它被人拿下，捲起，擱置在博德利圖書館深處長眠，直到歷史從四百年前它問世的那個令人振奮的時代，走到當前瘋狂全球化的此刻，走到這道歷史長廊的另一頭，我們準備好要去認識它的價值之時，它才被人喚醒。得等到我們將它從塵封的文物堆中拿起，它才得以重見天日。

　　但藉由它所無從選擇的一同長眠之物，這張地圖在長眠之後倒有頗為奇特的境遇。

　　湯瑪斯・博德利在牛津新設的圖書館，占去神學院
（Divinity School）的二樓。圖書館啟用十年後，那棟建築擴
建，於是在後來人稱學院方庭（Schools Quadrangle）的那塊區
域周邊的成套房間裡，設立了十二座學院（當時稱school，即
今大學裡所謂的faculty）。解剖學院位在西北隅，從而使它與
博德利圖書館共用一個入口：書往上，屍體往下。

　　久而久之，博德利圖書館竟不知不覺成為英格蘭旅人在海
外所得手且認為該放在公共機構保存之奇珍異品的收受之處。
於是，博德利圖書館擁有了奧利佛・克倫威爾的妹夫1658年在
牙買加所捕獲的一隻鱷魚，某人在1679年買得的一隻「海象」，
1681年某商人在土耳其取得的一具木乃伊，1684年成為該館
館藏的一具非洲男孩乾屍，以及其他許多奇怪東西。博德利重
振這座大學圖書館時，心裡的構想大概不是收藏天然的奇珍異
品，但在那個世紀，此類收藏蔚為風潮。它們被送進館裡，身
為館長的海德就得找地方安置它們。1683年後，他傾向於將天
然標本送到伊萊亞斯・阿什莫爾（Elias Ashmole）於該年開設
的新博物館（阿什莫爾博物館）存放。人類標本，他則送到樓
下的解剖學院。至於塞爾登地圖，似乎因為沒有更好的地方來
展示，解剖學院某樓梯旁的牆壁，成為它在19世紀的落腳處。

　　那裡不只掛了這張地圖。為此，我們或許要感謝或責怪湯
瑪斯・海德，端視你怎麼看待這件事情而定。這件事頗為曲
折，且聽我娓娓道來。

　　沈福宗離開牛津五年後，又有一個亞洲人到來。他是太平
洋島民，名叫吉奧洛。「這位著名的彩繪王子是不折不扣的當

代奇觀，」邀民眾前來參觀這一奇怪人類的倫敦傳單如此宣告。「他全身上下（只有臉、雙手、雙腳除外）畫了或塗了各種新奇的圖案，塗繪手法奇怪且無比精湛，展現了高超的手藝和技巧。」「這件叫人嘆為觀止的東西」，讓大家首度見識到前所未見的紋身藝術的「卓絕神祕」（圖27）。這份傳單強調，紋身不只是裝飾，還是王族的表徵，有防堵毒物的效果。王子剛紋完身後，光著身子被帶進一間滿布毒蛇和毒蟲的房間裡，國王和他的所有朝臣則聚在一旁觀看。如果紋身得法，毒蛇毒蟲會對他敬而遠之，完全不傷害他。更值得我們注意的是，他「更為令人讚嘆的背部」，紋了「一幅生動的四分之一世界圖，就在他的雙肩上和雙肩之間」，從他肩胛骨之間的「北極圈和熱帶圈」到「他脖子上的北極」。因此，吉奧洛王子是個活的北圓錐麥卡托投影圖，或者說他的促銷人員似乎如此認定他。那些想「在散布於他全身上下的其他奇怪圖紋和神祕人物底下」找到「潛藏的智慧或古代學問」者，受邀到弗利特街的藍豬酒館（Blue Boar Inn）觀看這位王子。這項展覽也具有商業意涵，因為那份傳單表示，吉奧洛來自「一盛產香料和其他值錢的大宗商品的豐饒島嶼」。他「整潔、乾淨」，但沒人懂他的語言，他也完全不會講英語。

　　吉奧洛陡然走紅，為他贏得晉見英王的機會，也催生出一本應景書。《著名王子吉奧洛傳》（*An Account of the Famous Prince Giolo*）的書名頁向讀者保證，關於「他的生平、父母和他的奇妙冒險事蹟；他被帶往英格蘭的方式」，書中披露無遺，「並描述了吉洛洛島（Gilolo）和其旁邊的西里伯斯島：它們的

248 塞爾登先生的中國地圖：香料貿易、佚失的海圖與南中國海

宗教和風俗。」這是本小書。最前面八頁從學者角度描述西里
伯斯（今蘇拉威西）的本土宗教，接著是一段激動人心的故
事，講述吉奧洛如何從殘暴的惡徒手裡救出他深愛的公主特爾
海娜赫特（Terhenahete）。幾個背信棄義之人從中作梗，不讓
他把人救走，其中包括這對戀人和她的父親搭船逃走時船上的
領航員。領航員本就易遭人懷疑，因為沒人想百分之百信任一
位素昧平生的人。吉奧洛所犯的大錯，乃是在應於甲板上查看
海象、指導航向時，卻和特爾海娜赫特「於愛的歡娛中」度過
一夜。領航員出賣他，把船駛回他們出航處。就在幾位主角行
將被捕時，公主的父親識出領航員的背叛，將他刺死，丟進海
裡。

　　故事很精彩，但絕對全是虛構。後來戳破這一不實宣傳的
人，不是別人，就是當初將吉奧洛帶到英格蘭的英格蘭水手、
私掠船船長威廉‧丹皮爾（圖28）。丹皮爾寫了大受歡迎的遊
記，在遊記中叫他喬利（Jeoly）。他是丹皮爾在菲律賓的南部
島嶼民答那峨取得的奴隸，為丹皮爾透過轉讓取得之財產的一
部分。吉奧洛的確曾被抓為奴隸，但抓他的人是以民答那峨為
基地從事不法買賣的莫洛人（Moro），而非某個與他作對的王
族。因此，沒有王族出身這回事，沒有特爾海娜赫特公主這個
人，沒有遭殺害的領航員，沒有在香料群島的家。這個人來自
棉吉斯島（Miangis），這是民答那峨東邊頗遠處的一個太平洋
小島。*

---

* 棉吉斯於1920年代登上報紙。當時美國和荷蘭為了此島的歸屬爭議，鬧上

　　丹皮爾說，這個奴隸原歸他和船上大副共有，但他們抵達英格蘭時，他把他擁有的那一部分所有權讓給了大副。「我一抵達泰晤士河，他就被送上岸給一些名流瞧，」丹皮爾寫道。「我正缺錢，於是被說服先賣掉我對他的部分所有權，漸漸的賣掉全部的所有權。在那之後，我聽說他被帶去四處供人觀賞。」至於丟進蛇窩一事，丹皮爾嘲笑道，「我看過他和我一樣怕蛇、蠍子或蜈蚣。」至於身上紋了地圖一事，他隻字未提。

　　《著名王子吉奧洛傳》已被認定出自湯瑪斯‧海德之手。證據是書中對西里伯斯島宗教的偽人類學描述，因為除了海德，沒幾個人具有編造此段記述的相關知識；另一個證據是吉奧洛在倫敦展演之後去了牛津。海德對吉奧洛感興趣也很合理，因為他一直在找以馬來語為母語者。後來發現吉奧洛不會講馬來語，但海德大概要到見到他時才知道此事。不過，英格蘭的古亞洲宗教研究權威真的會做出這種譁眾取寵的事嗎？或許是看在錢好賺的分上吧。有人認為此書作者未必是海德。但以海德這麼難以捉摸的人來說，誰曉得。

　　關於吉奧洛在牛津的日子，除了知道他在該地死於天花，

---

　　海牙的常設仲裁法院。美國人統治菲律賓，認定位於民答那峨東邊60公里處的棉吉斯歸他們所有。荷蘭人主張它是荷屬東印度群島的一部分。瑞士籍的仲裁人判決荷蘭人勝訴，理由是他們自17世紀起就占領該地區的島嶼，且「平和又持續不斷的展示對該島的官方管轄權」，此外，誠如他所說的，該島「只住了土著」。二次世界大戰後印尼承繼該島，如今仍控制該島，完全是荷蘭帝國主義的餘緒。

未有其他記載。牛津大學命人將他葬在該市西區聖艾布教堂
（St Ebbe's）的墓地。此後他便未再見諸歷史記載。堂區記事簿
裡未有他的生卒記錄，而我去聖艾布教堂尋找墓碑時，發現不
只原來的教堂已於1813年拆掉重建，大部分墓地也老早消失
於西門購物中心（Westgate Shopping Centre）底下。如今有約
十座快倒下的墓碑裝飾著花園，但無一是吉奧洛的墓碑。很可
能當初就沒為他立墓碑。須知教堂墓地是基督教徒下葬之處。

　　但吉奧洛並未完全消失。他死時，有人認定他的刺青很珍
貴，不該跟著入土。在當時的科學氣氛下，吉奧洛的皮被認為
有助於增進知識。為保住這一有用資產，牛津大學指派西奧菲
勒斯‧波因特（Theophilus Poynter）剝下他的皮。波因特執教
於解剖學院，是牛津最受肯定的外科醫生。安東尼‧伍德曾找
他幫忙，海德大概也是。他在樓下執教，他的私人診所位在凱
特（Cat，今 Catte）街，就在從博德利圖書館出去的那條小巷
裡。據1709年（波因特過世那年）編纂的解剖學院收藏品目
錄，他還剝過其他人的皮。目錄中包括波因特「按照自然動
作」整理過的一具骨骼標本，以及「從它那兒剝下，上有頭髮
和指甲的皮」。*這些遺骸來自一名在倫敦被處死，然後船運到
牛津做醫學解剖的罪犯，在當時，醫學解剖仍很敏感，不能太
張揚。1683年後，解剖學家在隔壁的阿什莫爾博物館（今科學

---

* 收藏的人類遺骸不只這些。這份目錄還列出一名因殺害十八名丈夫中的四名
　丈夫而被吊死的一個女人的骨骼標本。隔年有位來過這裡的德國人說，這個
　學院也有她「塞了填充物的皮」。

史博物館）地下室解剖，因此這裡想必就是波因特剝吉奧洛皮的地方。

是誰決定或為何決定將吉奧洛的皮掛在那幅中國地圖旁邊，已不得而知。但有數年期間，吉奧洛的刺青和塞爾登地圖一左一右掛在牆上，作為啟迪來訪科學家的亞洲珍奇物品。如果吉奧洛的背上有太平洋地圖，如今也已無從查證。塞爾登地圖存世至今，吉奧洛的皮老早就不見蹤影。

約翰・塞爾登從未出海。他生前以「我國傑出東方學者」之名著稱於世，足跡卻從未超過牛津。1654年他死於伊莉莎白・塔爾博特在白修士區留給他的房子，遺體運到西邊兩個街區外的聖殿教堂埋葬。那是13世紀建造的聖殿騎士教堂，他所屬的法學會──內殿律師學院，就是該教堂的一部分。把他葬在這裡非常合適，因為他就是在律師學院完備其學識，闖出連身為當代最偉大憲法律師的他自己都料想不到的名號。他的遺體埋在地板下，有塊石頭擺在他上方，一塊黑色大理石牌擺在牆上緬懷他的一生。

不少人想知道他的遺囑執行人是否給了這位偉大人物應有的待遇。1667年11月22日，撒繆爾・佩皮斯走訪在前一年的倫敦大火裡幸免於難的聖殿教堂時，驚愕於「塞爾登墓的樸素，而葬在他旁邊，他某位遺囑執行人的墓，則好上許多」。令佩皮斯不悅的墓，乃是佩皮斯來訪兩年前安置的羅蘭・尤克斯（Rowland Jewkes）之墓。1621年尤克斯進入內殿律師學院時，與較年長的塞爾登結識，兩人迅即結為朋友。佩皮斯微帶埋怨

的評論，暗示遺囑執行人該替塞爾登蓋個比尤克斯替自己所安排的還要更好的墓。尤克斯靠塞爾登遺囑得到金錢收益，若非身為塞爾登遺產的受益人，尤克斯可能蓋不起這麼好的墓。

1708年的某本倫敦指南，論聖殿教堂的那個小節，證實了佩皮斯的評斷。在該教堂值得一看的古墓名單中，尤克斯的墓編號32。書中說那是「一座漂亮的白色大理石墓，飾有上了顏色的愛奧尼亞式簷部之類的東西，並以小天使像、垂花雕飾、甕之類的東西予以美化」。拉丁銘文稱尤克斯是「傑出人士塞爾登之遺囑的四位執行人之一」，彷彿這一身分已足以讓他名留青史。對於尤克斯墓左邊編號31的墓，這本指南只說它是「約翰‧塞爾登之墓，建於1654年」。塞爾登墓沒有小天使像和垂花雕飾。這本指南的作者覺得它平凡無奇。

但在對不朽名聲的競逐中，尤克斯敗下陣來。他的墓如今已不在那裡。1940年時它仍屹立不搖，但納粹空襲期間轟炸倫敦，把它炸得粉碎。唯一毫髮無傷的是塞爾登長眠之處上方地板的那塊墓碑。如今它仍在該教堂的南側廊。數百年的翻修，使地板比當年埋葬塞爾登時的地板高出30公分。他的墓碑如今窩在一昏暗的凹洞裡，一片已磨損的壓克力板蓋住那個洞。

如果當年允許大眾史學來評斷誰的墓該保存，誰的墓可以消失，塞爾登的墓大概會走上和其他消失於倫敦轟炸的墓一樣的命運。有位歷史界同僚在信中向他嚴正表示，「不認識你，那會是比野蠻人的無知還更糟糕的無知」，但今日大部分人沒聽過他這號人物。在大衛‧赫利威爾拿這張地圖給我看之前，我是那些野蠻人之一，我猜你們也是。他成就斐然，不該為後

人所遺忘。有些人在生前就發光發熱，有些人在死後才帶來影響；約翰‧塞爾登則是對其所處的時代和後世都有所影響。他的中國地圖或許是他理該得到我們肯定的諸多事物中最不起眼的一個，但它說不定就是使他的名聲不致沉入聖殿教堂地基更深處所需的機緣。

　　裝在地板下的燈照亮那塊下陷的墓碑，如果管理員忘了把燈打開，開關就在你身後的柱子上。

附錄一

# 順報航海羅盤方位

　　致讀者：在本書第一版中，我在本附錄提供了我所認為中國航海羅盤的七十二個方位。受沈福宗為湯瑪斯・海德所畫的那個羅盤圖和其他因素的影響，我以為中國的海員把羅盤的二十四個基本角度都一分為三。例如，我斷定，在子（0度）和癸（15度）之間肯定有癸子（5度）和子癸（10度）這兩個方位點。我的博學友人、《中國史新手冊》（*Chinese History: A New Manual*）的作者魏根深，拿到這本書時，與我有過一番意見交換，從而使我相信我所重建的圖表行不通。拿我剛舉的那個例子來說，我在塞爾登地圖或《順風相送》或明朝其他任何航海資料裡拚命找癸子方位，就是找不到。只找到子癸方位。船隻竟經常用10度方位航行，而從不用5度方位航行，這實在說不通，於是我不得不推斷，在子和癸之間只有一個方位點（子癸），而非兩個（癸子）。在羅盤的其他二十三個區塊裡尋找方位點，結果一樣：每15度的區間裡只有一個方位點，而非兩個。但應該說不盡然，因為我和魏根深在其中五個弧裡找到例外。在癸（15度）和丑（30度）之間，我們找到丑癸和癸丑，意味著在這之間命名了兩個點（在20度和25度），而非

單單一個（在22.5度）。在丑（30度）和艮（45度）之間、巳（150度）和丙（165度）之間、午（180度）和丁（195度）之間、戌（300度）和乾（315度）之間，也找到同樣的雙名方位點。在二十四個裡找到五個例外，變異比例似乎很高，但實際事例太少，因而從統計學角度看無足輕重。當某個方位點用二十四個漢字中的兩個來搭配命名時，它只代表那兩個漢字之間的十五度弧裡的一個點，而非兩個點。但翻閱過的明朝航海文獻愈多，我愈是懷疑上述這個規則有誤或有例外。偶爾，漢字可能前後調換，但不管它們的順序為何，它們都為同一個羅經方位點取名。下面的圖表取代了前一版裡出現的圖表。

| 度數 | 中文名 | 屬性 | 基本方位 |
| --- | --- | --- | --- |
| 0° | 子 | 地支一 | 北 |
| 7½° | 子癸 | | |
| 15° | 癸 | 天干十 | |
| 22½° | 丑癸 | | |
| 30° | 丑 | 地支二 | |
| 37½° | 丑艮 | | |
| 45° | 艮 | 八卦之七：山 | 東北 |
| 52½° | 艮寅 | | |
| 60° | 寅 | 地支三 | |
| 67½° | 甲寅 | | |
| 75° | 甲 | 天干一 | |
| 82½° | 甲卯 | | |

| | | | |
|---|---|---|---|
| 90° | 卯 | 地支四 | 東 |
| 97½° | 乙卯 | | |
| 105° | 乙 | 天干二 | |
| 112½° | 乙辰 | | |
| 120° | 辰 | 地支五 | |
| 127½° | 辰巽 | | |
| 135° | 巽 | 八卦之五：風 | 東南 |
| 142½° | 巽巳 | | |
| 150° | 巳 | 地支六 | |
| 157½° | 丙巳 | | |
| 165° | 丙 | 天干三 | |
| 172½° | 丙午 | | |
| 180° | 午 | 地支七 | 南 |
| 187½° | 丁午 | | |
| 195° | 丁 | 天干四 | |
| 202½° | 丁未 | | |
| 210° | 未 | 地支八 | |
| 217½° | 坤未 | | |
| 225° | 坤 | 八卦之二：地 | 西南 |
| 232½° | 坤申 | | |
| 240° | 申 | 地支九 | |
| 247½° | 庚申 | | |
| 255° | 庚 | 天干七 | |
| 262½° | 庚酉 | | |

| 270° | 酉 | 地支十 | 西 |
| 277½° | 辛酉 | | |
| 285° | 辛 | 天干八 | |
| 292½° | 辛戌 | | |
| 300° | 戌 | 地支十一 | |
| 307½° | 乾戌 | | |
| 315° | 乾 | 八卦之一：天 | 西北 |
| 322½° | 乾亥 | | |
| 330° | 亥 | 地支十二 | |
| 337½° | 壬亥 | | |
| 345° | 壬 | 天干九 | |
| 352½° | 壬子 | | |
| 360° | 子 | 地支一 | 北 |

# 附錄二
# 海岸比較

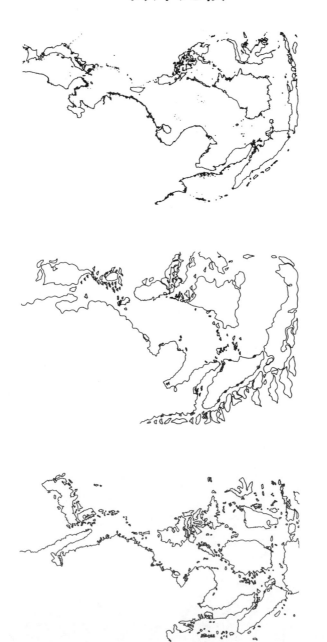

圓錐投影圖

史畢德地圖

塞爾登地圖

# 誌謝與出處

　　本書得以寫成，要感謝許多人，其中第一位要感謝的是我的老朋友 David Helliwell。他第一個提醒我有這張地圖，在我研究期間的每個階段始終大力協助我。接下來得感謝我較新的友人 Will Poole。他對 17 世紀牛津有既廣且深的瞭解，且始終將他對牛津的瞭解大方與我分享，若沒有他的指導，本書中關於英格蘭的部分絕不可能和關於中國的部分一樣充實。我還要感謝 Robert Batchelor 發現這張地圖，將他對此地圖的深刻見解告知於我；以及耐心向我解釋在復原這張地圖的過程中他們所學到之東西的 Robert Minte 和 Marinita Stiglitz。我也要感謝 Martha Lee 以地理參照技術處理了塞爾登地圖，讓我知道它當年如何「合用」。

　　我未見過 Gerald Toomer，也未和他聯絡過，他可能不贊同我筆下呈現的約翰・塞爾登，但我要坦承他論述英格蘭東方學歷史的著作和他引人入勝的塞爾登傳影響了我。沒有他的研究，我絕不可能貿然涉入我所極不熟悉的知識領域。

　　我非常感謝那些協助此書出版的人：我不知疲累為何物的經紀人 Beverley Slopen；我的三個出版人，Profile 出版社的 Andrew Franklin、Bloomsbury 出版社的 Peter Ginna、Anansi 出

版社的Sarah MacLachlan；我的兩位編輯Penny Daniel與Janie
Yoon。這六人都知道他們為此書的出版付出多少心力。我唯一
的遺憾乃是我原來的編輯Peter Carson一心想為Profile出版社
取得此書，卻無緣看到最後版本就去世。他說他喜歡初稿，他
不知道他這一說法如何有力的支持我撐過改寫的那幾個月。我
希望此書經過修改後未悖離他所希望的此書面貌。

　　Jim Wilkerson、Brantly Womack、Richard Unger、Paul
Eprile和Aaron Rynd讀過原稿的局部或全部，替我揪出無數失
實之處和文體上的缺陷。至於我對航行一事的瞭解，得感謝
Keith Benson。最後，一如以往，我得感謝提出貼切的疑問，
助我寫完此書的Fay Sims。

　　加拿大社會科學與人文研究委員會（Social Sciences and
Humanities Research Council）所提供的研究補助金，為本書的
撰寫提供了部分經費。

## 序

瓦爾德澤米勒的地圖，見John W. Hessler and Chet Van Duzer, *Seeing the World Anew* (Washington, DC: Library of Congress, 2012)。關於此地圖的身世和重要性，見Jerry Brotton, *A History of the World in Twelve Maps* (London: Allen Lane, 2012), pp. 146-85。

塞爾登地圖的技術性細節可能取自Robert Minte and Marinita Stiglitz, 'Conservation of the Selden Map of China', 2011年9月15日在博德利圖書館舉辦塞爾登中國地圖研討會上發表但未刊行的文章。

## 一、這張地圖哪裡不對勁？

2011年海南島外海軍機相撞事件，見Bill Turnbull, "Looking at a Miracle," *Naval Aviation News* (September-October 2003), pp. 20-23。談到海洋法時，我主要倚賴Donald Rothwell and Tim Stephens, *The International Law of the Sea* (Oxford: Hart Publishing, 2010)；關於軍機的飛越，見pp. 282-4。我要感謝鄰居Michael Byers助我瞭解海洋法問題。

「心象」：Cordell Yee, "Chinese Cartography among the Arts: Objectivity, Subjectivity, Representation," in *The History of Cartography*, ed. J. B. Harley and David Woodward (Chicago: University of Chicago Press, 1994), vol. II, bk2, pp. 128-69.

關於南海的島嶼，見David Hancox and Victor Prescott, 'A Geographical Description of the Spratly Islands and an Account of the Hydrographic Survey amongst Those Islands', *Maritime Briefing* 1:6 (1995); Jeannette Greenfield, "China and the Law of the Sea," in *The Law of the Sea in the Asian Pacific Region: Development and Prospect*, ed. James Crawford and Donald Rothwell (Dordrecht: Martinus Nijhoff, 1955), pp. 21-40; Brantly Womack, "The Spratlys: From Dangerous Ground to Apple of Discord," *Contemporary South East Asia* 33:3 (2011), pp. 370-87; Clive Schofield et al., "From Disputed Waters to Seas of Opportunity: Overcoming Barriers to Maritime Cooperation in East and Southeast Asia," National Bureau of Asian Research Special Report 30 (2011)。我要感謝Brantly Womack提供他寶貴的見解和上述的部分資料。

一萬艘歐洲船：Basil Guy, *The French Image of China before and after Voltaire* (Geneva: Institut et Musée Voltaire, 1963), p. 31。

中國人能「像葡萄牙人那樣安穩的」航行：Louis Lecomte, *Memoirs and Observations Topographical, Physical, Mathematical, Mechanical, Natural, Civil and Ecclesiastical, Made in a Late Journey through the Empire of China* (London, 1696), p. 230, quoted in Joseph Needham, *Science and Civilisation in China*, vol. IV, pt 3 (Cambridge: Cambridge University Press, 1971), p. 379。

## 二、閉鎖海洋

關於塞爾登，我倚賴G. R. Toomer為他寫的兩卷本傳記，*John Selden: A Life in Scholarship* (Oxford: Oxford University Press, 2009)。他更早的著作，*Eastern Wisedome and Learning: The Study of Arabic in Seventeenth-Century England* (Oxford: Clarendon Press, 1996)，提供了塞爾登做學問時所處的東方學環境。我所查閱過談塞爾登的著作，還包括：John Barbour, *John Selden: Measure of the Holy Commonwealth in Seventeenth-Century England* (Toronto: University of Toronto Press, 2003); Paul Christianson, *Discourse on History, Law, and Government in the Public Career of John Selden, 1610-1635* (Toronto: University of Toronto Press, 1996); and Jason Rosenblatt, *Renaissance England's Chief Rabbi: John Selden* (Oxford: Oxford University Press, 2008)。約翰・塞爾登的遺囑保存於Kew的Public Record Office。

安東尼・伍德在博德利圖書館的經歷，見*The Life and Times of*

*Anthony Wood, Antiquary, of Oxford, 1632-1695*, ed. Andrew Clark (Oxford: Clarendon Press, 1891-1900)；眼鏡之事出現在此書第一卷頁282。塞爾登藏書的布置，探討於Macray, *Annals of the Bodleian Library*, pp. 77-86；花費金額記載於頁86。也參見D. M. Barrett, "The Library of John Selden and its Later Library," *Bodleian Library Record* 3:31 (March 1951), pp. 128-42。塞爾登死後所擬就的塞爾登手抄本原始清單，刊於此文的附錄C，清單中包括十一份大憲章抄本，其中三份皮革裝幀（同上，pp. 257, 264-5）。

「只有出身、行為良好者可成為此院一員」：Edward Hutton, *A New View of London: or, An Ample Account of that City, in Eight Sections* (London: John Nicholson and Robert Knaplock, 1708), II, p. 693。我要感謝Paul Cleaver在我去埃斯孔迪多港（Puerto Escondido）拜訪他時，他將這本引人入勝的書借我一看。

對班‧瓊森的瞭解，我得益於David Riggs, *Ben Jonson: A Life* (Cambridge, MA: Harvard University Press, 1989), and Robert Evans, *Ben Jonson and the Poetics of Patronage* (Lewisburg, PA: Bucknell University Press, 1989)。引用的假面劇台詞，取自瓊森的 *Masques and Entertainment*, ed., Henry Morley (London: George Routledge, 1890), pp. 220, 259, 261-2, 290, 428。他的詩引自 *The Poetical Works of Ben Jonson*, ed. Robert Bell (London: John Parker, 1856), p. 217。「極愛自己、極愛自我標榜」：William Drummond, *Notes of Ben Jonson's Conversations with William Drummond*, ed. David Laing (London: The Shakespeare Society, 1842), p. 40。「人一生的種種作為裡」：*The Table Talk of John Selden*, ed. Richard Millwood (Chiswick:

Whittingham, 1818), p. 90；「自娛」，頁118。Ian Donaldson, *Ben Jonson: A Life* (Oxford: Oxford University, 2011), p. 363，認為塞爾登第一次見國王時未必有瓊森陪同。

關於在荷蘭人涉足亞洲的時代背景下的德赫羅特，見Martina Julia van Ittersum, *Profit and Principle: Hugo Grotius, Natural Rights Theories and the Rise of Dutch Power in the East Indies (1595-1615)* (Leiden: Brill, 2006), especially pp. 1-59; and Peter Borschberg, *Hugo Grotius, the Portuguese and Free Trade in the East Indies* (Singapore: National University of Singapore Press, 2011), pp. 41-94。引用的德赫羅特字句，來自Hugo Grotius, *The Freedom of the Seas, ed. Ralph Magoffin* (New York: Oxford University Press, 1916), pp. 20, 49。

關於塞爾登的《閉鎖海洋論》，我用的是英譯本，*Of the Dominion, or, Ownership of the Sea*, trans. Marchamont Nedham (London, 1652)。塞爾登推崇德赫羅特是「博學之人」一語，出現於bk 1, ch. 26。關於塞爾登對海洋法發展的影響，見Thomas Fulton, *The Sovereignty of the Sea* (Edinburgh: William Blackwood, 1911), pp. 338-71；關於查理要求「某種官方著作」，見頁364。

巴黎有位同行（Nicolas-Claude Fabri de Peiresc）提供的信："Selden Correspondence," Bodleian Library, Selden supra 108, p. 50；我要感謝Will Poole提供傑拉德‧圖默的抄本之副本讓我使用。「身處亂邦」：*The Table Talk of John Selden*, p. 125；「很危險，因為不知道會改變到什麼程度」，p. 149；「每個法律都是國王與人民之間的契約」，p. 74。

對巴托洛梅交易會的描述，取自作者不詳的小冊子，*Bartholomew*

*Faire, or Variety of Fancies* (London, 1641; reprinted London: John Tuckett, 1868), p. 1。塞爾登寫給瓊森談男扮女裝或女扮男裝那封信，在 Jason Rosenblatt, *Renaissance England's Chief Rabbi: John Selden*, pp. 279-90 中譯成英文。

「只要是塞爾登不懂的，都沒人懂」：letter from James Howell to John Selden, Selden Correspondence, Bodleian Library, Selden supra 108, p. 218。

### 三、在牛津看中文圖書

詹姆斯二世蒞臨博德利圖書館一事，記載於 *The Life and Times of Anthony Wood*, vol. III, p. 235。後來此事被重述了數次，最近一次是在 Nicholas Dew, *Orientalism in Louis XIV's France* (Oxford: Oxford University Press, 2009), pp. 205-6。查理一世透過碰觸替「國王之惡」病人治病一事，見 Jenny Uglow, *A Gambling Man: Charles II's Restoration Game* (New York: Farrar, Straus and Giroux, 2009), pp. 54-55；1663 年在牛津替病人治病一事，見 *The Life and Times of Anthony Wood*, vol. I, p. 497。

博德利圖書館那兩個天球儀、地球儀，出自阿姆斯特丹布勞家族之手（第一版於 1616 年問世），1657 年贈予該館；我要感謝 Will Poole 鑑定它們的來歷。

關於沈福宗，見 Theodore Foss, "The European Sojourn of Philippe Couplet and Michael Shen Fuzong, 1683-1692," in *Philippe Couplet, S. J. (1623-1694): The Man Who Brought China to Europe*, ed. Jerome

Heyndrickx (Nettetal: Steyler Verlag, 1990), pp. 121-42。他學歐洲語言之事，見Pierre Rainssant's letter to Pierre Bayle, 19 March 1686, on-line @ http://bayle-correspondance.univ-st-etienne.fr/?Lettre-540-Pierre-Rainssant-a。

柏應理是Heyndrickx的*Philippe Couplet*一書的主題。柏應理找上若昂・布勞和他擁有羅洪先地圖冊之事，見C. Koeman, *Joan Blaeu and his Grand Atlas* (Amsterdam: Theatrum Orbis Terrarum, 1970), pp. 85, 88。

「從他們民族發跡到孔子的時代」：*The Morals of Confucius* (London: Randal Taylor, 1691), pp. xvii, xix。這本小書是通俗版的《孔子》，1687年以法文首度出版，四年後出英語版。內文出自柏應理之手。

博德利圖書館取得《中國賢哲孔子》一事，記載於Macray, *Annals of the Bodleian*, p. 76；詹姆斯一世不認同聖母馬利亞無垢懷胎一事，見頁26。天文學教授（Edward Bernard）向友人Thomas Smith索要一本此書之事，見Dew, *Orientalism in Louis XIV's France*, p. 206, n. 3。關於耶穌會對孔子的瞭解，見Lionel Jensen, *Manufacturing Confucianism* (Durham: Duke University Press, 1997), p. 118-25。

告發布萊恩・沃爾頓一事，見Toomer, *Eastern Wisedome and Learning*, p. 203；塞爾登與烏雪支持沃爾頓所編聖經一事，見Toomer, *John Selden*, pp. 800-01。

關於湯瑪斯・海德，見P. J. Marshall在*Oxford Dictionary of National Biography*一書中為他寫的傳記。關於海德在牛津的工作生涯，見

Henry John Todd, *Memoirs of the Life and Writings of the Right Rev. Brian Walton* (London: F. C. and J. Rivington, 1821), pp. 263-8；「最有前途的年輕人」：見頁 267。伍德對海德的看法，見 *The Life and Times of Anthony Wood*, vol. II, p. 72 and vol. III, p. 213。海德對東方語言的強烈興趣，見 Toomer, *Eastern Wisedome and Learning*, pp. 248-9。

「中國語與世界各地其他任何使用中的語言」："Préface des mémoires de la Chine," *Lettres édifiantes et curieuses, écrites des missions étrangères* (Toulouse: Noel-Etienne Sens & Auguste Gaudé, 1810), vol. XVI, pp. 22-4。香港總督文咸覺得中國話不值得一學一事，見 Jack Gerson, *Horatio Nelson Lay and Sino-British Relations, 1854-64* (Cambridge, MA: East Asian Research Center, Harvard University, 1972), p. 31。

海德的中文手抄本筆記，保存在大英圖書館的 Sloane 853a。另外的沈福宗手抄本在 Sloane 4090。我要感謝 Frances Wood 提供我這些檔案的拷貝。

「麥可‧沈‧福宗（他的名字就是如此）」：Toomer, *Eastern Wisedome and Learning*, p. 298。「我現居南京的中國友人」：Thomas Hyde, *Historia Religionis Veterum Persarum* (Oxford: At the Sheldonian Theatre, 1700), p. 522。塞爾登把東方語言比擬為單筒望遠鏡：Toomer, *Eastern Wisedome and Learning*, p. 69。

「巴洛克東方學」：Nicholas Dew, *Orientalism in Louis XIV's France*, p. 6。

「偽東方學」：Claire Gallien, *Orient anglais: connaissances et fictions au XVIIIe siècle* (Oxford: Voltaire Foundation, 2011), p. 176。

海德賣掉他的東方手抄本：Macray, *Annals of the Bodleian Library*, p. 113。他退休前夕寫給坎特伯里大主教的信，引用自 Toomer, *Eastern Wisedome and Learning*, p. 298。

## 四、約翰・薩里斯與中國甲必丹李旦

本章倚賴的原始資料，主要是文中兩位人物的日誌：*The Voyage of Captain John Saris*, ed. Ernest Satow (London: The Hakluyt Society, 1900), and *The Diary of Richard Cocks*, ed. Edward Maunde Thompson, 2 vols (London: The Hakluyt Society, 1883; repr. Cambridge: Cambridge University Press, 2010)。其他英國東印度公司的日誌、信和報告，取自 *The English Factory in Japan, 1613-1623*, ed. Antony Farrington, 2 vols (London: British Library, 1991)。關於湯瑪斯・史密斯如何處置薩里斯的春宮畫，見 Timon Screech, " 'Pictures (The Most Part Bawdy)': The Anglo-Japanese Painting Trade in the Early 1600s," *The Art Bulletin* 87:1 (March 2005), pp. 50-72。

關於李旦，見 Seiichi Iwao, "Li Tan, Chief of the Chinese Residents at Hirado, Japan, in the Last Days of the Ming Dynasty," *Memoirs of the Research Department of the Toyo Bunko* 17 (1958), pp. 27-85。我和羅伯特・貝秋勒一樣認為沒有理由認定李旦與塞爾登地圖有關係，但我與貝秋勒意見不同之處似乎不少。他的文章 "The Selden Map Rediscovered: A Chinese Map of East Asian Shipping Routes, c.1619," *Imago mundi* 65:1 (2013), pp. 37-63，把這張地圖介紹給地圖史家，

但文中提出的假設可能經不起時間考驗。

馬丁・范伊泰蘇姆把德赫羅特直斥為荷蘭帝國主義代言人一事，見她的 *Profit and Principle*, pp. 451, 486, 489。塞爾登與維吉尼亞公司的關聯，見 Toomer, *John Selden*, p. 320；塞爾登買下珀柯斯之手抄本一事，頁19-20。

馬婷佳的故事引自考克斯的 *Diary*, vol. II, pp. 30, 31, 93, 95, 102, 109, 131, 144-5, 190, 252, 318。Alison Games 在 *The Web of Empire: English Cosmopolitans in an Age of Expansion, 1560-1660* (Oxford: Oxford University Press, 2008), p. 106，也提到馬婷佳與考克斯的親密關係。

巴達維亞中國甲必丹破產：Leonard Blussé, "Testament to a Towkay: Jan Con, Batavia and the Dutch China Trade," in *All of One Company: The VOC in Biographical Perspective*, ed. Robert Ross and George Winius (Utrecht: HES, 1986), pp. 3-41。

關於李旦和鄭芝龍，見 Tonio Andrade, *Lost Colony: The Untold Story of China's First Victory over the West* (Princeton: Princeton University Press, 2011), pp. 22-8。

## 五、羅針圖

關於法蘭西斯科・戈梅斯，見 *The Voyage of Captain John Saris*, pp. 50-57。

關於羅盤在中國的沿革，見 Joseph Needham with Wang Ling, *Science and Civilisation in China*, vol. IV, pt 1 (Cambridge: Cambridge University

Press, 1962), pp. 279-334。李約瑟的敘述未能讓人完全滿意，因為他所能取得的資料有限且未經過深入分析。但他在該書vol. IV. pt 3, pp. 562-565, 581-582，對航海羅盤和航路指南的描述，不管多麼粗略，仍值得一讀。

「朝夕之，皆海供」：蕭基〈小引〉，張燮，《東西洋考》（北京：中華書局，1981），頁15。

關於火長，見Needham, *Science and Civilisation in China*, vol. IV, pt 1, p. 292。

威廉‧丹皮爾對中國戎克船的描述：*A New Voyage Round the World* (London: James Knapton, 1699), pp. 412-13。

「舟大者廣可三丈五六尺」：張燮，《東西洋考》，頁171。

在船首和船尾都拿羅盤測定方位一事，見1637年出版的明朝科學技術著作《天工開物》英文版，Ying-hsing Song, *Chinese Technology in the Seventeenth Century*, trans. E-tu Zen Sun and Shiou-chuan Sun (University Park: Pennsylvania State University, 1966), p. 177。

丟木片調整所估航速：向達編，《兩種海道針經》（北京：中華書局，1961），頁6。另一種航速說法，見Cordell Yee, "Reinterpreting Traditional Chinese Geographical Maps," in *The History of Cartography*, vol. II, bk 2, p. 53, n. 33。

關於威廉‧勞德，見Charles Carlton, *Archbishop William Laud* (London: Routledge and Kegan Paul, 1987)。塞爾登1641年出任國會

委員會委員彈劾勞德一事，見John Aikins, *The Lives of John Selden and Archbishop Usher* (London: Mathews and Leigh, 1812), pp. 113-14。

「我表明會更用心照顧約翰‧塞爾登」：William Laud, *The Works of William Laud*, ed. James Bliss, vol. III (Oxford: John Henry Parker, 1853), p. 225。

「清教徒要求以聖經來評斷他的言行」：*The Table Talk of John Selden*, p. 150; see also Barbour, *John Selden*, pp. 255-6。

「大量知識」：Toomer, *Eastern Wisedome and Learning*, p. 108，引用自1634年勞德寫給勒凡特公司（Levant Company），請該公司代理人在近東代為購買手抄本的一封信。

「倘差之毫釐，失之千里」：向達，《兩種海道針經》，頁21。英譯見Needham, *Science and Civilisation in China*, vol. IV, pt 1, p. 287。

關於對半分，見Needham, *Science and Civilisation in China*, vol. IV, pp. 286-287。值得注意的，該書圖334的日本羅盤一分為三，共有一百九十二個羅經方位點。

威爾‧亞當斯的中國八大方位漢字表：Farrington, *The English Factory in Japan*, p. 1126。

關於波特蘭海圖，見Richard Unger, *Ships on Maps: Pictures of Power in Renaissance Europe* (London: Palgrave Macmillan, 2010), ch. 3。Unger指出，羅針圖在14世紀下半葉才出現於歐洲人所繪海圖上（頁43）。

「精熟於海洋事務」：Selden, *Of the Dominion*, pp. 366-9。我的看法建立在英文版裡的地圖上：這些地圖基本上與拉丁文原版裡的地圖一模一樣。在歐語版裡的地圖，有時遭改過。

「足不出戶，但覽遍各地」：Ben Jonson, "An Epistle to Master John Selden," in *The Poetical Works of Ben Jonson*, p. 166。

戴偉思："The Construction of the Selden Map: Some Conjectures," *Imago mundi* 65:1 (2013), pp. 97-105。此文的標題取得很貼切，因為文中的研究結果有許多純粹出於推測，有許多恐怕是錯的。

## 六、從中國出航

「海門以出，洄沫黏天」：張燮，《東西洋考》，頁171。讀者若想更深入瞭解這時期東亞的航海史，不妨先讀我的著作 *The Troubled Empire: China in the Yuan and Ming Dynasties* (Cambridge, MA: Harvard University Press, 2010), ch. 9。

張燮對出海海員的描述，出現在他的《東西洋考》頁170；這段文字的英譯，我有一部分參考了 Needham, *Science and Civilisation in China*, vol. IV, pt 1, pp. 291-2。

「五虎門開船」：向達，《兩種海道針經》，頁49。

那張以泉州為起點，描繪從中國往印度洋之海路的元代地圖，乃是清濬《廣輪疆里圖》。此圖在我的 *Troubled Empire* 一書頁220有探討，並被重新刊印於 Jerry Brotton, *A History of the World in Twelve Maps*, p. 136。

《順風相送》中的日本地名，見向達，《兩種海道針經》，頁97, 99。

「往西南方駛離」：*The Voyage of Captain John Saris*, p. 184。

考克斯派維克姆掌管商業活動一事：Farrington, *The English Factory in Japan*, vol. I. pp. 230-34。英國東印度公司遠航的其他資訊，取自 vol. II, pp. 1048-1103, 1586-8; also *Diary of Richard Cocks*, vol. I, pp. 7, 70, 79, 269, 300, 340-48; vol. II, pp. 1-4, 12, 18, 36, 58, 270。

張燮對萬老高的描述：《東西洋考》，頁101-2；對朗雷氏敝里系的描述，頁89-90。

## 七、天圓地方

柯爾律治寫下〈忽必烈汗〉一詩之事，見John Livingston Lowes在其經典著作 *The Road to Xanadu: A Study in the Ways of the Imagination* (London: Constable, 1930), ch. 19中的描述。柯爾律治說此詩寫於1797年，但Lowes將其修正為1798年。我要感謝Dorothy Cutting給我一本英語文學專著，那肯定是此類專題著作中最厚重的一部。

關於撒繆爾‧珀柯斯（1577年受洗，1626年歿），見David Armitage在 *Oxford Dictionary of National Biography* 中替他寫的傳記。Armitage把《續珀柯斯的遠行》稱作「當代最厚重的反天主教小冊子」。他提到珀柯斯於1622至1624年為維吉尼亞公司一員之事；塞爾登為該公司一員之事，見Toomer, *John Selden*, p. 320。

龐迪我：Samuel Purchas, *Purchas his Pilgrimage*, vol. III. pp. 360-61；薩里斯地圖：頁401-4.

關於明朝為「一統」之國，見 Brook, *The Troubled Empire*, pp. 26-9。

平戶商館裡約翰‧史畢德所繪的郡地圖：*The English Factory in Japan*, ed. Farrington, vol. II, p. 1363。對史畢德的研究仍然不多，但不妨參考 Ashley Bayton-William, "John Speed: The First Part of an Extensive Biography," online @ http://www.map-forum.com/02/speed. htm, accessed 6 May 2012; see also Martha Driver, "Mapping Chaucer: John Speed and the Later Portraits," *The Chaucer Review* 36:3 (2002), 228-49：「非常少有且別出心裁的本事」和「讓這隻手擺脫日復一日的手工活」這兩句引文，見頁 230。

羅洪先的地圖冊《廣輿圖》出版於 1555 年。關於羅洪先對明朝地圖繪製術的影響，見 Timothy Brook, *The Chinese State in Ming Society* (London: Routledge Curzon, 2005), pp. 47-57。對格網系統的探討，可見於 Joseph Needham with Wang Ling, *Science and Civilisation in China*, vol. III (Cambridge: Cambridge University Press, 1959), pp. 539-56。

「每暑夜必張燈據案」：萬尚烈，1613 年《圖書編》序，1b。

「錄憲典標儀刑，求以信今而傳後也」：章潢，《南昌府志》凡例（1588），1a。

章潢的地圖出現於《圖書編》（1613）頁 29.33b-34a, 36b-37a。

關於近代初期的歐洲人所繪地圖和西、葡兩國瓜分全球的問題，見 Jerry Brotton, *Trading Territories: Mapping the Early Modern World* (London: Reaktion, 1997), ch. 4。特別有助於瞭解麥卡托投影法的著

作，乃是 Mark Monmonier, *Rhumb Lines and Map Wars: A Social History of the Mercator Projection* (Chicago: University of Chicago Press, 2004)。

「未把烏托邦放進去的世界地圖，連一眼都不值得瞧」：Oscar Wilde, "The Soul of Man under Socialism" (1891)。

## 八、塞爾登地圖的祕密

「新近發現是個有人居住的地方」：Ben Jonson: *Masques and Entertainments*, ed. Henry Morley (London: Routledge, 1890), p. 245。

關於以二十八星宿為宇宙鐘，見章潢，《圖書編》，頁17.69a。章潢未把日月放入他的分野圖（29.3a-3b）裡，但的確將它們放進某張海圖（同上，18.2b-3a）的上方兩端。那張海圖說明天與人如何互動以創造出政治秩序。關於余象斗，見 Timothy Brook, *The Confusions of Pleasure: Commerce and Culture in Ming China* (Berkeley: University of California Press, 1998), pp. 163-7, 213-4。

《天工開物》：Ying-hsing Song, *Chinese Technology in the Seventeenth Century*, p. 178。

余定國談比例尺繪圖法："Reinterpreting Traditional Chinese Geographical Maps"。他提到地圖是製圖者對深層形式的直覺感知之表現，見其 "Chinese Cartography among the Arts," *The History of Cartography*, vol. II, bk2, pp.63-4, 148。

〈晚霽過梅關〉：我要感謝 Liam Brockey 的提點，讓我注意到歐大任這首詩。

「中國人不願和英格蘭人通商」：*The Voyage of Captain John Saris*, p. 131；考克斯談指責荷蘭人和英格蘭人的中國劫掠者：*The Diary of Richard Cocks*, vol. II, p. 321。

萬曆皇帝1614年下旨削減「防倭戰船」經費：《瓊州府志》（1619），頁8.1b。瓊州即今日的海南島。

## 跋：安息地

若昂‧布勞1640年左右的中國海域波特蘭海圖，重刊於 Günter Schilder and Hans Kok, *Sailing for the East: History and Catalogue of Manuscript Charts on Vellum of the Dutch East India Company* (Houten: HES & De Graaf, 2010), p. 675。

愛德蒙‧哈利斥之為不值一顧：R. T. Gunther, *Early Science in Oxford* (Oxford: Hazell, Watson and Viney, 1925), vol. III, p. 264。

捐給博德利圖書館的奇珍異品：Macray, *Annals of the Bodleian Library*, pp. 90, 104-5, 107。關於人類遺骸，見 John Pointer, *Oxoniensis Academia* (London: S. Brit, 1749), p. 157。收藏這類物件的機構，不只博德利圖書館。倫敦皇家學會（Royal Society）所收藏的物品中，包括「用鞣酸處理過，留有毛髮，每個部位都在的一張摩爾人全皮」（noted from the Society's catalogue in Hutton, *A New View of London*, vol. II, p. 666）。

吉奧洛廣告傳單："Prince Giolo Son of the King of Moangis or Giolo: Lying under the Æquator in the Long. of 152 Deg. 30 Min. a fruitful

Island abounding with rich Spices and other valuable Commidities"（未注明日期，1692）；被斷定為出自湯瑪斯・海德之筆的談吉奧洛的書：*An Account of the Famous Prince Giolo, Son the King of Giolo, Now in England: With a Account of his Life, Parentage, and his Strange and Wonderful Adventures* (London: R. Taylor, 1692)。丹皮爾版的吉奧洛事蹟出現在他的*A New Voyage*, p. 549。關於吉奧洛在英格蘭的經歷，見Geraldine Barnes, "Curiosity, Wonder, and William Dampier's Painted Prince," *Journal for Early Modern Cultural Studies* 6:1 (2006), pp. 31-50。

荷蘭、美國棉吉斯島歸屬爭議的仲裁：'Island of Palmas Case' (4 April 1928), *Reports of International Arbitral Awards*, vol. II, pp. 829-71 (repr., New York, 2006)。

「我國傑出東方學者」：'Selden Correspondence', Bodleian Library, Selden supra 108, p. 141, n. 539。

塞爾登遺囑的執行人是Edward Heyward、Rowland Jewkes、John Vaughan和Matthew Hale。除了Hale，其他三人都是內殿法律學院的成員；見William Cooke, *Students Admitted to the Inner Temple, 1571-1625* (London: F. Cartwright, 1868), pp. 95, 98, 151, 153。

「一座漂亮的白色大理石墓」：Hutton, *A New View of London*, vol. II, p. 570。

「那會是比野蠻人的無知還更糟糕的無知」：letter from James Howell to John Selden, Selden Correspondence, Bodleian Library, Selden supra 108, p. 218。

歷史大講堂
塞爾登先生的中國地圖：
香料貿易、佚失的海圖與南中國海

2015年9月初版                                   定價：新臺幣320元
有著作權・翻印必究
Printed in Taiwan.
                                        著　　　者　Timothy Brook
                                        譯　　　者　黃　中　憲
                                        發 行 人　林　載　爵

出　版　者　聯經出版事業股份有限公司          叢書主編　梅　心　怡
地　　　址　台北市基隆路一段180號4樓          校　　對　呂　佳　真
編輯部地址　台北市基隆路一段180號4樓          封面設計　高　偉　哲
叢書主編電話　(02)87876242轉211
台北聯經書房：台北市新生南路三段94號
電　　　話：(02)23620308
台中分公司：台中市北區崇德路一段198號
暨門市電話：(04)22312023
台中電子信箱　e-mail：linking2@ms42.hinet.net
郵政劃撥帳戶第0100559-3號
郵撥電話：(02)23620308
印　刷　者　文聯彩色製版印刷有限公司
總　經　銷　聯合發行股份有限公司
發　行　所：新北市新店區寶橋路235巷6弄6號2樓
電　　　話：(02)29178022

行政院新聞局出版事業登記證局版臺業字第0130號

本書如有缺頁，破損，倒裝請寄回台北聯經書房更換。　　ISBN　978-957-08-4614-0 (平裝)
聯經網址：www.linkingbooks.com.tw
電子信箱：linking@udngroup.com

Mr. Selden's Map of China: The Spice Trade, a Lost Chart and the South China Sea
Copyright © Timothy Brook, 2013
This edition is published by arrangement with Profile Books Limited
through Andrew Nurnberg Associates International Ltd.
Traditional Chinese edition copyright © 2015 by Linking Publishing Company

國家圖書館出版品預行編目資料

塞爾登先生的中國地圖：香料貿易、佚失的海圖與南
中國海/ Timothy Brook著．黃中憲譯．初版．臺北市．聯經．2015年
9月（民104年）．280面+16面彩色．14.8×21公分（聯經大歷史）
　譯自：Mr Selden's map of China: the spice trade, a chart and the
　　　　South China Sea
　ISBN　978-957-08-4614-0（平裝）

　1.國際貿易　2.古地圖　3.中國

558.092                                            104016763